Eduard Kück

Das alte Bauernleben der Lüneburger Heide

Salzwasser

**Eduard Kück

Das alte Bauernleben der Lüneburger Heide

1. Auflage | ISBN: 978-3-84607-054-3

Erscheinungsort: Paderborn, Deutschland

Erscheinungsjahr: 2015

Salzwasser Verlag GmbH, Paderborn.

Nachdruck des Originals von 1906.

Eduard Kück

Das alte Bauernleben der Lüneburger Heide

Salzwasser

Das alte Bauernleben

der

Lüneburger Heide

Studien zur niedersächsischen Volkskunde, in Verbindung
mit dem Deutschen Verein für ländliche Wohlfahrts- und
Heimatspflege

herausgegeben von

Dr. Eduard Kück

Oberlehrer am Gymnasium zu Friedenau-Berlin

Mit 41 Abbildungen, 24 Singweisen und einer Karte

Leipzig
Verlag von Theod. Thomas
1906

Druck von Fr. Richter in Leipzig

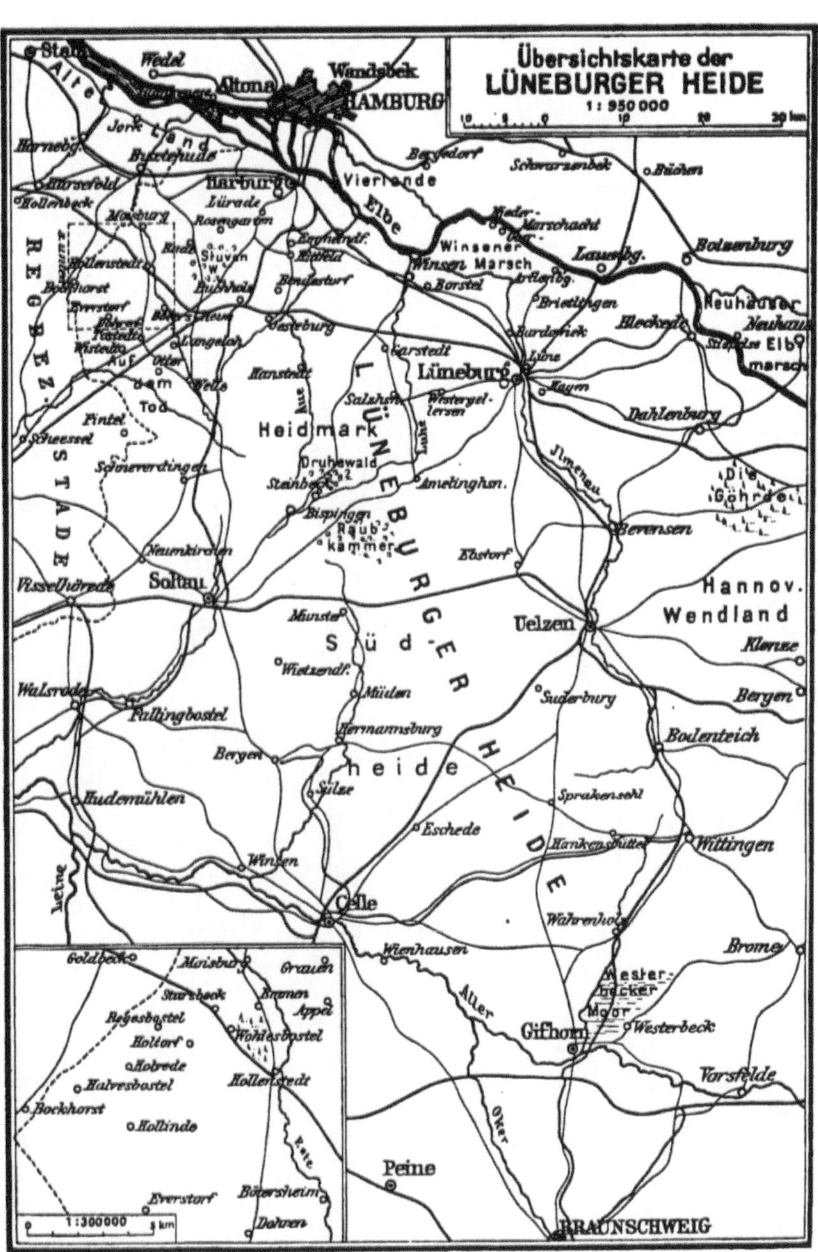

Übersichtskarte der
LÜNEBURGER HEIDE
1:950 000
Stein
Wedel
Altona
Wandsbek
HAMBURG
Jenfeld
Harburg
Vierlande
Elbe
Bergedorf
Schwarzenbek
Büchen
Harneög.
Buxtehude
Nieder-Marschacht
Oder-Marschacht
Lauenbg.
Boizenburg
Apensen
Winsener
Winsen Marsch
Brietlingen
Neuhäuser
Neuhaus
Maschen
Borstel
Bardowiek
Bleckede
Stade u. Elbmarsch
Stelle
Garstedt
Lüne
Lüneburg
Kayen
Dahlenburg
Hanstedt
Salzhsn.
Westergellersen
Heidmark
Druhwald
Ametinghsn.
Ilmenau
Die Gohrde
Bispingen
Steinbeck
Raubkammer
Bevensen
Neunkirchen
Ebstorf
Soltau
Hannov.
Wendland
Visselhövede
Munster
Uelzen
Klenze
Wietzendf.
Bergen
Walsrode
Müden
Suderburg
Fallingbostel
Hermannsburg
Bodenteich
Bergen
heide
Sprakensehl
Hudemühlen
Sülze
Eschede
Hankensbüttel
Wittingen
Winsen
Celle
Wahrenholz
Brome
Wienhausen
Aller
Wester-becker
Moor
Gifhorn
Westerbeck
Oker
Vorsfelde
Peine
BRAUNSCHWEIG
REG.-BEZ. STADE
LÜNEBURGER HEIDE
Goldbeck
Moisburg
Grauen
Starsbeck
Bonstorf
Appel
Regesbostel
Holtorf
Wohlesbostel
Hobrede
Halvesbostel
Hollenstedt
Bockhorst
Hollinde
1:300 000
Everstorf
Bötersheim
Dohren
gez. Radtke.

Jugendjahre.

Die schwere Stunde war vorüber: We hebbt en lütten Jungen! Die junge Mutter lag still in der schrankartigen Bettstatt, der Butze, der Kleine im Kissen neben ihr. Viel Vorkehrungen waren nicht getroffen worden. Die Mützennäherin hatte einige dunkle Wollmützen (Moppen) mit schwarzem Bandtüll und Ösen aus schmalem rotseidenem Band genäht, eine kattunene Moppe für die Nacht, zwei Por Ärmels, d. h. zwei hinten zuzubindende, mit Barchent gefütterte Kattunjäckchen, dazu ein drittes Jäckchen von schwer schmutzendem Shirting (Schötting) und höchstens drei bis vier Hemden, denn waschen moet we ja doch alle Dag'. Dazu kamen einige Kindertücher aus abgewaschenen, weichen Bettlaken. Um den Hals wurde in drei Zipfeln (dre-timpig) ein kattunenes Tuch gelegt, damit das Kind sik nich nat spe. Vom Kaufmann waren zwei flanellne Luren (Lubbern)[1]) und ein handbreites buntes Wickelband gekauft worden. Die eine Lure und das Wickelband wurden für die Taufe zurückgelegt. Bis dahin behalf man sich mit der andern Lure oder holte zum Wechseln ein Stück Beiderwand hervor; Wickelbänder für die erste Zeit hatte sich die junge Frau aus den baumwollenen Bettzeugstreifen gemacht, die gelegentlich der Aussteuer beim Anfertigen der Kissenbezüge abgefallen waren. Ärmere Frauen pflegten Wickelband und Luren nicht zu kaufen, sondern aus getragenem Zeuge (buntem Baumwollenzeuge, einem Beiderwandrocke) herzustellen.

---

[1]) Das Wort geht auf mnd. lode = Fetzen, Lappen zurück. Dazu gehört in-lubbern = einhülzeln. In der Südheide und der Heidmark heißt es de Lür und inlürn.

Die tägliche Nahrung der Wöchnerin war außer Kaffee und
Zwieback das Water-warmber (Wasser-warmbier): altes Fein-
brot wurde in Wasser gekocht, Butter, Zucker und Salz dazu
getan und die Suppe durch einen Durchschlag gerührt. Schlimm
waren besonders die Frauen aus kleinem Stande daran; die Frau
stand gewöhnlich allein, der Mann mußte verdienen, die Arbeit
wartete; da war es nichts Seltenes, daß nach einigen Tagen wieder
gemolken, gebuttert und gefüttert wurde. Aber auch die Frau des
besser gestellten Landmanns hielt keineswegs immer ihre sechs
Wochen aus, und die Warnung: Süß Weken hebbt süß Haken
(oder süß Winkel) wurde oft überhört. Stellenweise (z. B. in
Hittfeld) war es Sitte, daß bei Wochenbesuchen allerlei Gebäck
mitgebracht wurde, große Krengel, Topfkuchen und andere Dinge,
die gewöhnlich dem Manne dienlicher waren als der Frau; hierauf
geht das Wort: Dat (Derartige Leckerbissen) kann de Mann eten,
wenn de Fro in de Wochen is.

Der Knabe ist nun 14 Tage alt, der kleine Heide[1]) soll
getauft werden. Die Geburt ist schon am ersten Sonntage in der
Kirche verkündet worden, die Mutter hantiert wieder im Hause
herum, die Hebamme (Ba-mudder, d. h. Bademutter, auch
Mudder Gripsch, d. h. Mutter Greif, genannt) ist zu den in
Aussicht genommenen Gevattern (Fallern, mnd. vadder) gewesen
und hat jeden gefragt, wenn he (so lautet die Formel) mit
Meiers[2]) ehren lütten Jungen Sünndag na Kark gahn
wull, dat he ok den rechten Namen kreg. Zu einem Knaben
werden ausschließlich Gevattern, zu einem Mädchen Gevatterinnen
(Fallerschen) gebeten.[3]) Die Bitte ist für die Betreffenden eine Ehre,
auch deshalb, weil nach dem Volksglauben die Eigenschaften der Gevattern auf das Kind übergehen,[4]) und darf nicht abgelehnt werden,

---

[1]) Alte Leute nennen noch heute den ersten pechschwarzen Stuhlgang des
neugeborenen Kindes Heiden-dreck.

[2]) Der betreffende Hausname.

[3]) Faller und Fallersch bezeichnen dann auch das männliche und
weibliche Patenkind, ein schon alter Sprachgebrauch.

[4]) Das Brem. Wb. (I 330), de drudde Deel vam Kinde slegtet na
den Vadder (Gevatter) bietet einen älteren Glauben, der vermutlich früher
auch in der Heide geherrscht hat.

sonst würde das Haus des oder der Betreffenden im nächsten Jahre abbrennen; eine Ausnahme macht eine Frau, die selbst ein Kind erwartet: diese nimmt zwar an, hält aber das Patenkind nicht selbst über die Taufe, sondern läßt sich vertreten. Daß die mit Geldverpflichtungen verbundene Aufforderung sehr oft wenig erwünscht war, kommt auch in der sprichwörtlichen Wendung zum Ausdruck: Wenn dat Kind döft (getauft) is, wüllt se all Faller stahn. Gewöhnlich wurden drei, seltener zwei Paten gebeten, immer aus der nächsten Verwandtschaft, der Großvater, die Großmutter, die Geschwister der Eltern, mit Vorliebe diejenigen, die bei der Hochzeit (als Hochzeitsbitter, Brautjungfer) besonders hervorgetreten waren. Das Kind erhielt seinen Namen nach dem oder der nächsten Verwandten unter den Paten. Bei den späteren Kindern ging man weiter im Kreis der Verwandten: wekeen an de Reg wür, de wür tarrt (wer an der Reihe war, der wurde als Gevatter oder Gevatterin geladen, eigentlich „herangezerrt“).

Der Tauftag war da. Vor der Kirche ging die Hebamme zur Pfarre, holte von den für Geld zu leihenden drei verschiedenen Taufkleidern (Kassel-tüg, von mnd. karsten, kassen = zum Christen machen, taufen) das von der Mutter gewünschte und wickelte das Kind.[1] Über das Wickelband kam das Taufkleid, quer über dieses wurde ein kleines seidenes Tuch gesteckt, die Taufmoppe aus buntem Wollzeug aufgesetzt und nun der Täufling in dat grote Küssen gebunden. Dieses bis zum Tauftage unbenutzte Kissen bildete ein besonderes Stück jeder Brautausstattung: es war ½ Elle länger als andere Kopfkissen und hatte gewöhnlich einen rotkarrierten baumwollenen Überzug. Nach der Taufe wurde es die Wiegendecke, zunächst aber sollte das Kind darin zur Taufe getragen werden. In das hochkantig gestellte Kissen wurde eine Höhlung gedrückt, das Kissen, wenn das Kind hineingelegt war, mit baumwollenem Schürzenband zusammengebunden und um das Ganze ein Tuch geschlagen. Dann ging die Hebamme mit den Paten zur Kirche.

Kamen die Kindtaufsleute (Kindöps-lü, die Paten des zu taufenden Kindes) von einem Außendorfe gefahren, so hielt die

---

[1] Mit diesem Wickeln und einem nochmaligen am Abend des Tauftages hatten die Dienste der Hebamme ihr Ende erreicht.

Hebamme das Kind im Kissen unter dem weiten Beiderwands-
mantel (in späterer Zeit unter dem schwarzen Tuchmantel) der
Bäuerin und legte ihm im Gasthaus des Kirchdorfes das Tauf-
kleid an. Da nicht „gebubbelt"[1]) wurde, brachten die Auswärtigen
eine Frau zum Säugen mit, gewöhnlich eine Mitbewohnerin des
Dorfes, die ebenfalls ein Kind an der Brust hatte, eine sogenannte
Sög-möhm (Säugemuhme), wie denn auch sonst gleichzeitig stillende
Frauen beim Säugen sich gern aushalfen. Natürlich war eine
solche nicht immer vorhanden, dann fuhr irgend eine Frau des
Dorfes, die aber trotzdem de Sögmöhm genannt wurde, mit der
Hebamme zum Kirchdorfe. Fig. 1 zeigt eine derartige Abfahrt
zur Taufe: der schon betagten Säugemuhme wird im „großen
Kissen" der Täufling hinaufgereicht und ein kleiner zusammenge-
bundener leinener Lappen mit entzweigebissenem Zucker, der soge-
nannte Zucker-titt, mit dem der Kleine beruhigt werden soll; im
Hintergrunde bringt ein kleines Mädchen die fußwärmende Für-
kiek, von der später die Rede sein wird. Bei entfernt liegenden
Dörfern war es nicht selten, daß die Säugemuhme auf der Fahrt
und bei der Taufe selbst zugleich die Hebamme vertrat. Die
Mutter war — ebenso wie der Vater — bei der Taufe nicht
zugegen, sie saß daheim und las in einem geistlichen Buche; der
Glaube war, daß dann das Kind gut lernen werde.

Früher waren Doppelnamen, die gleichzeitig als Rufnamen
dienten, in weit ausgedehnterem Gebrauch als jetzt. So Hans
Detel (Hans Dethlef), Hans Jochen (Joachim), Hein Gird
(Heinrich Gerhard), Jehann Peter, Jehann oder Hans oder
Klas Hinnerk.[2]) Bei solchen Doppelnamen hatte immer der
zweite den Ton. Das gilt auch von den Mädchennamen, z. B.
Trin Durt (Catharina Dorothea), Trin Meriken (Mariechen),
Ann' Durt (Anna D.), Ann' Merie, Ann' Gret, Gret Lisch
(Margarethe Elisabeth). Die heutigen weiblichen Einzelnamen

---

[1]) Als später die künstliche Ernährung aufkam, wurde in die Flasche
(den Bubbel) ein Rohrhalm gesteckt und dieser oben mit Werg umwickelt.
Erst langsam wurde dieses rohe Mundstück durch den über die Flasche ge-
zogenen Gummilutscher (Koh-titt, Kuhzitz) verdrängt.

[2]) Im Aussterben begriffen sind die Namen Matten (Matthias) und
Dierk (Dieterich).

Fig. 1. Abfahrt zur Taufe.

treten vorwiegend als Verkleinerungswörter auf; gelegentlich zeigt sich auch ein Einfluß lateinischer Formen.[1]) Ich nenne: Duris (Doris), Durten (vermutlich aus Durtken oder Durtjen, wofür auf das Dortschen der Südheide und das mecklenb. Durtick hinzuweisen ist), Fiken neben Sephi (Sophie), Gretschen (aus älterem Gretjen), Liese neben der Verkleinerungsform Lischen (Elisabeth), Merie (Marie), Miken (aus Meriken, das seit mehreren Jahrzehnten vergessen ist), Stina (Christine), Trina (Catharine, das ältere Trin[k]' ist ausgestorben) und schließlich Ingel (Engel), das aber im Schwinden begriffen ist. Auf die Modenamen, die von den höheren Ständen her fortgesetzt den älteren Bestand der bäuerlichen Vornamen bedrohen und verändern, soll hier nicht eingegangen werden.[2])

Fiel das Kind nach der Taufe in einen längeren Schlaf, so galt dies für eine Folge der heiligen Handlung. Der kirchlichen Feier folgte die häusliche, dat Kinner-ber (mnd. kindel-ber). Zu ihr waren die nächsten Verwandten geladen; sofern sie Paten waren, verstand sich ihre Teilnahme von selbst. Stellenweise sagten die von der Kirche kommenden Paten zu Vater und Mutter: We hebbt 'n lütten Heiden mit na Kark nommen un bringt jo 'n (Euch einen) lütten Christen weller. Beim Abschied gab jeder Gevatter (jede Gevatterin) der Hebamme vier Schilling (25 Pfennig) für die Einladung und den Eltern einen Gulden als Gaw' (Gabe), auch wohl einen Taler, wenn die ganze Familie bewirtet worden war.

Die Paten brachten später, wenn sie in der Nachbarschaft wohnten, dann und wann dem Patenkind ein Geschenk mit, einen Kuchen, ein Pferdchen vom Markt, eine Schürze; ein Konfirmationsgeschenk (etwa ein Gesangbuch) war schon etwas Besonderes und Seltenes. Ein innigeres Verhältnis zwischen Paten und Patenkind, wie es in andern, besonders süddeutschen Gegenden die Regel ist, bildete sich gewöhnlich nicht heraus.

---

[1]) Z. B. bei Stina, Trina (aus lat. Christina, Catharina).

[2]) Selbstverständlich waren auch in der Heide die an männliche und weibliche Vornamen anknüpfenden Neckereien im Schwange, z. B. Krischan, Lat de Katt nich bi de Fisch gahn! Trina, Appelsina, büst den Düwel sin (des Teufels Braut).

Die Mutter begann zwar bald wieder im Hause herum zu arbeiten, besuchte aber kein anderes Haus: irst müß se Karkgang holen. Das geschah nach sechs Wochen, am Schluß der Wochenzeit. Die Mutter teilte dem Prediger, für dessen Frau sie gleichzeitig oft ein Pfund Butter oder einige Eier mitbrachte, ihre Absicht mit, und dieser wies mit einem Dankgebet auf das überstandene Wochenbett hin. Stellenweise legte die heimkehrende Mutter das Gesangbuch auf die Decke des Täuflings;[1] das brachte ihm Segen.

Mancher Glaube umgiebt Wöchnerin und Kind während der Schwangerschaft und der nächsten Jahre. Die junge Frau soll, sobald sie schwanger (nich mihr up frêen Föten) ist, dies nicht in Abrede stellen, sonst lernt das Kind lügen. Sie darf beim Nähen keinen schwarzen Zwirn um den Hals hängen, sonst bekommt das Kind einen Streifen um den Hals. Harnen der angehenden Mutter auf dem Kirchhofe hat beim Kinde Bettnässen zur Folge. Sitzt eine schwangere Frau vor der Anrichte, so macht sich das Kind im Mutterleibe bemerkbar, indem es den Mund aufsperrt. Häufiges Zahnweh während der Schwangerschaft deutet auf ein Kind männlichen Geschlechts:

Tähnenpin
Mut en lütten Jungen sin.

Die erste Suppe der Wöchnerin vermag junge Mädchen von starker Bleichsucht zu heilen: die Frau läßt einen Teil der Suppe zurück, schweigend kommt das Mädchen, ißt mit demselben Löffel und geht schweigend fort. Eine Frau, die Zwillinge (Twesselte) geboren hat, vermag eine Sehnenverrenkung zu heilen. Sie spinnt einen eine Elle langen Faden von Hanf oder Flachs, ein sogenanntes Sehnenband, und bindet es stillschweigend dem sie aufsuchenden Kranken, der ebenfalls Stillschweigen zu beobachten hat, um die übergeschlagene Sehne; der Faden wird lose zugebunden, nicht geknotet, seine Enden werden fest untergesteckt; er muß so lange sitzen, bis er abfällt. — Die Verhärtung der Brust[2]

---

[1] Germania 37, 115 (Kirchspiel Moisburg).

[2] Bekanntlich zeigt sich eine ähnliche Verhärtung des Euters beim Milchfieber der Kühe. Darauf und auf die gleich lange Schwangerschaft geht das Wort:

Is den Fro so rik,
Se is en Koh glik.

beim Milchfieber führte man einst, wie noch der Name Bost=
schoet (Brustschuß) anzudeuten scheint, auf den Schuß einer
Hexe zurück. Die Nachgeburt wurde von der Hebamme tief ein=
gegraben.[1]) Diese löste auch den Kleinen die etwas festgewachsene
Zunge, indem sie leicht in die unter ihr befindliche Haut knippte.
War dem Kinde der Nabelstrang abgeheilt, so wickelte ihn die
Mutter in ein leinenes Läppchen, nahm ihn beim Kirchgang mit
und ließ ihn irgendwo in der Kirche fallen; das brachte dem
Kinde Glück. — Die Nägel eines Kindes dürfen im ersten Jahre
nicht geschnitten werden, das wäre eine Verkürzung der Lebens=
dauer. Kleine Hunde im eigenen Hause beseitigt man, damit das
Kind nicht gebrechlich wird oder früh stirbt. Ein verwachsenes
oder mit einem Bruch behaftetes Kind wurde und wird in der
heilkräftigen Johannisnacht um zwölf Uhr von zwei Frauen still=
schweigend durch einen twelten (gabelförmigen) Bom, oberhalb
der Gabelung, gezogen; die Krankheit geht in den Baum über.[2])
Oder ein junger Baum, etwa ein Eichheister, wurde gespalten
und dann das Kind durchgezogen: den Baum band man hierauf
wieder zusammen; so gewiß er sich wieder zurecht wuchs, so gewiß
verwuchs der Schaden des Kindes. Ein andauernd schreiendes
Kind wurde um Mitternacht schweigend durch das linke Bein einer
Männerhose oder Männerunterhose gezogen. Der ausgetretene
Mastdarm läßt sich durch ein mit Öl bestrichenes Totenlicht zurück=
drängen. Kamen ausnahmsweise die oberen Zähne zuerst, so

---

[1]) Dagegen mußte die Nachgeburt eines Tieres, besonders der Kuh
(de Slick, eigentlich Schlamm), von der Sonne verzehrt werden; man hängte
sie, was stellenweise noch jetzt geschieht, über einen jungen Baum, der schon
einen Zweig hatte. Die Vögel, besonders die Raben, halfen und helfen
der Sonne.

[2]) Ähnlich wird das Gliederreißen abgebunden: man legt einen Tannen=
zweig um den Arm oder das Bein und spricht leise: „Ik binn di an,
nimm mi dat af, im Namen Gottes des Vaters" u. s. w. Das muß
dreimal nach Sonnenuntergang geschehen, am Dienstag, Donnerstag und
Sonnabend, und in den beiden folgenden Wochen wiederholt werden.
Vergl. auch den von L. Wiecher (Harburg) berichteten Fall vom Forttragen
des kalten Fiebers in einen Brombeerstrauch (Niederf. 8, 317): das über
den Strauch gestreute Salz hat ihn nicht zum Verwelken zu bringen ver=
mocht und der Kranke deshalb sterben müssen.

sagte der Volksglaube: De Tähnen waßt na nerden (nach unten) in de Ir (oder auch bit't in de Ir), dat Kind will wol nich grot warden. Breite und auseinanderstehende Zähne deuten darauf, daß es weit in der Welt umherkommt. Von einem Kinde, das unter Brustbeschwerden zahnte, sagte man: Dat Kind kriegt de Tehnen dör de Bost. Vor Krämpfen schützt der Same des Johannis geschnittenen Bärlapp (Krain-fot = Krähenfuß, auch Hexenkrut[1]) genannt): er wird in den Lutscher getan, und die Kinder müssen diesen belecken. Gegen Zahnkrämpfe (Schürken)[2] half die abgeschabte Farbe eines gedrechselten Stuhles, von der etwa eine Messerspitze voll in Wasser aufgelöst und dem Kinde gegeben werden mußte. Hatte ein Kind sich weggeschrien, so kam es wieder zu sich, wenn die Mutter dreimal unter die Luke und dreimal zurücktrat. Die Krämpfe eines Kindes gehen leichter vorüber, wenn man ihm ein schwarzes geerbtes Tuch (Arw-dok) überwirft.[3] Die Wiege darf nicht geschaukelt werden, wenn das Kind nicht darin liegt; sonst bekommt es Kopfweh. Auch soll man die Wiege nicht mit dem Arm überspannen; sonst bekommt das Kind Herzbeklemmung (Hatt-spann). Hatte das Kind Blasen auf der Zunge (weiße Schwämmchen, das sogenannte Fasch oder Fast,[4] so strich eine Frau, die sich darauf verstand, mit frischgepflückten Grashalmen dreimal über die Zunge („Im Namen Gottes...") und wischte sie dann mit einer feinen Speckscheibe ab. Ein Knabe mit einem Haarwirbel (Dwarbel) auf dem Vorderkopf wird dereinst Stiefvater werden (up Stefkinner freen). Kindersegen bringt Sorgen (Je mihr Kinner, je mihr Vaderunser), aber Gott-

---

[1]) Dieser Name wird damit erklärt, daß die mit Bärlappsamen eingeriebene Hand, in Wasser getaucht, trocken bleibt.

[2]) Verkleinerungswort zu Schür (Schauer). Hochdeutsch sagt und schreibt man (auch in den Standesamtsregistern) „Scheuerchen".

[3]) W. Poeck, Aberglaube und Beschwörungsformeln aus der Lüneburger Heide, Germania 37, 114—120. Das Material Poecks, der jetzt in Hamburg lebt und mehrfach als Schriftsteller hervorgetreten ist, entstammt in der Hauptsache dem Kirchspiel Moisburg. Auch die beiden folgenden Volksmeinungen und überhaupt das über das Kirchspiel Moisburg Beigebrachte geht auf diese Quelle zurück.

[4]) In andern Gegenden Voß, Fröst'n, vielleicht = Frosch, vgl. Korr. 24, 58. 59.

vertrauen hilft darüber hinweg (Gift de lewe Gott Jungens, gift he ok Büxen).

Die Wiege (Weg') war gewöhnlich rot angestrichen, oft stellte sie ein Erbstück der Familie dar (Fig. 2). „Bei den Bauern giebt es noch alte Kinderwiegen, die können wohl 200 Jahre alt sein. Die sind ganz aus Eichenholz gearbeitet, die Bretter alle aus einem Stück. Wenn man so einen alten Mann fragt: Wie alt

Fig. 2. Alte Wiege.

ist schon die Wiege, Ja, sagt er, das weiß ich nicht, ich habe sie gar nicht anders gekannt, da sind schon meine Großeltern in groß gewiegt."[1] Unten in die Wiege kam etwas Stroh, darüber ein Kopfkissen und ein weiteres zur Unterlage; als Decke diente das bei der Taufe erwähnte „große Kissen". Etwa in der Mitte jeder Längsseite war bei vielen Wiegen ein Messingknopf eingeschroben; vom einen zum andern wurde ein baumwollenes Band gebunden, um ein Bloßpaddeln oder Herausfallen des Kindes zu verhüten.

---

[1] So schreibt ein alter Heidebewohner, der einige Aufzeichnungen über sein Leben gemacht und mir zur Verfügung gestellt hat.

Hatte das Kind sich satt getrunken und war in die Wiege gelegt worden, so begann das „Rampumpeln", denn ahne Wegen flapt se nich. Da saß denn die Großmutter oder wer sonst immer dabei und sang und wiegte, oder, war Essenszeit, so wurde die Wiege auch wohl mit Hülfe einer Gurte vom Tisch aus in Bewegung gehalten. Wollte das Kind nicht still sein, so legte sich die Mutter über die Wiege, und so, unter Säugen und leichtem Schaukeln, schlief es endlich ein. Die Wiege war ohne Bedachung, nur im Sommer wurden öfter am Kopfende 1—2 Weidenbügel hinein= gesteckt und zum Schutz gegen die Fliegen mit einer Schürze behängt.

Die Frauen stillten lange, gewöhnlich zwei Jahre („So lang' we sögt, kriegt we ken Kind weller"). Zuweilen wurde noch länger gestillt: so hat in meiner engeren Heimat ein etwa drei= jähriger Junge wiederholt draußen im Felde (zu Hause würde man ihn geneckt haben) die Mutter gebeten, sich auf die Schieb= karre zu setzen und ihm die Brust zu geben. Fürchtete die Frau von einer Speise, die sie genoß, eine üble Wirkung auf das säugende Kind (besonders von blähenden Speisen), so wischte sie ihm eine Kleinigkeit davon mit dem Finger an die Lippen: das beugte dem Schaden vor.

Die Wiegenlieder, auch die Spiele, mit denen man die Kleinen beschäftigen und aufheitern wollte, zeigen wie noch heute durchaus die heimische Mundart, die Lieder und Spiele der heranwachsen= den Kinder teils hochdeutsche, teils niederdeutsche Sprache, da= gegen wurden von den Erwachsenen fast nur hochdeutsche Lieder gesungen. Bei den Wiegenliedern und den Kinderspielen hatte sich eben die alte Überlieferung am festesten erhalten. Hochdeutsche Wiegenlieder im Munde einer niederdeutschen Bauerfrau, in deren Familie nur plattdeutsch gesprochen wird, wären auch geradezu un= natürlich; ja, diese urwüchsigen Erzeugnisse herrschten und herrschen zum großen Teile sogar außerhalb der bäuerlichen Kreise, in den hochdeutschen Familien. Im schulpflichtigen Alter wurde es anders, da lernte das Kind auch hochdeutsche Lieder kennen. In den Spinn= stuben gewannen die hochdeutschen Lieder mit der Zeit vollständig die Oberhand und verdrängten die alten niederdeutschen Spinnlieder ganz und gar.

Von den Wiegenliedern zeigt das „Schlaf, Kindchen, schlaf“ in seinem zweiten Zeilenpaar eine bisher nicht belegte[1]) Fassung:

Auch das folgende unterscheidet sich von den bisher veröffentlichten Texten.[2]) Die Mutter will das Kind aus dem Arm in die Wiege legen:

> Eija wiwi,
> Ken (Wer) slöpt denn nu bi mi?
> We wüllt dat gans anners maken,
> (Miken) schall in de Eija slapen,
> Eija wiwi!

Mit dem Eija begannen noch andere Lieder. So das bekannte Eija popeija, wot rasselt in'n Stroh, so auch die beiden folgenden, weniger bekannten.

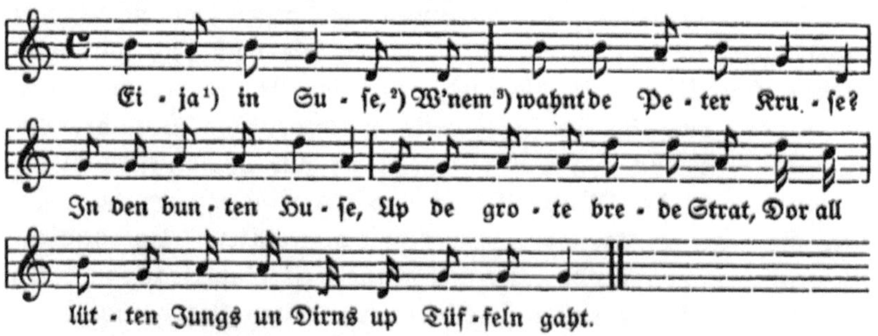

<hr>

[1]) Abweichende Fassungen bei Böhme I Nr. 65, Droslhn 10, 11, 23, Niederf. 10, 36. [2]) Das (in) Suse ist wohl als ein das sanfte Einlullen malendes Schallwort zu betrachten, vgl. Böhme S. 13 u. 711. [3]) = Wo (eigentlich „woneben“).

[1]) Vgl. Böhme I Nr. 1 ff. Die Weise weicht von der dort mitgeteilten immerhin so sehr ab, daß die Wiedergabe zweckmäßig schien. [2]) Vgl. Böhme I Nr. 40. Die Weise entspricht der des vorangehenden Liedes.

Eija[1]) popeija, unf' Küken is dot,
Wot wüllt we dor mit maken? Dat is ja man got!
We wüllt dor de Fellern (Federn) von plücken
Un wüllt dor de Küffen mit ftoppen,
Dor fchall unf' lütt . . . . (Name) up flapen.

Andere Kinderlieder waren:

Bimmel bammel beier,[2])
De Köfter mag ken Eier.
Wot mag he denn?
Speck in de Pann'.
Dat is en ullen Leckermann.

[1]) Vgl. auch Böhme I Nr. 669 ff., befonders 672.

Das körperliche Gedeihen und Wohlbefinden und fchöner Putz
bilden mehrfach den Inhalt der Lieder.

[1]) Burköcker ift aus Buh - köhten (Verkleinerung von Bucco, vgl. S. 14 Anm. 1)
entftellt. In Oldenburg und Bremen (vgl. Böhme I Nr. 121 G) fang man früher als zweite
Zeile: Laat ufen lütjen (Fritz) betämen, d. h. laß ihn gewähren.

[1]) Vgl. Böhme I Nr. 78. Die Weife ift unbekannt.
[2]) Vgl. Böhme I Nr. 313 ff. Die Weife entfpricht der dort mitgeteilten.

2. Burköcker von buten (draußen),
   Bring uns' lütt Dirn ok'n Stuten,
   Un bringst uns' lütt Dirn ken'n Stuten nich,
   Büst ok Burköcker von Bremen nich.

Nach der Weise „Eija in Suse" sang man denselben Kinderfreund an, der kein Geringerer war als der Bischof Bucco[1]) oder
Burchard von Halberstadt aus dem elften Jahrhundert:

   Bucco von Halberstadt,
   Bring unsen lütten (Willem) wat.
   Wat schall ik em denn bringen?
   'n Poor golle Schoh mit Ringen,
   Dor schall he up danzen un springen.

———

<hr>

¹) Verden. ²) Kattun.

Dies Lied war ursprünglich, wie der Inhalt vermuten läßt,
ein Tanzlied und ist erst später aus dem Tanzsaal in die Kinderstube
gedrungen. Dasselbe Schicksal scheint folgendes Wiegenlied²) gehabt zu haben:

———

¹) Bucco wurde allmählich als Bu-koh (Bezeichnung der Kinder für
die Kuh) empfunden, und so wurde auch von Buköhken von Halberstadt
gesungen, vgl. Richey 27. Zum Text des folgenden Liedes vgl. Drosihn 34,
Böhme I Nr. 121 A—F.
²) Die Weise ist unbekannt.

Hans un sine Grete
Danzen fix herüm,
Hans füng an to fleiten,
Mök (Machte) den Puckel krumm.
To (Da) kömen de lütten Panzen [1]
Un füngen an to danzen
Un röpen all juchhei,
Dat wür en Burenreih. [2]

———

Gewöhnlich vorgesprochen wurde:

Putt putt putt, min Höhneken,
Wot deist in minen Hof
Un plückst mi all min Blömeken?
Du makst mi dat to grow.
Uns' Mudder schall di schilln (ausschelten),
Uns' Vadder schall di slahn,
Putt putt putt, min Höhneken,
Wot will di dat noch gahn? [3]

Ebenso folgender Kettenreim: [4]

Jochen, Poten, lat mi lewen,
Vagel schall mi Stroh dregen,
Stroh will'k de Koh gewen,
Koh schall mi Melk gewen,
Melk will'k den Bäcker gewen,
Bäcker schall mi 'n Stuten backen,
Stuten will'k de Katt gewen,
Katt schall mi Müs' fangen,
Müs' will'k in 'n Bom hangen,
Wenn de Bom brickt,
Fallt alle Müs' in' n Dreck.

———

[1] Ene lütje Pansse ein gelindes Scheltwort gegen kleine schalkhafte Mädchen, Brem. Wb. III 291.

[2] Bauerntanz.

[3] Vgl. Böhme I Nr. 637 ff., Drosihn 21. 22, Nachweis einer Komposition Jahrb. 27 (1901), S. 26 u. 30.

[4] Verwandte Fassungen bei Böhme I Nr. 1519 ff.

Auch folgender Vers wurde den Kleinen vorgesprochen:[1]

Widewidewitt, min Mann is kommen.
W.   wot het he bröcht?
W.   en Sack vull Kurn.
W.   den hett he stahlen.
W.   he mut an 'n Galgen.
W.   he hingt dor all.
W.   he kann nich starwen.
W.   he is all dot.

Bei den Spielen werden, wie überall, gern Vorgänge aus dem Leben der Tiere, überhaupt der Welt der Kinder, nachahmend dargestellt. Da heißt es:

Farken steken, Wüstken maken,[2]
Dat schall seggen quiek, quiek, quiek
(bei den letzten Worten wird das Abschlachten
des Schweines nachgemacht).

Putt putt putt putt Perd beslahn,[3]
Morgen schall't na Hamborg gahn
(dabei Klopfen der Sohle).

Mit abwechselndem Heben eines Knies, auf dem das Kind sitzt, wird gesprochen:

Zuck zuck zuck na Moehlen,[4]
Peter sitt up den Fahlen (Füllen),
Miken sitt up de bunte Koh,
Zuckt[5] de beiden na Moehlen to.

Lernt das Kind essen, so sagt die Mutter, indem sie ihm ein Stückchen Brot hinhält:

A, B, bit af,
Bit en grot Stück af!

---

[1] Vgl. Böhme I Nr. 328.

[2] Vgl. Böhme I Nr. 131 ff.

[3] Andere Reime vom Beschlagen des Pferdes bei Böhme I Nr. 291 ff.

[4] na Moehlen = nach der Mühle. na Möllen (Drosihn 77), nach Mellen (Böhme I Nr. 357) sind Entstellungen. Schwierigkeit macht die Reimbindung mit der nächsten Zeile. Vielleicht bieten die Verkleinerungswörter Moeleken: Foehleken (bei Böhme I Nr. 424) das Ursprüngliche.

[5] = reiten mit zuck, zuck.

Man faßt, beim Daumen beginnend, die Finger einer Hand
der Reihe nach an:

> De is int Water follen, [1]
> De hett em weller ruttagen,
> De hett em'n rein Hemm (Hemd) antagen,
> De hett em int Bett legt,
> Un de ull Lütt hett't weller segt.

Oder man benennt die Finger in derselben Reihenfolge so:

> Lusknicker, Puttenlicker, Langmeier,
> Goldfinger, Lüttfinger. [2]

Die Mutter beschreibt mit dem Finger kleine Kreise in der
Hand des Kindes und spricht:

> Heft en Daler in de Hand, [3]
> Gah na'n Mark un köp di Band,
> Köp en Swin un köp en Koh
> Un su'n (so ein) lütt Bälamm dorto!

Oder sie sagt:

> Elken, [4]
> Seelken,
> Stipp in,
> Klapp in!

Im Anfang wird die offene Hand mit einem Finger kreuzweise durchstrichen und nach dem „Einstippen" und „Einklappen"
gekitzelt.

Bis ins vierte Lebensjahr waren Knaben und Mädchen gleich-
gekleidet. Nun aber erhielt der Knabe Büx un Jack von grau-
weißem Beiderwand, wie dieser vom Webetau kam, und dazu eine
Zipfelmütze (Klingbübels-müß). Die Mädchen bekamen statt
der Moppe eine richtige Pappmütze, wie die Erwachsenen sie trugen.
Dazu wurden blaugefärbte Beiderwands-, im Sommer gedruckte
Leinen- oder Shirtingkleider, ferner gedruckte baumwollene, mit
Armlöchern versehene und am Hals zugeschnürte Schürzen getragen.

---

[1] Vgl. Böhme I Nr. 200 ff.
[2] Vgl. Böhme I Nr. 195 e und f.
[3] Verwandt ist Böhme I Nr. 169.
[4] Elken wohl sinnlos und nur dem Reim zur Liebe.

Blaue Strümpfe, hölzerne Pantoffeln und Sonntagsschuhe ver-
vollständigten den Anzug der Kleinen.

Beim Spielen waren die Kinder durchweg sich selbst überlassen;
selten wurde von den Älteren mit ihnen gespielt, am häufigsten
noch das weithin bekannte „Wolf und Gans“:¹) All min lütten
Gös, kommt na Hus! — Dat droeft we nich. — Worüm
benn nich? — De Wulf fitt achtern Barg. — Wot deit he
dor? — Legt Eier. — We vel? — .... (Zahl). — All min lütten
Gös, kommt na Hus! Nun kommen sie, der Wolf ergreift eine,
die übrigen laufen zur Mutter und gruseln sich.

Eigentliches Spielzeug besaßen die Kleinen kaum, wie denn
überhaupt auf eine möglichst einfache Erziehung schon aus Sparsamkeitsrücksichten Wert gelegt wurde:

> Kinner in de Asch (die im Aschenhaufen herumwühlen)
> Bringt Gild in de Tasch.

Selbst eine Puppe fehlte in der Regel; eine Steckrübenpuppe
mit Hedehaar oder eine aus alten Flicken half dann wohl aus. Ein
Klöterspielzeug stellte die Mutter aus der Luftröhre einer geschlachteten Gans (der Strütten, Gos-strütten) her: sie wurde
heraus gelöst, getrocknet und in drei Teile geschnitten, in jedes
Stück kamen einige Erbsen, die Enden wurden zugebunden; auch
als Garnwickel fanden die Gegenstände Verwendung, daneben hatte
man Garnwickel aus zusammengebundenen Wallnußschalen mit
Erbsen darin. Beim Kaufmann erstand das Mädchen sich fünf
haselnußgroße Tonkugeln (Peduck-löpers), und das Kugelfang-
spiel, der Peduck,²) nimmt fortan in der ganzen Jugendzeit einen
großen Raum ein.

---

¹) Dasselbe Spiel ähnlich im Braunschweigischen: Niederf. 8, 255, vgl.
auch Böhme II Nr. 395.

²) Die ältere Form scheint Perduck zu sein, wie man z. B. in Altona
— neben Karbuck — sagt. Die Deutung des Wortes ist anscheinend noch
nicht gefunden. Vgl. Mentz I 121, II 19. Schon hier sei erwähnt, daß man
in der Heide unter Mardel eine etwas größere Ton- oder Glaskugel versteht: diesem Worte liegt mnd. marmel (Marmor) zu Grunde, das in der
Bremer Gegend (Niederf. 8, 89) noch heute gebraucht wird, während anderwärts andere Formen (Märmel, Murmel) in Gebrauch sind.

Man unterscheidet den lütten und den groten Peduck. Es handelt sich bei diesen Spielen darum, sämtliche Bedingungen nacheinander zu erfüllen. Gelingt ein Griff nicht, so muß die Spielerin aufhören, und die Mitspielerin beginnt, um ihrerseits alle Griffe richtig durchzuführen. Gewöhnlich spielt man im Knien; die Zahl der Spielenden ist unbeschränkt. Im Sommer wird im Freien, im Winter auf dem Fußboden gespielt. Bezeichnen wir die fünf Kugeln fortlaufend mit den Buchstaben a—e, so verläuft das „kleine" Peduckspiel in folgender Weise:

a wird (wie bei allen folgenden Gängen) in die Höhe geworfen und, nachdem b gegriffen worden ist, aufgefangen. Beim zweiten Emporwerfen von a wird c gegriffen, worauf b und c an die Erde gelegt werden.

Ebenso werden d und e nacheinander gegriffen und bei Seite gelegt.

Dann folgt das Greifen und Wiederfortlegen von b+c,[1] dann von d+e.

Nun wird b für sich gelegt und andrerseits cde; zuerst wird b, dann c+d+e gegriffen.

Indem man b c d e in der Hand hat, wirft man a in die Höhe, legt schnell b c d e hin und fängt a wieder auf. Darauf wird a nochmals in die Höhe geworfen und b+c+d+e gegriffen: dieser schwierigste Gang heißt Topp.[2]

Zum Schluß werden alle fünf Läufer hingelegt; man nimmt a und greift der Reihe nach b, c, d, e. Nunmehr hat die Spielerin alle Kugeln in der Hand, und hiervon heißt diese Schlußbedingung in de Hand spelen.

Beim „großen" Peduck, bei dem es sich durchweg um das Auffangen mehrerer Kugeln handelt, werden zunächst b, c, d, e hingeworfen, a in die Hand genommen.

a in die Höhe, b gegriffen, a+b in die Höhe, c gegriffen, bc fortgelegt.

---

[1] Das Pluszeichen bedeutet, daß die beiden Kugeln gleichzeitig gegriffen werden.

[2] Vergl. mnd. top die Spitze, das höchste Ende einer Sache.

a in die Höhe, d gegriffen, a+d in die Höhe, e gegriffen, d e fortgelegt.

a in die Höhe, b+c gegriffen; a+b+c in die Höhe, d+e gegriffen; b c d fortgelegt, ebenso e.

a in die Höhe, e gegriffen; a+e in die Höhe, b+c+d gegriffen.

b+c+d+e in die Höhe und aufgefangen, nachdem a fortgelegt worden ist.

b+c+d+e nochmals in die Höhe, a gegriffen.

Schlußgang: a in die Höhe, b gegriffen; a+b in die Höhe, c gegriffen; a+b+c in die Höhe, d gegriffen; a+b+c+d in die Höhe, e gegriffen.

Eine Abart und Erschwerung des „kleinen" Peducks ist das sogenannte Grapschen: bei ihm handelt es sich darum, die Kugel von oben (!) her zu fangen.

In den späteren Jugendjahren wurde den Kindern auch wohl einmal erlaubt, ein abgesetztes Spiel Karten zu benutzen, und dann wurde — besonders an Winterabenden — Hahnrei und Fukerhahn, Febelur,¹) Schwarzer Peter und Napoleon gespielt.

Der Schulunterricht und häusliche Beschäftigungen, zu denen die Mutter anhielt, nahmen nur wenige Stunden in Anspruch. So trieb sich denn die junge Welt den größten Teil des Tages auf Feld und Anger, in Wiese und Wald herum, natürlich ohne Strümpfe und Schuhe; noch heute erzählen alte Leute, daß das Barfußlaufen bis Martini die Regel war. Die kleinen Mädchen, die früher als erschreckte Gössel zur Mutter geflüchtet waren, hüteten jetzt selbst die Gänse und waren nicht wenig stolz, wenn sie zum ersten Male, das Butterbro bin das Taschentuch geknotet und einen buntgeschnitzten Weidenstecken in der Hand, ihre Schutzbefohlenen hinaustrieben; die Knaben mußten, wenigstens in den Dörfern, die keinen Dorfhirten hatten, die Kühe weiden. Dann wurden in den Sandbergen Backöfen gebaut und aus den Blättern des Sauerampfers (Sürken oder Sürn), den sogenannten Surbloe, Salat bereitet und — roh — gegessen; die linsenartigen Dolden

---

¹) Verderbnis aus Vive l'amour. Fukerhahn von fukern = betrügen.

der Malve waren Pfannkuchen oder Käse (Katten-kes). Beliebt
war auch das Spielen mit Tannäpfeln: diese wurden reihenweise
in einen durch Steine angedeuteten viereckigen Raum gelegt; das
war der Stall und sie selbst die Schafe, wie denn offenbar von
diesem Kinderspiel her Schap überhaupt den Tannapfel bezeichnet;
sie erhielten Gras und Blätter als Futter und wurden gehütet.
Den Kopf der Mädchen schmückte oft ein Butterblumenkranz und
den Hals Ketten, deren Ringe aus den Stengeln der Butterblumen
oder Pustblomen (des Löwenzahns) hergestellt waren. Gern
wanden die Kleinen einen Kranz aus dem Wiesenvergißmeinnicht:
mit der unteren Seite wurde er in einen tiefen Teller voll Wasser
gesetzt, und noch tagelang wuchsen die Blumen, auf dem Fenster-
brett stehend, lustig in die Höhe. Der Name der Pustblume hängt
mit einem Glauben zusammen: beginnt ein Kuckuck zu rufen, so
pusten die Kinder die Staubfäden fort, so lange er ruft; so viel
Mal sie gepustet haben, so viel Jahre leben sie noch. Oder dem
Kuckuck wird zugerufen: Kuckuck, we lang' lew ik noch? So oft
er ruft, so viel Jahre. Aus Binsen wird der zierliche Kuckucksstuhl geflochten. Auch bilden die größeren Mädchen mit einer besonderen Armverschränkung einen Kuckucksstuhl, um ein jüngeres zu
tragen (in 'n Kukucksstohl dregen lautet der Ausdruck). Die zu
Tragende legt ihren rechten Arm über den linken, faßt mit der
rechten Hand die linke der zur Linken Stehenden, mit der linken
die rechte der rechts Stehenden. Die links Stehende ergreift von
unten her mit der Rechten die Linke der Mitträgerin, und nun
wird die Kleine emporgehoben und getragen. Lebensorakel giebt
außer dem Kuckuck das Marienkäferchen (dat Sünn-kind, Sonnen-
kind). Sobald eins sich auf die Hand gesetzt hat, singt man:

Dann zählt man: En Johr, twe Johr und so fort, bis der Käfer fortfliegt. Die
letzte Zahl giebt die noch übrigen Lebensjahre an. Andere Anrufe an den Marienkäfer bei
Böhme Nr. 824 ff.

Die Knaben[1]) machten aus Ahorn Spritz- und Schießbüchsen (Sprütt-, Schet-büffen). Bei den Schießbüchsen wurde mit zwei Eicheln geschossen: die vorgeschobene trieb die andere mit einem Knall heraus; auch zwei Hedepfröpfe oder zwei Kartoffelstücke leisteten denselben Dienst. Auch aus einer Pose (Pas') schoß man mit Kartoffelstücken, die mit der Pose unmittelbar aus einer Kartoffelscheibe herausgestoßen waren. Aus Weiden wurden Flöten hergestellt, auch Waldhörner: diese in der Weise, daß ein dickerer Weidenzweig abgezogen (af-wittelt) und der von oben nach unten sich immer verbreiternde Streifen dementsprechend gewickelt wurde. Als Mundstück wurde ein Brümmel oder Brümmerken (mnd. brummer Knarrer) darauf gesteckt, das aber oft auch für sich zum Hervorbringen von Tönen gebraucht wurde: man klopfte einen Weidenzweig so lange, bis sich der Stock herausschieben ließ, und schnitt dann den Bast in Stücke von der Länge des kleinen Fingers; jedes Stück wurde an der einen Seite etwas zugespitzt, so war eine Anzahl Brümmerken fertig. Mit dem Kiwitt brachte man Töne hervor, die dem Schreien des Kiebitzes verwandt waren. Der bull Jürden (tolle Georg),[2]) ein Knopf, durch den ein Hölzchen gesteckt war, wurde durch zwei Finger in wirbelnde Bewegung gesetzt. Sehr beliebt war auch der Snurrkasel (Schnurrkreisel),[3]) ein auf eine Schnur gezogenes gezacktes Stück Leder oder Blei: die durch zwei Löcher in der Mitte laufende Schnur wurde an beiden Enden angefaßt und einigemal im Kreise geschwungen; dann ließ sie sich andauernd unter schnurrendem Geräusch auseinanderziehen und zog sich wieder zusammen.

---

[1]) Vgl. auch den Artikel von L. Wiecher (Harburg): Spiele und Spielsachen des niederdeutschen Landkindes (Niederf. 8, 88), deffen Ausführungen sich an einigen Stellen mit den folgenden berühren.

[2]) Jürden für Jürgen wie morden neben morgen. Der bei Wiecher (a. a. O.) begegnenden Bezeichnung Pinn-dopp liegt mnd. pin (Nagel, Pflock) und dop (Knopf) zu Grunde, also = Knopf mit einem Pflocke.

[3]) Der Kreifel heißt mnd. kufel, das in der Heide als Küfel weiterlebt, und kefel (vgl. Brum-kefel, Brem. Wb. 1 149). In Kafel liegt wohl die letzte Form, aber ohne Umlaut gebildet, vor. Man hört auch Snurr-kater, eine volksetymologische Umbildung, der das von Wiecher verzeichnete Snurr-katt'n an die Seite tritt.

Wir wenden uns nunmehr zu den Spielen der heranwachsenden Kinder, zunächst denjenigen, bei denen Lied und Tanz fehlten.

Bei Dull Hund ist ein Kind der tolle Hund, die Verfolgten sitzen auf den Leitern eines leeren Ackerwagens und kriechen oben auf die Leitern, wohin der Hund in der Regel nicht reichen kann. Das bekannte Spiel, bei dem der hinkende Fuchs greift, heißt Voß ut'n Lock.[1]) Ein anderes, bei dem der Betreffende die anderen mit gefalteten Händen greift, wie in Berlin und Umgegend bei dem „Bär aus", führt die sonderbare Bezeichnung „Holland und Seeland". Bei „Hase und Jäger" verfolgt der Jäger die Hasen, legt mit dem Stock auf einen an und versucht diesen dann zu ticken (mit dem Stock leicht zu schlagen, mnd. tacken berühren). Mit dem Klumpsack verwandt sind Großmubder Schötteldok und Ful Ei.[2]) Beim ersten Spiel läßt das um den Kreis gehende Mädchen hinter einer den Schötteldok fallen und summt vor sich hin:

Dor is de ganze Dok . . . . ,
Dor wüll we'n reinen wedder weten.

Bemerkt die Betreffende das Tuch, so sucht sie die andere zu schlagen, andernfalls stößt das herumgehende Mädchen sie das nächste Mal von ihrem Platz und ruft höhnisch dabei: Großmudder, Schötteldok! Die Fortgestoßene nimmt nun das Tuch auf und „ist" es. Bei Ful Ei stellt wenigstens heute ein kleiner Stock das „faule Ei" dar; im übrigen verläuft das Spiel ganz ähnlich. Mit Kirschkernen spielte man ein Ratespiel, bei dem entweder das Grade oder Ungrade oder die Anzahl der Kerne zu erraten war. Im zweiten Falle lautete die Frage:

Permutt, Permin,[3])
Ra' mal, we vel schült sin

---

[1]) In Mecklenburg Voß tau Lock, Hink-voß, Hinke-buck (Niederf. 8, 310). Weitere Beiträge zu dem Spiele und seinen verschiedenen Benennungen ebenda 291, 324, 390, Korr. 24, 44 und 86.

[2]) Ich weise besonders auf die bisher unbelegten Namen hin; im übrigen vgl. Böhme, S. 557.

[3]) Anklingend an die Verbindungen hütt un mütt und hün un perdün, die aber noch keine überzeugende Deutung gefunden haben (Korr. 18, 67; 19, 17).

(wie viel follen es fein)? Dazu kam als Verſteckſpiel das Finken=
ſtein[1]) genannte Spiel, bei dem der Suchende den Gefundenen
(oder umgekehrt dieſer, wenn er zuvorkam, den Suchenden) im
Male, etwa an einer Tür, anſchlug mit dem Rufe:

En twe dre ver Finkenſten,
. . . . [2]) ſchall't wen.

Bei den meiſten dieſer und der folgenden Spiele entſtand zu=
nächſt die Frage, wer es „zuerſt fein" ſollte. Gewöhnlich ſchritt
man zum Abzählen.[3]) Solche Abzählreime waren:

Udel, dudel, dös,[4])
Ver, fif, ſös,
Ticke, tacke, weg!

Oder:

Ene lütte witte Bohn
Reiſede na Ingelland.
Ingelland wür togeſlaten
Un de Sloetel afgebraken.
Piff, paff, puff, du mußt wen[5])

Oder:

En, twe, dre, ver, fif, ſüs, ſoewen,
Mine Mudder kakt de Röwen (Rüben),
Mine Mudder kakt den Speck,
De dat nich mag, de ſchert ſik weg.

---

[1]) Hängt der Name mit dem Finken zuſammen? Schon in mnd. Zeit
gab es ein Spiel vinken vangen (Lübben=Walther). Freilich ſpricht der
unreine Reim des folgenden Verſes (Finkenſten: wen) dafür, daß das
Spiel erſt hochdeutſchen Urſprungs (Finkenſtein: fein) iſt.

[2]) Der Hausname mit nachgeſetztem Vornamen, etwa Bäckers Trina.
Über das Spiel vgl. auch Böhme II Nr. 371.

[3]) Handelte es ſich um die Entſcheidung zwiſchen zwei bereits Beſtimmten
(z. B. beim Ballſpiel), ſo entſchied der Knittel, den dieſe ſich zuwarfen; wer
zuletzt oben gefaßt hatte, galt als Sieger. Daher bawen faten ganz all=
gemein = gewinnen.

[4]) Bei Böhme I Nr. 1853c, 1857, 1858 beginnen Abzählreime mit Ulen,
d(r)ulen. Liegt nur gereimter Unſinn vor? Oder vielleicht Verſtümmelung
aus latein. Unus, duo, tres? Vgl. noch Böhme Nr. 1859 ff. (Une,
dune . .).

[5]) Bei Böhme I Nr. 1752 lautet der Schluß: Piff, puff, paff, du
biſt af (ab, frei).

Aber die Abzählreime dienten bisweilen auch einem andern Zwecke; die heranwachsenden Mädchen wollten Näheres über ihren zukünftigen Mann erfahren und zählten an den Knöpfen ihrer Jacke ab:

Eddelmann, Bedelmann, Dokter, Pastur,
Kaiser, König, Prinz, Majur. [1])

Oder eine Karte wurde gedacht und unter beständigem Hersagen der beiden Verse die Karten umgeworfen, bis die gedachte sich zeigte.

Daneben gab es einen wehmütigen Vers, [2]) der von dem vergebens auf den Freier wartenden Mädchen sprach:

Ik set up en lütten, glatten Sten
Un harr min Ogen so recht bewent.
De annern Dirns kregen en Mann
Un ik müß sitten un seg dat an.
Ik müß min Hor up den Puckel slahn
Un müß noch en Johr as Jumfer gahn.

An diese Spiele [3]) mögen die mit Gesang und Tanz verbundenen gereiht werden. Zuerst zwei Spiele, die auf eine Art Kampf, ein Messen der Kräfte hinauslaufen.

---

[1]) Ähnliche Reime, aber als Orakel beim Abzupfen der Blätter der Sternblume verwendet, bei Böhme I Nr. 910 und S. 709.

[2]) Wossidlo hat mir für die vier ersten Zeilen des „alten, weitverbreiteten Volksreimes" eine ähnliche Fassung in seinen Mecklenb. Volksüberl. II Nr. 1553 und in den Pomm. Bl. I S. 106 nachgewiesen. Der „kleine glatte" Stein ist an die Stelle des Brêdenstên (Breitenstein) getreten, von dem aus stellenweise in Deutschland die Bekanntmachungen und so auch die Verlobungen ausgerufen wurden. Die beiden Schlußverse begegnen (nach Wossidlo) mit Abweichungen vielfach in mecklenburgischen Leberreimen. Niederf. 10, 126 bietet mit kleineren Abweichungen dieselben Verse als „Tanzreim aus der Lüneburger Heide"; an die sechs Verse schließen sich dort noch folgende an:

O Janfriederk, nimm mi doch,
Twölf grote Betten hew ik noch!
Dre vun Hau un dre vun Stroh,
De annern söß sünd eben so!

[3]) Zu den verloren gegangenen gehört vielleicht auch das Strebkatzenspiel. Im Kirchspiel Hollenstedt ist mir außer der Wendung sik to Strew setten auch folgende begegnet: He is 'n rechte ulle Strewkatt (ein widerhaariger Mensch).

Das Brückenspiel.

Zwei größere Mädchen faſſen ſich bei den Händen an, ſchwingen Hände und Arme auf und nieder und ſingen:

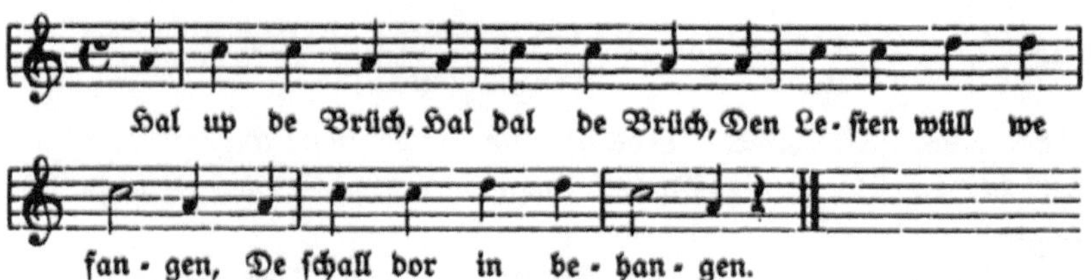

Die anderen haben ſich in langer Reihe angefaßt und ſchlüpfen unangefochten unter der Brücke durch bis auf die Letzte, die feſt=gehalten und gefragt wird, ob ſie in'n gollen Himmel oder in 'ne golle Kutſch will; auch das Haus, die Kirche, das Tor wird zur Auswahl angeboten. Die beiden größeren Mädchen haben vorher abgemacht, wer von ihnen der goldene Himmel, wer die goldene Kutſche ſein ſoll. Die Kleine antwortet leiſe und ſtellt ſich hinter die ihr Bezeichnete. Nun beginnt Lied und Reihen immer aufs neue, bis keine mehr übrig iſt. Schließlich ſtehen ſich zwei Parteien gegenüber, die beiden Führerinnen vorn, und das Reißen beginnt. Die Brücke des uralten Spieles iſt überzeugend als die nach Walhalla führende nachgewieſen und das Reißen am Schluß auf den letzten Kampf zwiſchen den Bewohnern Walhallas und denen der Unterwelt bezogen worden. [1]

Ein wertvolles Überbleibſel aus alter Zeit iſt auch das Spiel, das die Kleinen kurz als Mudder Merie bezeichnen. Wer dieſe iſt, hat man in der Heide längſt vergeſſen, aber das Spiel iſt noch heute beliebt. Mit Recht iſt vermutet worden, daß die Mutter Maria [2] in katholiſcher Zeit an die Stelle einer heidniſchen Göttin geſetzt worden ſei. Mannhardt ſieht in der Maria, der die Schafe fortgeholt werden, die Frau Holda oder Freia, die im Brunnen oder in den Wolken thront und auf deren Schoß die ungebornen

---

[1] Vgl. Böhme II Nr. 289 ff. u. S. 533. Das Hal up im Texte habe ich aus der bremiſchen Faſſung (Nr. 289) eingeſetzt für das in der Heide ge=ſungene ſinnloſe Von up. In Holſtein ſingt man Wol up (Niederſ. 8, 340).

[2] In anderen Gegenden auch Mutter Roſe, Fru Roſen u. ſ. w. Die bisher bekannte Überlieferung ſ. bei Böhme II Nr. 339 ff.

Kinder sitzen, bis sie abgeholt und den Müttern zugeführt werden. Selbst dem Lachen und Ernstbleiben, das im Spiele von Bedeutung ist, soll ein tieferer Sinn beiwohnen. „Wer nicht lacht und die Zähne zeigt, ist ein Wechselbalg und kehrt zur Frau Holle zurück; lacht er aber und zeigt die Zähne, so bleibt er auf der Erde und wird Mensch." Mir scheint in dem goldnen Stuhl, der nur in der Heide begegnet, ebenfalls eine alte Erinnerung bewahrt zu sein, eine Erinnerung an den Sonnenschein, der das Wasser des Brunnens (oder die Wolke) vergoldet. — Die Mädchen sitzen hintereinander auf dem Schoße. Eine steht und fragt die Vorderste: Wenem (Wo) is Mudder Merie? Antwort: Achter mi, up'n gollen Stohl. Dieselbe Frage ergeht an die Zweite und so fort, die Antwort lautet stets gleich. Schließlich wendet sie sich an die Letzte: Goden Dag, Mudder Merie. Heft nich 'n Schap vör mi? Antwort: Nimm Di man dat irste hin! Nunmehr faßt sie die Vorderste an und singt:

¹) = in Freuden.

Beide springen mit einander zugewandtem Gesicht dreimal in die Höhe¹) — lacht die Betreffende, so kommt sie in die Hölle, bleibt sie ernst, in den Himmel. Nun beginnt das Fragen und

¹) Hier haben wir das Springen, wie es als Ausdruck lebhaftester Freude aus den mittelalterlichen Tänzen bekannt ist. In der Heide lebt eine Erinnerung an das Springen auch noch in der Redensart dat is min Up- undalsprunk (= meine höchste, einzige Freude, mein eins und alles), die allerdings heute in der Einengung auf einen Mangel gebraucht wird (z. B. wenn ein Mädchen nur ein Kleid hat). Auch an das freudige Aufundnieder- springen der Sonne am Ostermorgen sei erinnert.

Singen von neuem: die Zweitvorderste kommt ans Springen, und
so fort. Zum Schluß stehen Himmel und Hölle sich gegenüber,
und man reißt um die Wette. Statt des Himmels und der Hölle
werden auch Engel und Teufel unterschieden: jene werden zum Schluß
umhergetragen und diese heftig hin- und hergestoßen („gerüttelt").

Über ganz Deutschland und über seine Grenzen hinaus war
das Spiel von dem Herrn von Ninive, oder wie dieser sonst bezeichnet wurde, bekannt,[1]) in dem eine Brautwerbung, stellenweise
auch die Abholung einer dem Kloster geweihten (Himmels-)braut
dargestellt wurde. In der Heide sang man vom Manne aus
„Jericho", eine allein stehende Lesart. Die Ausführung war
folgende: Die eine Reihe, Knaben und Mädchen sich anfassend,
sang vorgehend die erste Strophe. Während sie zurückging, ging
die gegenüber aufgestellte zweite Reihe vor und sang die zweite
Strophe. So abwechselnd, Halbchor und Halbchor. Das Lied
lautete:[2])

2. Was will der Mann von Jericho?
Heisa fifilate!

3. Er will die jüngste Tochter holen,
Heisa fifilate!

4. Wir wollen ihm ein Briefchen schreiben,
Heisa fifilate!

5. Was soll denn in dem Briefchen stehn?
Heisa fifilate!

6. Daß . . . . .[3]) ein Schätzchen hat,
Heisa fifilate!

---

[1]) Vgl. Böhme Nr. 268—288, Bolte Z. V. V. IV 180 f., VI 98.

[2]) In den zweiten Zeilen habe ich entsprechend der sonstigen Überlieferung „Heisa" für ein unsinniges „Das heißt auch" eingesetzt.

[3]) Der Name eines mitsingenden Mädchens, das vorher bestimmt
worden ist.

7. Was soll das für ein Schätzchen sein?
Heisa fifilate![1]

8. Nimm sie hin[2] und sieh sie an!
Heisa fifilate!

9. Daß Du sie wiederfinden kannst,
Heisa fifilate!

Nun beraten sich die beiden, wer das nächste Mal das Pärchen sein soll, und das Schreiten und der Gesang beginnen von vorn.

Auf ein ehrwürdiges Alter blickt der Kringelkranz-reigen zurück. Die (etwa drei- bis sechsjährigen) Kinder drehen sich, gewöhnlich mit Ketten aus Butterblumen behängt, im Kreise und singen:[3]

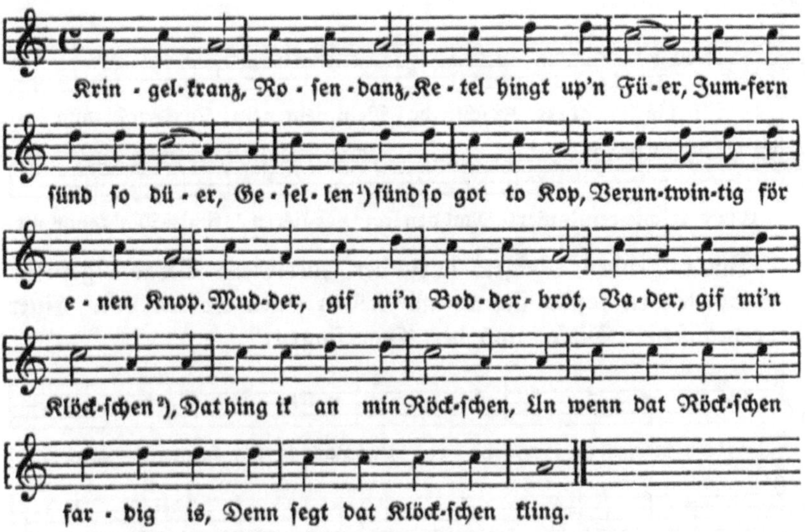

____

[1] Junge Leute, Junggesellen. [2] Erinnerung an die Schellen, die in alter Zeit zur Verzierung der Gewänder dienten, vgl. z. B. mnd. dusink „ein mit Schellen oder Glöckchen besetzter Gürtel für Männer und Frauen".

____

[1] Hierauf wird der Name des ebenfalls bei Beginn bestimmten Knaben gerufen.

[2] Der Knabe tritt mit dem Mädchen in die Mitte. Der hier angeredete Knabe ist der im Anfang genannte Mann von Jericho, so wenigstens in anderen Quellen, z. B. Böhme 268, wo ebenfalls das „so nehmt sie hin" begegnet, ähnlich 272, 275.

[3] Vgl. auch Böhme II Nr. 78.

Bei dem letzten Worte beugen alle die Kniee, setzen sich in de Hurk.

Bei der „Schwarzen Köchin" bilden die Mädchen einen Kreis. Eins umgeht ihn und singt immer aufs neue die nachher folgenden Worte.[1]) Jedesmal faßt sie bei den Worten „Komm mit" ein Mädchen an die Hand und nimmt es mit. So bilden die Herumgehenden eine Kette, die sich immer verlängert. Schließlich bleibt noch eine übrig, die zur „schwarzen Köchin" ausersehen worden ist. Diese wird verhöhnt, indem die andern mit den beiden Zeigefingern die bekannte spottende Gebärde machen und laut dreimal rufen: „Szitt szitt szitt, da steht sie ja." Der Kreis bildet sich von neuem, die Verspottete tritt heraus und beginnt von neuem zu singen. Der Text lautet:

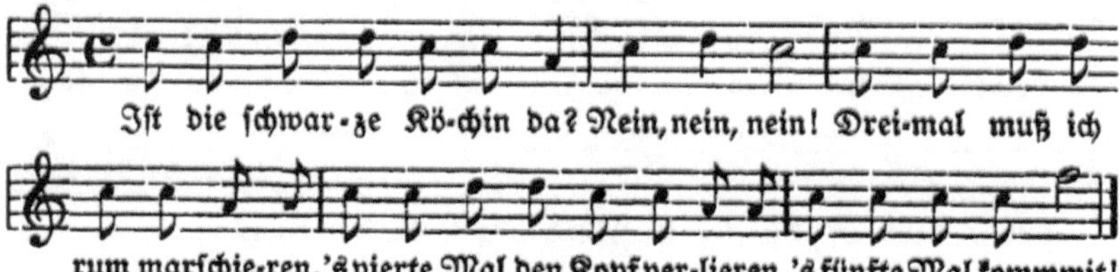

Im folgenden Reigen wird der „verlorene Schatz" gesucht. Die Spielenden fassen sich an und stellen einen Garten vor. Einer steht draußen. Dieser und der Chor singen:

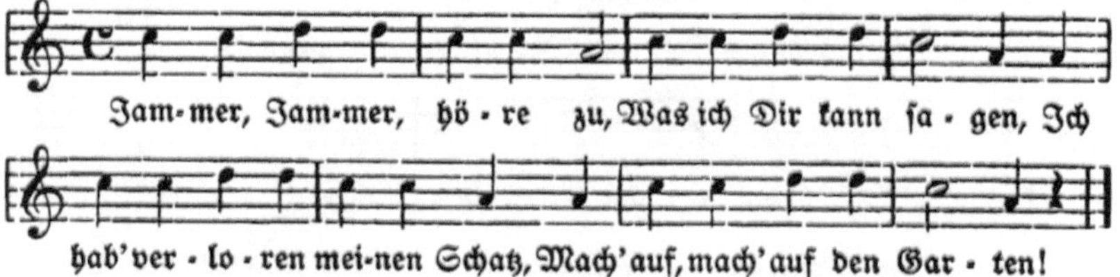

Zwei lassen sich los und den Betreffenden herein. Nunmehr singen alle weiter:

---

[1]) Böhme (II Nr. 267) teilt den Reigen aus Dresden und Kassel mit, ebenfalls unter der Überschrift „Die schwarze Köchin". Die Worte „Nein, nein, nein" werden dort richtiger dem Chor zugewiesen. Statt „den Kopf" heißt es „den Hut", beides nicht recht klar. In der Heide hört man gelegentlich statt „Köchin" „Küchlein". Ist dieses die echte alte Lesart? Das würde vermuten lassen, daß es sich in dem Spiele ursprünglich um den Raub eines Kükens durch einen Vogel gehandelt hat.

Während dieser Strophe hat er sich vor einer (oder sie vor einem) auf die Kniee niedergelassen; beide tanzen nun im Kreise herum und singen dabei:

Nunmehr tritt der (oder die) Erwählte aus dem Kreis heraus, und das Spiel nimmt wieder seinen Anfang.

----

[1] Im Kreise Ülzen lauteten diese Zeilen (Niederf. 9, 287): Ich will jetzt gehen, um zu sehen, Ob ich ihn noch kann finden, Und wenn ich ihn gefunden hab', So klapp' ich in die Hände. Von den Texten, die Böhme (II Nr. 201 f.) bietet, steht der oldenburgische (202) dem obigen einigermaßen nahe.

Der schon Fischart bekannte und über ganz Deutschland verbreitete Reigen „Adam hatte sieben Söhne“[1] zeigt in der Heide einige bemerkenswerte Abweichungen. Zunächst drehte sich auch dort der Chor im Kreise und sang:

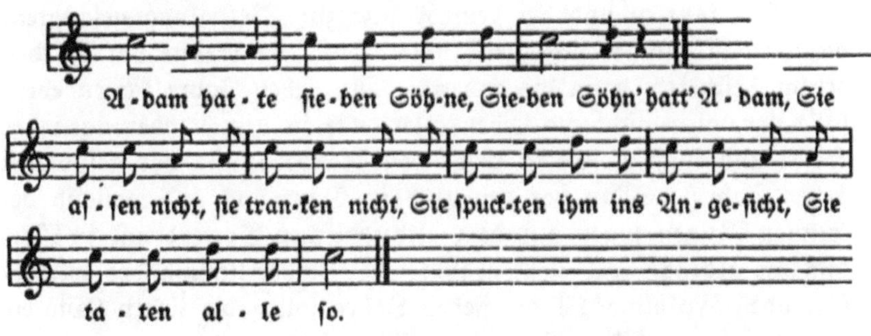

Dabei wurde ein Knix oder eine Verbeugung gemacht. In anderen Gegenden, außerhalb der Heide, machte dagegen ein Knabe,

----

[1] Vgl. Böhme I Nr. 237, 238. Der Hamburger von Hövel zählt ihn 1663 unter anderen Gesellschaftsspielen auf, 3. B. B. IV 184.

der in der Mitte stand, (oder Mädchen) irgend eine „Gebärde, Grimasse, Stellung oder Bewegung" vor, die von allen nachzuahmen war. Noch mehr weicht die Fortsetzung ab, die in der Heide auf einen Tanz des Knabens mit einem Mädchen aus dem Kreise (oder umgekehrt des Mädchens mit einem Knaben) hinausläuft. Er spricht zu ihr:

> Bist Du denn mein liebes Kind?
> „Ja freilich."
> Hast Du mich von Herzen lieb?
> „Abscheulich."

Dann Tanz der beiden unter dem Gesang der andern:

> Sie sagten alle ja, ja, ja,
> Sie taten's aber nicht.
> Geh Du nur hin, geh Du nur hin,
> Ich kenne Dich ja nicht.[1])

Nunmehr nahm der Knabe die Stelle des aufgeforderten Mädchens ein, und dieses hatte sich in den Kreis zu begeben.

Weitverbreitet war auch der folgende Reigen, der in vielen, aber nur entfernt an die unsrige anklingenden Fassungen (Böhme II Nr. 88 ff.) vorliegt. „Wir treten auf die Kette, daß die Kette klingen soll" lautete vielerwärts der Anfang. Die Überreste deuten auf einen Reigen, den in alter Zeit die jungen Mädchen und Burschen tanzten und bei dem Kränze zur Verteilung gelangten; die Schönste mußte sich zuerst umdrehen, „der Liebste hat ihr den Kranz beschert", dann die andern. Die sieben Jahre kamen ebenfalls vor, aber nicht als Lebensalter, wie in dem Kinderreigen der Heide und sonst in vielen Gegenden, sondern „sie hat gesponnen sieben Jahr." Man hat den auch in Dänemark und Holland bekannten Reigen sogar mit dem altheidnischen Gottesdienst in Verbindung gebracht und sieht in ihm eine Verherrlichung des wiederkehrenden Frühlings;[2]) die sieben Jahre sollen die sieben Wintermonate sein, nach dem siebenmonatlichen Walten der dem Spinnen

---

[1]) Die Strophe wurde nach der Weise der ersten gesungen. Die erste Strophe enthält eine Zeile mehr; vermutlich sind dort die Worte „Sie spuckten ihm ins Angesicht" nur ein vergröbernder Zusatz der Heide.

[2]) So Dunger und ihn ergänzend Böhme (vgl. Böhme, S. 456).

vorftehenden Göttin Holda naht fich der Schatz, der Frühling, und
fchenkt der Erde Blumenkränze.

Der Reigen wurde nun in der Heide fo ausgeführt. Die
Kinder drehen fich im Kreife und fingen:

¹) Sinnlofe Reimfpielerei? Oder mnd. fife Zeiflg? ²) = Gänzlich (mnd. altomale).

Schon die große Zahl diefer mit Gefang und Tanz verbundenen
Spiele deutet darauf, daß fie der liebfte Zeitvertreib der Kinder
waren. Und fo verhielt es fich in der Tat. Diefe Verknüpfung von
Spiel, Tanz und Gefang im Kinderlied der Heide ift aber ficher
uralt; diefes hat bis in die neue Zeit ziemlich getreu bewahrt, was
überhaupt der Poefie alter und ältefter Zeit eigentümlich war. Und
in diefen doch nur trümmerhaften Überreften welche bunte, abwechs=
lungsreiche Mifchung! Da haben wir den (gefchrittenen) Reigen,
den Sprung, die Scheidung in Halbchöre, das Gegenübertreten des
Chors und einzelner, den Kreis ftehend und dann umgangen, fich
felbft drehend, fich öffnend und fich fchließend, die einzelnen der
Reihe nach fich wendend, den Chor bald eigene, bald einzelner Ge=
danken und Empfinden ausfprechend, Epifches (Adam hatte fieben
Söhne) und Dramatifches (das Aufundniedergehen der Brücke) in
mannigfachem Wechfel. Diefer Buntheit der Reigenformen fteht
aber eine bemerkenswerte, dem Stimmumfang des jugendlichen Alters
entfprechende Einfachheit der mufikalifchen Elemente zur Seite. Wer

die Weiſen vergleicht, wird leicht finden, daß vielfach dieſelben Töne, in der hier gegebenen Vertonung c, das danebenliegende d und das tiefere a, wiederkehren. Die Aufzeichnung der Weiſen verfolgt ausdrücklich auch den Zweck, die hervorgehobene melodiſche Einförmigkeit des Kinderliedes, die natürlich weit über die hier behandelten Gegenden hinausreicht, einmal für ein beſchränktes Gebiet mit greifbarer Deutlichkeit vor Augen zu führen.

Es iſt leicht zu verſtehen, daß vorzugsweiſe die Mädchen mit ihrem tieferen Empfindungsleben dieſe Spiele pflegten und Knaben nur in der Minderheit daran teilnahmen. Die älteren Knaben riſſen ſich von Jahr zu Jahr mehr von de ullen Dirns los, und erſt der Tanzſaal führte nach der Einſegnung die Geſchlechter wieder zuſammen. Den Knaben lagen in der Hauptſache andere Spiele am Herzen: Einmal das Ballſpiel, dem alſo hier im Gegenſatz zu andern Gegenden die Mädchen weniger huldigten; der Ball war ein mit Wollfäden umwickeltes oder umſponnenes Knäuel; neben dem Schlagball und Sauball[1]) war das „Eckball“-ſpiel beliebt. Bei dieſem Spiel ſtanden die Mitglieder der einen Partei an beſtimmten Plätzen, „den Ecken“, die durch Steine bezeichnet waren und das Mal, gewöhnlich den Platz vor einer Hauswand, umgaben, die der andern waren „im Mal“. Jeder Spieler galt die gleiche Anzahl Points.[2]) Von den Spielern an den Ecken wurde nach den andern geworfen und, wenn jemand getroffen war, fortgelaufen; war niemand getroffen, ſo hatte der Werfer einen Point verloren. Wurde einer der Fortlaufenden wieder getroffen, ſo galt er einen Point weniger, ſonſt der vorher Getroffene. Diejenige Partei, die zuletzt noch einen Point hatte, war Siegerin und kam beim nächſten Spiel an die Ecken, d. h. in die Stellung, die den Reiz des Angreifens mit dem der neckiſchen Flucht verband und deshalb die bevorzugte war.

Um Knöpfe ſpielte man Puttlock. Mit dem Meſſer wurde ein Loch in die Erde gemacht, und jeder ſetzte einen Knopf als

---

[1]) Das Spiel heißt Su, eine mit dem Spiel von außen eingeführte Bezeichnung (mnd. ſû Sau), da das einheimiſche Wort für die Sau wenigſtens im Nordweſten Soeg’ (mnd. ſoge) iſt. Gewöhnlich ſägte der Vater oder Großvater dem Jungen ein etwa drei Finger langes Stück von einem ebenſo dicken Zweig ab, das dieſer ſich dann ſelbſt rund ſchnitzte.

[2]) Jederên gilt twe (dre, ver), ſo drückte man ſich aus.

Einfag hinein (in-putten); das Loch war sozusagen der Putt,
frz. pot, der Topf für den Einsatz (vgl. up 'n Putt setten beim
Kegel- und Kartenspiel); so erklärt sich der Name des Spieles
Wessen Kugel in das Loch rollte, hatte gewonnen; trafen mehrere
hinein, so setzten die übrigen nochmals, und alle warfen von neuem.
Ein ähnliches Trudelspiel war Negen-lock: bei ihm wurden neun
Löcher (in drei Reihen) gemacht, von denen jedes besonders be-
wertet war; das mittelste galt 16, die vier Ecklöcher je 12, das
dazwischenliegende der Vorder- und der Hinterseite 8, die beiden
andern 4. In das Mittelloch wurde gesetzt. Jeder warf dreimal
nach der Reihe. Wer die höchste Summe geworfen hatte, erhielt
den Einsatz. Bei gleichem höchsten Wurf setzten die übrigen nochmals, und alle warfen von neuem. Um Knöpfe ging es auch beim
Pickern, das gewöhnlich mit größeren Läufern (Picker-löper)
gespielt wurde.[1] Einer warf aus, der Nachwerfende mußte die
Kugel berühren oder ihr bis auf Spannweite einer Hand nahe-
kommen: dann hatte er einen Knopf gewonnen und warf wieder
aus. Andernfalls warf der Erste wieder und versuchte die Kugel
des Zweiten zu treffen. Die Zahl der Teilnehmer war unbegrenzt.
Ein Knopfspiel war auch Pimpahl.[2] Die Knöpfe wurden auf
einen etwa ½ Meter hohen Pfahl gesetzt, nach dem die Spieler
mit Steinen warfen. Wurde er umgeworfen, so gehörten dem
Werfer die auf der unrechten Seite liegenden Knöpfe. Die anderen
wurden wieder aufgesetzt.

Beim Kock[3] wurde mit Steinen nach einem Stein geworfen,
der auf einem größeren stand, beim Buck mit Knitteln nach einem

----

[1] pickern geht auf mnd. bickel = Würfel, Fangstein der Kinder
(eigentlich ein mit der bicke = Spitzhacke abgeschlagener Stein) zurück.

[2] Nach der Analogie des nachher zu erwähnenden Kock liegt vielleicht
ein pîn-pâl Folterpfahl (vgl. mnd. pine(n)-bank Folterbank, pîn-stake
Fußblock) zugrunde. Ein ähnliches Spiel aus dem „Fürstentum Lüneburg"
(ohne nähere Bezeichnung der Gegend) wird Niederf. 8, 209 beschrieben.
Dem Pimpahlspiel entspricht das schweizerische Stöckeln, das schlesische
Pflöckeln, vgl. Böhme II Nr. 471.

[3] Es ist das holsteinische Kaak up, das bremische Kaak af (von mnd.
kâk = Schandpfahl, Pranger), vgl. E. H. Meyer 127. Aber ein Bedenken
bleibt: kâk ist doch ein Pfahl, kein Stein (wie denn im Amte Friedeburg,
Kr. Wittmund, noch heute beim „Koakspielen", das dem lüneburgschen Pimpahl

dreibeinigen, gewöhnlich aus Erlenholz zurecht gehauenen Bocke. Eine Lieblingsbeschäftigung war ferner das Schippern, das Hineinwerfen flacher Steinchen in das Wasser, so daß sie über die Fläche tanzten. Dazu trat das Bockspringen über die sich bückenden Spielkameraden und das Ringen (sik faten, sich fassen). Gebadet wurde nur zur Abkühlung, also an besonders heißen Tagen. Das Aufhängen der Dohnen im Herbst (Snarren stellen) geschah trotz aller Verbote immer aufs neue. Der Winter brachte das Glinschen (mnd. glischen, schlesw. glinstern), das Fahren auf dem mit zwei Pieken fortbewegten Schlitten (Pek-slegen) und das Schneeballen (sik klütern, vgl. mnd. sik klüten = sich mit Erdschollen werfen, klût[e] = Klumpen).

So heben sich von den sinnigeren, in weitgehendem Maße rhythmisch gebundenen Mädchenspielen die der Knaben schroff ab: Ungebundenheit, Betätigung der Kraft, Ehrgeiz, Streben nach Gewinn spielten die Hauptrolle, und nicht selten arteten die Spiele in Roheit aus, wie denn verschiedene (Pimpahl, Kock, Buck) von den Predigern und Lehrern wiederholt verboten wurden.

Zu Dorffesten gestalteten sich das Osterfeuer und der Umzug des Pings-bötels. Während aber die Sitte des Osterfeuers in alter Frische fortlebt, ist der Pfingstumzug seit Jahrzehnten fast ganz außer Gebrauch gekommen. Die Feier des Weihnachtsfestes zeigt noch manches Alte und Überkommene, aber das Beispiel der nichtbäuerlichen Familien wirkt immer mehr ein.

Vom Osterfeuer mögen Knaben und Mädchen der Heide selbst erzählen:[1]

---

entspricht, nach einem Holzklotz geworfen wird, Niederf. 8, 119). Ich vermute daher, daß entweder früher ein Klotz das Ziel war oder daß in dem Kaak und Kock eine Verderbnis aus mnd. kagel, kogel, koggel (Kapuze) vorliegt. Für die letzte Annahme fällt auch die mir mündlich mitgeteilte mecklenburg-strelitzische Bezeichnung des Spiels Kapp-köster (Küster mit der Kappe) ins Gewicht.

[1] Nach einigen, auf Veranlassung eines Lehrers von seinen Schülern und Schülerinnen in Briefform abgefaßten Aufsätzen. Der Text ist aus mehreren Darstellungen ohne nennenswerte Änderungen zusammengestellt worden.

In unf' Gegend is dat Mod, dat we alle Johr en Osterfür maken
doht. 's Nombags na de Schol gaht we denn all' hin un flept Osterhult up'n Barg tohop.[1] Den Sünnawend vör Ostern gaht we na de
Buern un sammelt Stroh, un de Koplü' gewt uns ok en Tertunn'. Den
irsten Osterdag timmert we dat Osterhult up. Den Awend, wenn't bald
büster ward, ward dat Hult ansteken. Von den Barg künnt we denn
gans vel Osterfür sehn. De groten Lü' gaht ok hin un hoegt sik mit
uns. Wenn dat Hult meist[2] utbrennt is, denn lopt we dör den Rok
un springt mit de glönigen Staken rüm. We makt uns ok de Hann'
gans swatt an de Koehl un strikt de annern oewer de Backen un segt:
„O, wot büst Du so glatt[3]!“ Denn spelt we dor noch so lang', bet
dat Für utbrennt is. Wenn dat Für dot geiht, gaht we na Hus un
singt Leder. Denn seht we awer ut as lütte Düwels un moet uns irst
waschen, ihr we na'n Bett gaht.

Die alte Bedeutung solcher Feuer für das ländliche Leben,
die das Gedeihen von Menschen, Vieh und Feld fördernde, Hexen
und Ungeziefer vertreibende Kraft des Feuers, des Rauches, der
Brände ist der Vergessenheit anheimgefallen. Dasselbe gilt von
dem Brauch des Ostereieressens: die sinnbildliche Bedeutung der
Fruchtbarkeit ist vergessen, aber Pascheier (mnd. pasche[n]-Ostern)
werden noch heute in jedem Hause vor dem Beginn des Osterfeuers gekocht, in den großen Bauerhäusern ein ganzer Grapen
voll, etwa 60—70 Eier, und jeder ißt, so viel er kann, und rühmt
sich gern seiner Leistung.

Am Ostermorgen gehen manche hinaus, um den Sonnenaufgang zu sehen, denn die aufgehende Sonne hüpft dreimal vor
Freude über die Auferstehung des Erlösers; auch Nebensonnen
werden sichtbar und in der mittelsten ein Lamm. Dem Wasser
teilen sich durch die Strahlen der aufgehenden Sonne allerlei Kräfte
mit, doch stillschweigend muß es geschöpft werden, um wirksam
zu sein. In der Südheide[4] wäscht man sich in der Frühe mit

---

[1] An manchen Stellen liefern die Bauern der Jugend das Holz, um
der Schädigung ihres Holzbestandes vorzubeugen.

[2] = zum größten Teil, beinahe.

[3] Im Sinne von „schön“.

[4] Hier und im folgenden, soweit die Südheide ausdrücklich genannt
ist, stütze ich mich auf zwei „Aus der Lüneburger Heide“ überschriebene, von
Dehning (Celle) verfaßte Artikel der Harburger Anz. u. Nachr. (14. April 1897,
28. März 1899).

dem Osterwasser; gern necken in diesem Augenblick die Burschen die Mädchen und suchen das Schweigen zu stören. An manchen Stellen der Heide wird das Wasser in verkorkten Flaschen aufbewahrt; es bleibt das ganze Jahr frisch und klar und wirkt besonders gegen Augenkrankheiten. Heilkräftig ist auch die Nacht vom Karfreitag auf den Sonnabend; wer in der Mitternachtsstunde in die Wiese geht und von dem Gras ißt, bleibt zeitlebens vor Zahnweh bewahrt. Auch die bösen Geister (Düwels), die im Haus ihr Unwesen trieben, wurden in den südlichen Teilen der Heide in dieser Zeit verscheucht. Der pfiffige Bauer rechnete so, daß sie am Sonnabend in der Hölle weilen und dort der Predigt Christi zuhören müßten. An diesem Tage war also der Hof rein; daher war dies die beste Zeit, das schirmende Hufeisen an die Tür zu nageln. Von schlimmer Vorbedeutung ist es, wenn der Ostermorgen oder auch der Grüne Donnerstag, der Stille Freitag Regen bringt; das deutet auf einen trocknen Sommer, so trocken, dat de Netteln achter'n Tun verdrögt. Am Ostersonntag müssen Strickzeug und Nadel ruhen, sonst brennt das Haus ab. Dieser Glaube gilt auch für den ersten Pfingst- und Weihnachtstag und den Karfreitag. Die Nachmittagsstunden des Karfreitags sind zugleich dem Andenken der Toten geweiht; besonders die Frauen und jungen Mädchen suchen die Gräber ihrer Lieben auf.[1] Froher als an dem durch kirchliche und volkstümliche Bräuche gleich geweihten Stillen Freitag ging es in der Südheide am Nachmittag des Grünen Donnerstags zu. Dann ergötzten sich nach altem Brauch die Jugend und auch die Großen am Ballspiel und freuten sich des neuerstandenen Frühlings, denn der Frühling und der Beginn des Ballspiels fallen zusammen, wie schon Walther von der Vogelweide seiner Frühlingssehnsucht den Ausdruck gibt:

> Saehe ich die megde an der strâze den bal
> Werfen! so kaeme uns der vogele schal.

Prächtige Erinnerungen an das alte Hirtenleben hat die Pfingstfeier der Heide bis vor einigen Jahrzehnten und vereinzelt bis heute bewahrt. Der Hirtenknabe, der am Pfingstmorgen am längsten

---

[1] Stellenweise geschieht dieses am Grünen Donnerstag oder Ostersonntag.

geſchlafen hatte, wurde als Pings=bötel[1]) ausſtaffiert. Man
bekränzte ihn mit friſchem Grün und Blumen und fuhr oder trug
ihn frühmorgens oder am Nachmittag von Tür zu Tür. Die ganze
Dorfjugend zog hinterdrein. Die Tür wurde geöffnet, der Zug
hielt und ſtimmte an:

Die Knaben ſammelten dann in der Mühe Eier ein, die nachher verteilt wurden;
oder man verkaufte ſie und teilte den Erlös. Gab eine Frau nichts, ſo erſchollen beim
Weiterziehen die Spottverſe:

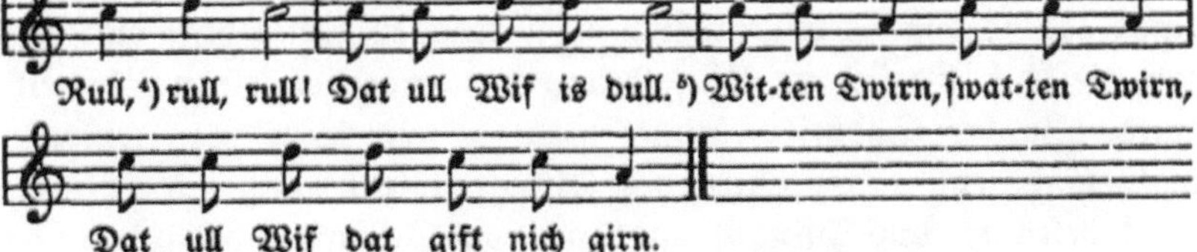

[1]) = im nächſten Jahr (verkürzt aus in dem tokomenden jor). [2]) Das Wort ſoll
das ſchnelle Fortreißen der Eier malen; zu ripperappe vgl. mnd. rips-rapper = der
etwas ripsraps, d. h. raſch wegreißt; auch riß bezeichnet das Fortreißen, denn es iſt eine
Intenſivbildung zu riten (vgl. auch ritſch ratſch). [3]) Das Querholz, an dem die Hinter-
beine befeſtigt ſind, ſoll in die Bodenluke gehängt werden. — Ich habe im Vorſtehenden
und Folgenden den mir aus der eigenen Jugend geläufigen Text des Kirchſpiels Hollenſtedt
gegeben, der an einigen Stellen abweichende des Nachbarkirchſpiels Moisburg iſt Germania
37. 119 veröffentlicht worden. [4]) = Roll weiter (mit Bezug auf den Wagen, auf dem der
Knabe ſaß). [5]) Ähnlich ſangen bei Celle die Kinder am Martinsabend, wenn ſie kein Ge-
ſchenk erhielten: Marten, Marten, ſtrull,
Dat ohle Wif is bull (Böhme, S. 362).

[1]) Bötel iſt der verſchnittene Schafbock (mnd. boteln kaſtrieren bot-
link ein verſchnittenes Tier). Später meldete ſich ein Knabe freiwillig oder

In andern Gegenden, außerhalb der Heide, wurde der bekränzte Pfingstknabe schließlich ins Wasser geworfen, um das Himmelswasser, indem man ihm „die Berührung von irdischem Wasser und Grün vormachte, auf das Gras der Weide herabzulocken."[1]) In der Heide war der Grundgedanke ein anderer: die neckische Bestrafung des säumigen Langschläfers und das Einsammeln von Gaben für einen gemeinsamen Schmaus war hier die Hauptsache. Es liegt nahe, diese Umzüge und Schmausereien in Beziehung zu der alten Maifeier zu setzen. In der Frühe des Maimorgens veranstalteten anderwärts die Hirten einen Wettaustrieb, „um das erste heilkräftigste und reichste Naß der Weide zu erhalten", und zu den Maireigen gehörte auch der „Hammeltanz, der in dem Opfer eines Herdentieres gipfelte".[2]) Eine derartige Maifeier mit Wettaustrieb und Opfer war vermutlich in alter Zeit auch das Bötelfest der Heide, das späterer Brauch mit dem Pfingstfest zusammengelegt hat. Das Ausschmücken der Häuser mit Birkenreisern (Maibusch) war wohl auch schon ein Bestandteil des alten Festes.

In der Gemeinde Halvesbostel (Kirchspiel Hollenstedt) war derjenige Kuhhirte „Pingsbötel", der am Abend vor Pfingsten zuletzt mit seiner Herde nach Hause kam; beim Heimtreiben trug dort eine Kuh in jeder Herde (gewöhnlich die beste) um die Hörner einen Kranz von Wiesenblumen. In Emmen (bei Hollenstedt) bekam die Kuh, die sich am Pfingstmorgen zuletzt erhob, einen Blumenkranz. In der Südheide kannte man — und kennt man teilweise wohl noch jetzt — die Sitte des Pfingstochsens, der, mit frischem Laub bekränzt, am Pfingstsonnabend vom Schlachter durch den Ort geführt wurde. In der benachbarten Göhrde sangen die Kinder um Gaben, indem eins von ihnen sich einen Bienenkorb (Pingst-

---

wurde gewählt. Das Wettaufstehen beschränkte sich dann mehr und mehr auf das einzelne Haus. Keiner wollte am Pfingstmorgen im Hause der Letzte sein und als „Pingsbötel" den ihm drohenden Strohkranz bekommen.

[1]) E. H. Meyer 144.

[2]) E. H. Meyer 145, andere Beispiele eines Frühaufstehens um die Wette 131. Zum Pfingstgelage bei der Aufrichtung des Maibaumes lieferten die Bauern im Anhaltischen der Reihe nach zwei Schweine und einen Hammel, 145.

karn, mnd. kar[e]=Korb) über den Kopf gestülpt hatte. In der
äußersten Südheide, so noch heute in Westerbeck,[1] wurde ein Knabe
als „Fischermeier" aufgeputzt. Ihm wurde aus belaubten Birken-
und Buchenzweigen mit Hülfe des Weidenbastes ein eigenartiges
Gewand geflochten, auf dem Kopfe ragte ein langes, mit Blumen
und Bändern umwundenes Holzkreuz, in jede Hand erhielt er einen
hölzernen Säbel. Der Chor der Knaben geleitete ihn von Haus
zu Haus und sang:

Gun Dag!
Den Fischermeier
Ein halw Schock Eier!
Hett Ji keine[2] fule Eier,
Smiet sei owern Fischermeier (über den F.)
Hett Ji keine[2] frische,
Set't sei üsch (uns) tau Dische.
Gewet Ji usen Fischermeier nist (nichts),
Sau leggt jur Häuner upt Jahr ok nich.
Balle hier henn, balle da henn,
Wo geiht de rechte Weg henn
Na riken Mannes Huse,
Na riken Mannes Hêren,
De kann üsch wol ernähren?
Bowen in de Hächte (Höhe)
Da hängen de langen Wöste.
Gew'n Sei üsch de langen
Un laten de korten hangen,
Bet taum annern Jahr
Wit (wollen) wi werkomen,
Wit sei nahalen.
Stille stahn!

Zu gleicher Zeit führten die mit Blumen geschmückten Mädchen
eine von ihnen, die als Maibraut einen Kranz trug, durch das
Dorf und sangen, um Gaben bittend, das Lied von der hübschen
Jungfrau, die vor der Himmelstür von den Engeln nach ihrem
Glauben befragt und unter das „Königsgesinde" aufgenommen wird:

Sie legten ihr um ein weißes Tuch
Und setzten ihr auf eine Krone.

---

[1] Das Folgende nach Mitteilungen von G. Wrede in der Allerzeitung
vom 21. 5. 1904.

[2] = irgendwelche (wie mhd. kein)?

Die zuletzt berührten Gebräuche, die ähnlich anderwärts begegnen und besonders auch für das benachbarte Braunschweig be-
legt sind,[1]) zeigen in dem Laubkleid des Fischmeiers und dem Kranz
der Maibraut die Beziehung zum frisch erwachten Leben der Natur
noch klar und deutlich erhalten, ebenso wie der mit frischem Grün
bedeckte Knabe der nördlichen Heidegegenden.

Und nun zur Weihnachtszeit! Mit leuchtenden Augen blickten
die Kinder der Heide in den vorangehenden Wochen zu dem besonders prächtigen Abendrot auf: die Engel heizten den Ofen, um
für den Weihnachtsmann die süßen Stuten zu backen.[2]) Der Christabend war, wie auch in andern Gegenden, ein Schlemmerabend und
hieß deshalb Vullbuks-awend (Vollbauchsabend).[3]) Nach alter,
weithin in Deutschland bekannter Sitte[4]) legten die Kinder ihre
Mützen auf den Tisch, am Morgen lagen die Gaben des Kanjes,
des „Kind Jesus“, darin: Haselnüsse, die von den Kindern selbst
im letzten Sommer gepflückt worden waren und inzwischen im Rauch
gehängt hatten, Äpfel, Kanjes-koken, die vom Bäcker aus Semmel-
teig gebacken waren und Männer, Frauen und Tiere darstellten,
auch wohl einige braune Kuchen. Eine Beschenkung der Erwachsenen, auch der Dienstboten, ebenso ein Tannenbaum war noch
unbekannt. Dagegen wurden in den Häusern geistliche Lieder gesungen. Auch kleidete sich eine ältere Person als „Kanjes“ aus,
erschien mit Rute und einem Beutel voll Nüsse und Obst und ließ
die Kleinen beten. Nach altgermanischer Anschauung war die Zeit
zwischen dem alten und dem neuen Jahre besonders geeignet, Ereignisse des neuen Jahres vorauszusehen: Wer am Vullbuksawend
(an anderen Stellen am Silvesterabend) sich ein weißes Laken[5]) um-
hängte und rückwärts aus dem Zimmer schritt, hatte die Fähigkeit,

---

[1]) Vgl. Andree 345 ff. und hinsichtlich der Deutungsversuche von
„Fischmeier“ 350, Anm. 1.

[2]) „Heidjer“ in Niederf. 8, 94 (aus dem Stadischen?).

[3]) An der unteren Elbe nannte man den Fastnachtsmontag so.

[4]) Sie ist nicht etwa neuerdings von England übernommen worden,
wie man vermutet hat: vgl. Korr. 23, 10 f., 47 f., 54, 72.

[5]) Vielleicht ist dieses weiße Laken der Rest von einem Auftreten des
Schimmelreiters. In einigen Heidedörfern singt man noch von dem Weihnachtsmann, der den Sack mit Stuten auf den Schimmel wirft und diesen
springen läßt, daß alle Glocken klingen, s. Niederf. 8, 94; leider fehlt die

ein Vörlat, d. h. ein Vorgesicht (mnd. lât Gesicht), zu sehen. Mit diesem Glauben verwandt ist der aus Moisburg berichtete, daß die in der Nacht zum 25. Dezember Geborenen die Gabe des Hellsehens besitzen. Bei Celle[1] „leuchtet man nach dem Christessen unter den Tisch nach Körnern, wie sie die Drescher in die Stube treten. Je mehr man von einer Getreideart findet, desto besser gedeiht sie"; ein ganz ähnlicher Glaube wird aus dem Norden der Heide, dem Kirchspiel Moisburg, berichtet. In der Südheide begegnen noch andere bemerkenswerte Reste alter Weihnachtsfreude. So ersangen in Bevensen die Kinder am Abend des auch in anderen Gegenden festlich begangenen Thomastages (21. Dezember) verkleidet durch Weihnachtslieder allerlei Gaben, und zum Frühgottesdienste am 1. Weihnachtstage brachten dort die Kirchgänger einen Siebenstern mit, ein Gestell mit sieben Lichtern, die in der Kirche angezündet wurden. Am ersten Weihnachtstag wird ebendort ein eigenartiges Getränk (Kol-schal, aus Branntwein, Zucker und Honigkuchen zusammengerührt) als Willkommen geboten und mit einem Holzlöffel gegessen.

Am Silvesterabend (Oljohrs-awend) wurde ebenso wie am Christabend besonders gut gegessen. Allerlei Vorbedeutungen knüpften sich an das Essen: Wer zuerst aufstand, mußte zuerst sterben. Wenn nach dem Essen zuerst ein Mann hinausging, so brachte das nächste Jahr lauter Bullenkälber, wenn eine Frau, lauter Kuhkälber. Wer in der Geisterstunde der folgenden Nacht sich am Kreuzweg unter zwei aneinander gelehnte Eggen setzt, sieht den Teufel tanzen.[2] Im Laufe des Abends erschien eine alte Frau, die Aschenmöhm (Aschenmuhme), die in den verschiedenen Gegenden Deutschlands unter verschiedenen Namen bekannte Gestalt der Frau Holle; sie trug einen kleinen Beutel mit Asche auf dem Rücken

---

nähere Bezeichnung der Gegend. Sonst kenne ich den Schimmelreiter nur im äußersten Süden: in den Dörfern westlich des Westerbecker Moors trat er als Spaßmacher am ersten Tage der Hochzeiten auf, vgl. G. Wrede, Niederf. 10, 204.

[1] E. H. Meyer 253. Auch auf das dort erwähnte Christnachtorakel in dem der Nordwestheide benachbarten Bremervörde im Stadischen (das Herausziehen von drei Ähren aus dem Dach des Hauses) sei hingewiesen.

[2] Im Kirchspiel Moisburg erzählt man ähnliches von der Mainacht; der Betreffende sieht dann die Hexen nach dem Blocksberg ziehen.

und schlug damit die Unehrerbietigen, während sie die Frommen beschenkte.

In den Zwölften, die zum Teil im Vorhergehenden schon berührt worden sind und von denen sechs Tage dem alten und sechs dem neuen Jahre angehörten, war entgegen der Sitte anderer Gegenden das Spinnen erlaubt; nur am Sonnabend Abend hatte, wie überhaupt an diesem Abend, das gemeinsame Spinnen zu unterbleiben. Dagegen durfte in dieser Zeit kein gewaschenes Zeug auf Rick (Querstange) oder Hagen (Hecke) gehängt werden: wer sie mit Wäsche bekleidete, bekleidete im neuen Jahre einen Toten, oder man sah in dem weißbehängten Rick oder Hagen die Vorbedeutung der weißbehängten Bahre. Auch durfte kein Fuder Dünger in diesen Tagen aus dem Hause gefahren werden, sonst folgte im kommenden Jahr der Leichenwagen. Ein Beispiel mag zeigen, mit welcher Zähigkeit man stellenweise derartige Anschauungen festhielt: noch einem mir persönlich bekannten Geistlichen gegenüber hat sein eigener Knecht in den Zwölften sich geweigert, ein Fuder Dung zu laden, da dies nach dem „alten Glauben" nicht gestattet sei. Auch die Erinnerung an Wodan und die wilde Jagd lebte noch: man erzählte von dem „Helljäger", der einst einen des Weges kommenden und in das wilde Jagdgeschrei getrost mit einstimmenden Menschen für seine Mitwirkung (entgegen den Sagen anderer Gegenden, wo in solchem Falle Bestrafung erfolgt) belohnt habe; eine Pferdekeule sei aus den Lüften niedergeflogen, und eine Stimme habe gerufen: Hest mit jagen holpen, kannst ok en Perschinken kriegen.[1]) Am letzten Tage des Jahres beanspruchten die Frauen das Regiment, am Neujahrstage wünschten die Kleinen den Nachbarsleuten en fröhlich Nejohr und ließen sich beschenken.

Wir haben die Feste betrachtet, die sich zunächst an die Kinderwelt wandten; von den übrigen wird in anderem Zusammenhang zu sprechen sein. Das kindliche Spiel, das Oster- und Pfingstfest haben uns hinaus ins Freie, das Weihnachtsfest in das elterliche Heim zurück geführt. Neben dem Spielen und Feiern trat der Ernst des Lebens an die Kleinen heran, Elternhaus und Schule erhoben Forderungen.

---

[1]) Nach einer Mitteilung W. Poecks (Germania 37, 120).

Mit Semmel und Naschwerk wurden die Kleinen bei ihrem ersten Schulgange bewillkommt, doch Irst de Stutenweken,[1] denn — de Snutenweken. Freilich eins schützte die Kleinen davor, allzuviel Stunden des Tages die Schulbank zu drücken, die Inanspruchnahme zum Hüten, zu dem noch in den waldreicheren Gegenden bei ärmeren Familien, wenn auch nur auf kürzere Zeit, die Verwendung der Kinder zum Heidel- oder Kronsbeerenpflücken trat. Vom Gänsehüten war schon die Rede; den heranwachsenden Mädchen wurde oft auch das Weiden der Kühe anvertraut, das allerdings zunächst Sache der Knaben war. So brachten die Kinder den Morgen auf dem Felde hin und schwangen in sicherer Entfernung von dem Schulstock selbst den Knittel. Blöming und Bleß, Stirn und Buntscheck, Heister, Kreih und Ros', Hattkopp, Bretkopp und Buntkopp, Fröhlich und Voß, Gris und Grau, Schimmel und Wittrüch[2] — alle mußten gehorchen, und mit Hülfe Pollis oder Stroms, des Hundes, ließ sich selbst mit Hannes, dem Bullen, auskommen. Gesangbuch und Katechismus hatten schon in der Nacht unter dem Kopfkissen gelegen, aber die Lektion (de Lex) saß doch noch nicht im Kopfe, und so wurde hinter den Kühen ab und zu ein Blick hineingeworfen. Denn in der Mittagszeit sollte es zur Schule gehen. Die Bauern waren so lange zum Lehrer und Prediger gelaufen, bis sie die Kinder für den Vor- und den Nachmittag zum Hüten frei bekommen hatten; nur in den Mittagsstunden hatten die Kinder Zeit, denn birsen ja doch de Köh (dann liefen ja doch die Kühe nur brünstig hin und her), blieben also besser im Stall.

In Holzpantoffeln (hülten Tüffeln) oder Schuhen, denen eine Speckschwarte schnell zu einigem Glanze verholfen hatte, saßen die Kinder in der schwülen Mittagshitze auf der Schulbank. Der

---

[1] Mnd. stuten-weke bedeutet „Flitterwoche"; vielleicht meinte also das Wort zunächst die Freuden und Leiden des jungen Ehestandes.

[2] Blöming Blümchen, Bleß Kuh mit einer Blesse, einem weißen Nasen- oder Stirnfleck, Stirn Stern (wobei wohl an mnd. sterne sternartiger Fleck anzuknüpfen ist), Bunt-scheck Bunte Jacke (mnd. scheke Wamms), wie auch Bunt-jack selbst als Kuhname begegnet. Die Namen wurden gewöhnlich auf eine Bemerkung des Bauern oder der Frau hin (De mut wol . . . . . heten) gegeben und standen, mit Kreide geschrieben, die erste Zeit über dem Standort der Kühe.

Lehrer, der damals in der Regel nur kurze Zeit das Seminar be=
sucht hatte und oft nebenher durch ein Handwerk sich durchbrachte,
stellenweise sogar gegen Entgelt bei den Bauern mitgearbeitet haben
soll, hatte in manchen, besonders den kleineren, Dörfern einen „Reihe=
tisch" und schlief dann gewöhnlich in einem Bauerhause, dessen
eine Stube dauernd zur Schulstube eingerichtet war. In anderen
Dörfern hatte man eine Reiheschule, und auch die Wohnung des
Lehrers wechselte in bestimmten Zwischenräumen. Als Lesebuch
diente damals der „Kinderfreund", der auf die Fibel folgte. Be=
sonders der Rechenunterricht lag im Argen. Ja, man war noch
soweit zurück, daß auch die Teilnahme am Schreibunterricht wenigstens
stellenweise auf Freiwilligkeit beruhte. Wie ein letzter Klang dieser
Zeit mutet das viel gehörte Scherzwort an: Still oewerall, ik
schriw minen Namen.

Für die Schulbücher, soweit diese nicht von älteren Geschwistern
übernommen wurden, sorgte der Buchbinder, der einmal im Jahre
einen Sonntagvormittag — in meiner Heimat am 1. Adventssonn=
tag — im Kirchtor seinen Stand hatte. Auch mit Kalendern
(Kelinners) und Hauspostillen handelte er. Für einen Schilling
erstand man Bilderbogen mit Kränzen, Tieren, Werkzeugen, auch
mit Abbildungen aus dem Leben der heiligen Genoveva. Später
ging diese Versorgung mit geistiger Nahrung an die Landkaufleute
über. Das beim Unterricht gebrauchte Papier (Büttenpapier) be=
sorgte der Lehrer, oder die Kinder kauften es selbst auf den Papier=
mühlen; gerade in der Gegend, in der vorzugsweise dieses Buch
entstanden ist, lagen die Papiermühlen Starsbeck, Moisburg, Appel=
beck und Altkloster, die alten „vier Gewerke", so genannt, weil sie
einst die Berufungsinstanz für alle Streitigkeiten unter deutschen
Papiermachern bildeten.[1]

An einen Handarbeitsunterricht von seiten der Schule wurde
noch gar nicht gedacht. Wohl aber lernte das Mädchen zu Hause,
oft schon im siebenten Jahre, spinnen und später auch etwas nähen.
Die Mutter holte ein abgesetztes Spinnrad her und machte der
Kleinen aus wertloser Heede einen Wocken. Daran lernte diese
allmählich einen finen Draht zu spinnen, und schon jetzt wurde

---

[1] Vgl. Manecke, Topogr.-histor. Beschreibung I 204.

sie vor dem hogen Haken gewarnt, der entsteht, wenn der Faden
zu lange auf einer Stelle der Spule sich aufwindet. Freilich ver=
langte dann oft die Kindesnatur ihr Recht, und die Kleine tollte
bald wieder draußen herum oder machte es wie eine noch heute
lebende Frau, die, wie sie erzählt, durchaus im Zimmer bleiben
sollte und nun kurz entschlossen das Spinnrad umdrehte und wie
eine Karre durch das Zimmer rollte.

Fig. 3. Adamsbaum.

Die Mutter war es auch, die das Nähen lehrte. „O, se
kann all de Nadel böhren“ (heben), hieß es dann rühmend
anderen gegenüber: das Mädchen konnte schon einen Saum am
Taschentuch oder an der Schürze machen! Vielleicht lernte es auch
ein Hemd nähen, obgleich es in dieser Beziehung in der Heide
traurig aussah, denn selbst von den erwachsenen Mädchen konnten
nur wenige ein Frauenhemd, geschweige ein Männerhemd, ohne
Hilfe fertig nähen. Ferner wurden mit Kreuzstichen Namen ge=
macht, von Geübteren auch auf ein Stück Flachsleinewand das
ganze Alphabet, die Zahlen, der eigene Name und darunter Adam
und Eva und der von der Schlange umwundene Baum des Para=
dieses (Adams=bom, Fig. 3) genäht.

Stricken lernten die Mädchen nicht; diese Tätigkeit fiel den Männern zu, und die Mutter verstand das Stricken gewöhnlich selbst nicht. In späteren Jahrzehnten, als es in der Schule gelehrt zu werden begann, haben manche Mütter diese Lücke ausgefüllt, zum Teil übrigens auch mit Rücksicht auf ihre Bequemlichkeit beim Ausgehen in Gesellschaft; das Strickzeug war so leicht zu tragen, aber dat Spinnrad wür bewehrlich (hinderlich) mittonehmen.

Unter der geistigen Nahrung, die das heranwachsende Kind dem Elternhause verdankte, nahm die Übermittlung der alten Rätsel einen Hauptplatz ein. Wenn Herbst und Winter ihren Sturm und Schnee sandten, wenn das Spinnrad schnurrte, das Weberschiffchen flog und Vater und Großvater in Ruhe ihr Pfeifchen mit dem Bild des Königs oder des Sachsenrosses rauchten, dann war die rechte Zeit zum Rätselraten. Auch das Gesinde beteiligte sich. Der Scharfsinn wurde geweckt und das Gemüt mit volkstümlichen Anschauungen befruchtet; ein geistiger Besitz erwuchs, unverwüstlicher als die Eindrücke vom Jahrmarktskasper und dem Peijaz (Bajazzo) oder Puppenspiel einer wandernden Komödiantentruppe, lebendiger erfaßt als die meiste Schulgelehrsamkeit. Die Schule stellte überhaupt dies wertvolle Kapital nicht in ihren Dienst, selbst den Kindern anderer Kreise, wenn sie auch mit den Bauernkindern dieselben Schulbänke drückten, blieben diese alten Volksrätsel in der Regel unbekannt; sie waren eben, wie ein Landmann sich einmal ausdrückte, bûrsch, ein ausschließliches Besitztum der bäuerlichen Kreise.

Das Rätsel zieht Haus und Hof, Feld und Wald, Menschen und Tiere, Wetter und Himmelskörper in seinen Kreis, mit Vorliebe Lebloses belebend, Lebendes als Lebloses und Tierisches als Menschliches hinstellend. So umspannt es das ganze bäuerliche Dasein und macht auch vor der Dorfkirche und dem gestrengen Pastor nicht Halt. Die im folgenden abgedruckten Rätsel sind eine Auswahl aus den von mir gesammelten; ein nicht geringer Teil ist mir unmittelbar aus frischem Kindermund in die Feder diktiert worden; die Auflösungen stehen hinter dem letzten Rätsel.

1.

En ganzen Kawen (Stall) vull witte Kalwer un enen roden Völker (Schreier) twüschen.

2.

Wot geiht dör den Hagen un makt dat Lock wedder to?

3.

Wot is lütter as en Mus
Un hett mihr Finftern as den König sin Hus?

4.

Fif lütte Hafen de löpen üm ene Writ (Busch),
Je duller se löpen, je gröter wür de Writ.

5.

Dor löp en lütten Hund
In de witten, witten Grund.
So duller as he löp,
So scharper as he bet.

6.

Wot hett twe Uhren[1] un kann nich hüren,
Wot hett en Sel[1] un dinkt nich an Gott?

7.

Hülten Kommer, ifern Dör,
Fif dorin un fif dorvör.

8.

Wot künnt teihn Mann nich mit de Meßfork von den Boen
(dem Boden) smiten?

9.

Up Iferland gah ik,
Up Iferland ftah ik,
Iferland is mi gans vergeten,
Ik hef't dremal segt, schaft (sollst es, wirst es) doch nich weten.

10.

Achter'n Huf' wauwau,
Ünner de Bank miau,
Up de Del klippklapp,
In den Stall ftrippftrapp.

---

[1] Wortspiel zwischen mnd. ore (Ohr und Öhr) und mnd. fêle (Seele) und fêl (Seil, hier das eiserne Grapenseil).

11.

Ver Hangers,
Teihn Langers,
Hülten Zippjapp,
Isern Klippklapp.

12.

Vör as en Giffel,[1]) in de Midd as en Vertunn', achter as en Veffen.

13.

Wot geiht rund rüm'n Huf' un segt vör jede Dör goden Dag?

14.

Wot geiht rund rüm'n Huf' un hett en gans Del Schächt (Schäfte, Stangen) up den Nacken?

15.

Vör as en Bögtang' (Zange zum Biegen), in de Midd as en Küffen, achter as en Schüffel.[2])

16.

Ken (Wer) is de dümmste Vagel?

17.

Wot krüpt dör den Hagen un hett en Hir Packsdarm[3]) achter fik?

18.

Wot flügt oewern Huf' un hett en manchestern Büx an?

19.

Wot geiht rund rüm'n Huf' un makt én Spor (Spur)?

---

[1]) = die zweiteilige, forkenähnliche, hölzerne „Gabel", um Fleisch in den Wiemen zu hängen oder herabzunehmen (mnd. geffele).

[2]) Lange Stange mit einem hölzernen, schaufelartigen, vorn abgerundeten Stück zum Einschieben und Herausnehmen der Bröte. Dem Sinne nach entspricht mnd. schuver (Schieber), neben ihm hat aber nach meiner Meinung ein schuvelse existiert als Vorläufer des heutigen Schüffel.

[3]) Packs-darm eigentlich das Bündel, der Packen, dann übertragen das Pack, das Gesindel. Es erscheint fraglich, ob Hir (Herde) richtig überliefert ist.

20.

Dor löpt en lütten Hund
In de depen, depen Grund.
So deper as he löp,[1]
So höger höl he'n Stirt.

21.

Vör lewt (lebt es), in de Midd is't dot,
Achter it't noch Speck un Brot.

22.

Wüppup un Wappup, ver Ben un ken Stirt.

23.

Wot is witter as Speck,
Wot is swatter as Dreck,
Wot is hatter as Hurn,
Stickt scharper as Disseln un Durn?

24.

Wot geiht in'n Hult un deckt Tellers (setzt Teller hin)?

25.

Wot ligt in'n Hult un süt ut as'n aftagen (abgezogenes) Perd?

26.

Wot geiht in'n Hult un segt jümmer: „Hierher"?

27.

Wot geiht dört Hult un peddt ken Sprock (Reisig) keputt?

28.

Rabicker, rabacker,
Löpt oewer den Burn sinen Acker,
Hett mihr Ben
As hunnertunen.

29.

Wot makt mihr Sporn (Spuren) as en Hir Schap?

---

[1] Vermutlich verdorben.

30.

Hickel, hackel[1]) dör den Hagen,
Hett ken Lf un hett ken'n Magen
Un hett doch Rüppen (Rippen).

31.

Unse ulle grise Grau[2])
Geiht alle Morgen so fröh in'n Dau,
Hett doch weder Flesch noch Blot,
Deit doch alle Minschen got.

32.

Dor ligt'n por Bröder tonewen (neben einander),
Wenn s' upstaht, reckt s' an'n Hewen (reichen sie an den Himmel).

33.

Wot is dat Blankste in de Kark?[3])

Auch Rätselspiele kamen vereinzelt vor. So erzählte ein Kind dem andern:

Eimi un Speimi
De wahnen in enen Hus',
Eimi güng 'rut,
Ken (Wer) blew dorin?

---

[1]) Vgl. mnd. hicken = hacken, zerren und das jetzt in der Heide gebrauchte Hickhackerê = das Zerhacken (besonders von sich bekämpfenden und schlechtmachenden Menschen); andere Überlieferung hittel, hattel (vgl. hittelig = hitzig, aufgeregt).

[2]) Kuhnahme.

[3]) Die Auflösungen für 1—33: 1. Die Zähne und die Zunge. 2. Der Faden beim Einfädeln. 3. Fingerhut. 4. Strickstrumpf. 5. Die Schere, die das Leinen zerschneidet. 6. Der Grapen. 7. Schneidelade. 8. Getreidekorn oder Mäusedreck. 9. Der Hund Iserland, dessen Fell in die Pantoffeln gelegt ist. 10. Hund, Katze, Dreschflegel, die gemolkene Kuh. 11. Euterzitzen, die Finger, der mit dem Seil getragene und dabei „jiepende" Eimer, das niederfallende Eimerseil. 12. Kuh. 13. Das grunzende Schwein (Das öch klingt wie go'n Dag). 14. Igel. 15. Gans. 16. Die Ente (wenn sie in die Tür kommt, hält sie für nötig, sich erst noch zu bücken). 17. Die Henne mit den Küken. 18. Mistkäfer. 19. Schiebkarre. 20. Der wagerechte Balken des Ziehbrunnens. 21. Der pflügende Bauer. 22. Frosch. 23. Die Elster. 24. Kuh. 25. Der abgeborkte Baum. 26. Die Säge. 27. Sonnen- und Mondschein. 28., 29. Der Regen. 30. Die vom Wind bewegten Blätter. 31. Windmühle. 32. Zwei Wagenspuren. 33. Der Nasentröpfel des Pastors.

Antwortete der Gefragte Speimi, so wurde er unversehens ange-
spien (spei mi = spei mich an); wer den Scherz kannte, antwortete:
Ei mi (streichle mich). [1])

Der Tag, wo die „Betkinder“ (Be=kinner, vom Aufsagen
des religiösen Lernstoffes, dem „Beten“, so genannt) „aus der
Schule kommen“ sollen, steht bevor; es ist der Sonntag Palmarum,
an andern Stellen der Grüne Donnerstag. In der letzten Zeit
haben sie den Zurückbleibenden bunte Kränzchen mit einem Vers
geschenkt, die aus einem Bilderbogen herausgeschnitten waren,[2])
und diese haben Stecknadeln als Gegengeschenke gegeben (Knöp-
nadels utgewen war der Ausdruck dafür). Unter Glockengeläute
setzte sich am Konfirmationstage der Zug vom Pfarrhause aus in
Bewegung. An der Spitze schritt der Geistliche, es folgten in Begleitung der Lehrer die Knaben der Kirchdorfs= oder Küsterschule
und die der andern Kirchspielsschulen, immer zwei und zwei, hinter
ihnen die Mädchen. Dichtgedrängt sahen die Menschen sie auf
der Straße vorüberziehen. Die Kleidungsstücke waren in der Hauptsache die der Eltern oder älterer Geschwister, oder man hatte sie
der Ersparnis wegen von Verwandten und Bekannten geliehen.
Die Knaben trugen zu ihren blauen Beiderwandshosen Röcke, die
fast die Erde berührten, und Cylinderhüte, die oft in Gefahr waren,
über die Ohren zu rutschen. Weniger auffällig war bei geschicktem
Einnähen die schwarzgefärbte Beiderwandtracht der Mädchen; um
den Hals lag ein Kragen und ein schmales weißes Tuch, in alter
Zeit trug man ein kreuzweis übergestecktes weißes Brusttuch. Dazu
kam eine schwarze (oder weiße) Schürze und eine Pappmütze, deren
weißer Atlas[3]) vielleicht schon ins Gelbweiße hinüberspielte; auf
dem Gesangbuch lag ein weißes Taschentuch (Fig. 4). Unter den

---

[1]) In Westfalen kennt man eine ähnliche Neckfrage, dort heißen die
beiden ami und flami (schlag mich), Woeste, Wb. d. westf. M., S. 6.

[2]) Erst später kamen die sogenannten Bibel-klewer auf, jene gummierten
Bildchen zum Einkleben in die Bibel oder das moderne Poesiealbum.

[3]) Stellenweise wurden bei der Konfirmation schwarze Mützen mit
weißem Strich getragen. Aber im ganzen genommen überwog das Weiß;
konnte man doch in geistlichen Kreisen die übrigens nicht aufrecht zu er-
haltende Ansicht hören, der Sonntag nach Ostern, der „weiße“ Sonntag,
habe seinen Namen daher, daß die konfirmierten Mädchen an diesem Tage
nochmals in ihrer weißen Tracht zur Kirche gingen.

Klängen der Orgel und dem Nachdrängen der Gemeinde verschwand der Zug in der Kirche und nahm auf den bereits bei der Beichte innegehabten Bänken vor dem Altar Platz. Am Nachmittage

Fig. 4. Am Tage der Konfirmation.

folgten die Beglückwünschungen der andern Dorfbewohner; der am Morgen vom Pfarrer überreichte Gedenkspruch wurde eingerahmt und fand unter dem Wandschmuck seine Stelle. Das Leben der Schule lag hinter dem Kinde, und unmittelbar trat es hinüber in die Schule des Lebens.

Zweiter Abschnitt.

Knecht und Magd, Bräutigam und Braut.

Nach der Einsegnung wurden die Knaben zunächst Schäfer (Schêper oder Schaper), hierauf Klein- und dann Großknecht (Lütt-, Grot-knecht); die Bauersöhne dienten gewöhnlich auf dem Hofe des eigenen Vaters. Die Mädchen, besonders die aus niedrigem Stande (ut lütten Stand), übernahmen nach der Einsegnung gern in nichtbäuerlichen Familien eine Stellung als Kindermädchen, um etwas „umzulernen", dann wurden sie bei einem Bauern Lütt- und später Grot-magd; die Bauertöchter blieben bis zur Verheiratung auf dem väterlichen Hofe und ersetzten den Eltern die Mägde. Selbstverständlich nahmen die Söhne und Töchter der Bauern den Dênsten (Dienstboten) gegenüber eine bevorzugte Stellung ein, doch trat diese bei der Arbeit kaum hervor, und sie wurde auch sonst nicht leicht den weniger Begünstigten zum Bewußtsein gebracht. Stellenweise kam zu den beiden Knechten, wenn diese in erster Linie nur Ackerknechte sein sollten, ein besonderer, mit den Pferden betrauter „Fuhrmann", und in den ausgedehnten und besonders schafreichen Heidebezirken waren vielfach zwei Schäfer, ein Groß- und ein Kleinschäfer, angestellt, von denen jener die Mutterschafe, dieser die trocken stehenden und einjährigen Schafe zu weiden hatte. [1]) Dazu trat auf größeren Höfen der Imker, der in vielen Fällen ein jüngerer Bruder des Besitzers war.

Der Dienstantritt des Gesindes vollzog sich in festen Formen. Am Ostermorgen erfolgte die Auslöhnung der alten Dênsten, des alten Volks, se krêgen Lohn, wie der Ausdruck lautete; deshalb war es für die Gastwirte immer von besonderer Wichtigkeit, sich

---

[1]) So in der Raubkammer, vgl. Lün. Anz. vom 10. und 17. 9. 1904.

gerade für den zweiten Ostertag, an dem die jungen Burschen die Tasche voll Geld hatten, eine Tanzerlaubnis zu erwirken. In den nächsten drei Tagen ging das alte Gesinde ab, das neue zu (af-gahn, to-gahn). Die Dienstboten wurden in der Regel von Ostern auf Ostern gemietet oder wiedergemietet; den Mietsvertrag besiegelte und zwar immer nur auf ein Jahr das Miets- oder Gottesgeld[1]) (Mirgild, Gottsgild, mnd. mêde-, godes-gelt). Heute wird ein Taler als Mietsgeld gegeben, früher nur ein Acht-schilling- oder Achtgutegroschenstück (5 Groschen oder 1 Mark). Wurde (was aber in der alten Zeit verhältnismäßig selten geschah) das Gottesgeld „wieder gebracht", sei es, daß ein Dienstbote eine andere Stelle vorzog oder heiraten wollte, so pflegte der Bauer um des lieben Friedens willen nicht auf seinem Recht zu bestehen. Am Vormittag einer der genannten Tage trat nun der neue Dienst-bote an, denn „nachmittags gehen die Faulen zu", 's Nommdags gaht de Fulen to. Da hieß es: „Goden Dag, künnt Ji noch en Knecht bruken, anners mut ik wol en Hus fübber (weiter) gahn." „Ne, du kannst hier bliwen, we hebbt noch enen nödig." Der Dienstbote trug nur ein kleines Bündel unter dem Arm mit Arbeitszeug, das bessere Zeug hatte er an; alles übrige befand sich in der flachen Eichenlade, statt deren manche auch schon einen gewöhnlich tannenen Koffer mit gewölbtem Deckel besaßen.[2]) Koffer oder Lade wurde dann nachträglich am folgenden Sonntag, dem witten Sünndag oder Kuffer-dag, mit dem Gespann des neuen Dienstherrn geholt. Schon in aller Frühe begann in den Heidedörfern das Hinundherfahren. Die Magd, deren Sachen ge-holt werden sollten, stieg bei dem Knechte auf; sie hatte für ihn

---

[1]) Der Ausdruck stammt daher, daß das Handgeld ursprünglich „gottes-dienstlichen Zwecken oder den Armen zugute kam", vgl. Lübben — Walther unter godes-pennink.

[2]) Die Deckel waren inwendig gern mit Bildern ausgeklebt, Darstellungen aus dem Leben Christi, einem Bild der heiligen Genoveva u. dgl. Oben in der Lade, rechts oder links, war ein viereckiger Kasten mit einem Deckel an-gebracht, de Bila' (mnd. bi-lade). In dieser Beilade verwahrte man, da es noch keine Kommode gab, seine Kostbarkeiten, insbesondere die Mädchen ihre Schmucksachen, seidenen Tücher und besten Schürzen. Daher sagte man von einem besonders schmucken und sauberen Mädchen: se geiht so snicker, as wenn se ut de Bila' nommen is.

und ihre bei dem Aufladen ebenfalls behilflichen früheren Mit=
knechte eine Flasche Branntwein gekauft. Auch die zugegangenen
Knechte holten an diesem Tage ihre Sachen, und so rasselte es von
früh bis spät.

Wir wenden uns nunmehr der Arbeit des männlichen Gesindes
zu, zunächst dem Kuhhirtenamt. Die Stellung des Kuhhirten hängt
aber eng mit den Markverhältnissen zusammen, und daher wird
hier die geeignete Stelle sein, diese wenigstens mit einigen Strichen
anzudeuten. „Gemeinde" (mnd. gemênte, auch mênte, mênde)
bezeichnete in alter Zeit den „gemeinsamen" Besitz einer Mark=
genossenschaft oder die „gemeinsamen" Besitzer, die Markgenossen.
Aus den Markgenossenschaften sind vielfach die modernen Gemeinden
hervorgegangen, doch haftet diesen von dem alten Sinn des ge=
meinsamen Besitzes, der gemeinsamen Besitzer so gut wie nichts
mehr an. In bestimmten Zeiten wurden die Markgenossen zur Ge=
meindeversammlung, dem Holting (Holz=thing, d. h. Holzversamm=
lung), entboten, denn das Holz spielte in den Verhandlungen eine
große Rolle, wie denn der Wald oft, ja wohl meistens den Mittel=
punkt der Marken gebildet hat. In diesen Gemeindeversammlungen
der früheren Jahrhunderte wurden durch Beschlüsse der Genossen,
die uns in den Weistümern oder „Holzordnungen" (mnd. holtings
ordeninge)¹) erhalten sind, alle wichtigeren Gemeindeangelegen=
heiten geregelt. Diese Weistümer sind in geschichtlicher, rechtlicher,
sprachlicher und kulturgeschichtlicher Hinsicht überaus wichtige Quellen.
Die Festsetzung der Markgrenzen, die Abgrenzung eigener und
fremder Rechte, das Anrecht an Holz, Weide und Mast, Jagd
und Fischerei, Fragen des Bienenrechtes, des Pfandrechtes, die
Wiederherstellung eigenmächtig verrückter Grenzen, das Eigentums=
recht an Windbrüchen, die Verhängung von Strafen — kurz die
mannigfachsten Angelegenheiten der Mark oder, wie man auch
sagte, des „Gôs" (Gaues) fanden ihre Erörterung. Und wie kernig
ist die Sprache dieser Versammlungen, wie urwüchsig und sinnreich

---

¹) Es unterliegt keinem Zweifel, daß manche dieser alten Gemeinde=
beschlüsse der Forschung noch nicht zugänglich gemacht worden sind. Gemeinde=
vorsteher, Holzgeschworene und überhaupt die von dem Vorhandensein solcher
alten Holz= oder Gemeindeakten Unterrichteten würden mich durch eine Mit=
teilung zu großem Dank verpflichten.

so manche dieser Beschlüsse! Als einst das Holting des „Tru-
waldes" (Druhewaldes), der zwischen der Aue und der Luhe liegt
und zu dem Bispingen, Steinbeck und sieben andere Dörfer als
Markgenossenschaft gehörten, dem Herzog von Lüneburg den „Erd-
boden", den Grund und Boden des Waldes, zuerkannt hat, be-
schließt es weiter, wenn jener durch den Truwald „tue", solle er
auf der einen Seite des Waldes einen Kranz brechen; der Kranz
auf dem Haupte deutete nämlich den Herrscher an! Wan seine
fürstliche Gnaden up der andern siden webber ut dem wolde
thuet, schal he den kranz webber in den wold werpen und
dancken dem wold (Grimms Weist. IV S. 700). Als 1634 die
Holtingsleute zu Winsen an der Aller über die Berechtigung des
gnädigen Fürsten und Herrn von Celle an ihrer Schweinemast ver-
handeln, erkennen sie, er sei berechtigt „zu voller Maste, so mannich
Schwein unter dem Baum, so mannich Bladt darauf sitzen" (a. a. O.).

In der Zeit nun, die uns beschäftigt, war das urbar gemachte
Land längst aus dem gemeinsamen Besitz ausgeschieden, die Markgenossen hatten es — wohl schon vor langen Jahrhunderten — unter
sich aufgeteilt. Dagegen befand sich im gemeinsamen Besitz der
alten markgenössischen Familien einmal noch der Wald; freilich
nicht in allen Gemeinden, denn manche, zumal solche, denen nach-
lässige Bewirtschaftung des Waldes nachgewiesen werden konnte,
hatten ihn im Laufe der Zeit an den Landesherrn abtreten müssen,
diese und jene ihn auch unter sich selbst aufgeteilt. Neben dem
Walde wurde aber von der Gemeinde ein größerer Teil der Mark
nach wie vor gemeinsam besessen, der besonders als Weide und zur
Gewinnung von Heide, Plaggen und Torf benutzt wurde; die
volkstümliche Bezeichnung dieses nicht urbar gemachten Teiles war
be Wildnis. Auf diesem gemeinsam besessenen Gebiet wurden
nun die Kühe[1]) eines Dorfes gemeinsam geweidet; bei den Schafen
war das gemeinsame Weiden durch die große Zahl natürlich ausgeschlossen. Da die Marken der einzelnen Dorfschaften und Gemeinden vielfach nicht fest abgegrenzt waren, so hüteten die Hirten

---

[1]) In älterer Zeit besaßen manche Gemeinden auch einen gemeinsamen
Schweinehirten, der die Schweine besonders in den Wald auf die Eichelmast
zu treiben hatte.

auch in die fremden Gemarkungen hinein; an vielen Orten bestand
aber die Bestimmung, daß sie bis zum Sonnenuntergang einge-
trieben haben mußten. Den neuen Ansiedlern (Brinksitzern, Anbauern u. s. w.) gegenüber schlossen sich die Markgenossen oder, wie
man sie nach dem Gemeindewald[1]) gern nannte, die Holzinteressenten,
fest zusammen, und es bildete und erhielt sich so eine Realgemeinde
innerhalb der modernen politischen. Trotzdem wurde den späteren
Ansiedlern, wie schon von alters her den Häuslingen, wohl durchweg die Mitbenutzung der „Wildnis" gestattet; ihr Vieh weidete
mit, sie durften sich Heide und Plaggen, stellenweise auch Holz
hauen und Torf graben, ein Entgegenkommen, das sich hier und da
später rächen sollte. — So etwa sah die Mark in der ersten Hälfte
des vorigen Jahrhunderts aus. Den Anstoß zu einer Änderung
gab besonders die große Zersplitterung des Privatlandes; die sogenannte Verkoppelung ordnete in der Mitte des Jahrhunderts
diese Verhältnisse in durchgreifender Weise und gab dem einzelnen
Besitzer statt der vielen zerstreuten Streifen einen mehr zusammen-
hängenden Besitz, gewöhnlich einige größere Koppeln. Damals
wurde aber auch die „Wildnis" aufgeteilt, und hier und da haben
nun auch die späteren Ansiedler bei der Aufteilung dieses Restes
der alten Markgenossenschaften auf gerichtlichem Wege und jedenfalls stellenweise mit Erfolg Ansprüche geltend gemacht. —

Der Dorfkuhhirte hieß Koh-hîr, Koh-hêr oder Koh-hẽr
(von mnd. herde Hirt); man bezeichnete die Einrichtung, indem
man sagte: Dor is en Kohhîr oewert Dörp. Der Kuhhirte
bewohnte unentgeltlich ein der Ortschaft gehöriges Haus, die
Kohhers-kat, durfte eine eigene Kuh frei mitweiden und erhielt
für jede Kuh einige Groschen als Lohn; auch bekam er etwas Land
und eine Wiese, damit er im Winter Heu hatte. Frühmorgens
blies er auf seinem Horn und rief zwischendurch: Lat't de Köh
ut! Die Ställe öffneten sich, und der Hirte trieb aus, um erst am
Abend zurückzukehren. Einen Nebenverdienst erwarb er sich dadurch, daß er da, wo die Kühe ihre Mittagsrast zu halten pflegten,
einen Dunghaufen (eine Miet') anlegte, den er später verkaufte; er

---

[1]) War ein solcher nicht mehr vorhanden, so fiel damit allerdings ein
wesentlicher Anstoß zur Entstehung einer Realgemeinde fort.

besaß ausdrücklich das Recht des Plaggenhiebs für diesen Zweck. Wenn er einen Besitzer auf eine brünstige Kuh aufmerksam machte, bekam er am anderen Morgen von diesem zwei gekochte Eier als Geschenk mit. Ließ ein Bauer seine Kühe durch einen Knaben oder ein Mädchen besonders hüten, was, wie wir sehen werden, später die Regel wurde, mußte der Hirt oder die Hirtin den Dung der Kühe im Koetel-korf mit nach Hause bringen. Darauf hielt der Bauer streng; ließ er doch auch jeden Kuh- und Pferdedreck vor seinem Hause zur Miete schaffen und führte gern das Wort im Munde: Hef ik kenen Meß, krieg ik ken Kurn!

Die Dorfhirten der alten Zeit hatten vielfach bestimmte Plätze, an denen sie zusammentrafen und Neuigkeiten austauschten. Durch sie wurde nicht selten die Kunde von großen Ereignissen in die abgelegenen Heidedörfer getragen. Stellenweise hat im Lüneburgischen ein Zusammenschluß der Ochsenhirten[1]) bestanden: an ihrer Spitze stand der erste Heerjunge, „der stärkste, der einige Wochen vor Pfingsten in einem Wettringen alle anderen besiegt hatte. Man lagerte unter ein paar dicken Weidenbäumen, an denen die Ranzen hingen, um einen Spring (Quell), in dem ein hölzernes Trinkgefäß zu jedermanns Gebrauch lag. Wurfspiele mit ihren Hirtenkeulen und Messerspiele, genau dieselben, die noch die Hirten am Brenner treiben, füllten ihre Muße."

Mit der Verkoppelung hörte die gemeinsame Weide und das gemeinsame Weiden auf. Jeder Bauer ließ seine Kühe vormittags und dann nach einer Mittagspause wieder nachmittags auf die eigene Weide treiben. Aus Sparsamkeitsrücksichten übertrug er das Amt einem noch nicht konfirmierten eigenen Kinde,[2]) dem Sohne oder auch der Tochter. Hatte er kein heranwachsendes Kind, so mietete er für die Sommermonate einen Sohn anderer Eltern, der zum Winter wieder zu den Seinigen zurückkehrte. Neuerdings be-

---

[1]) Nach E. H. Meyer 137. Der „erste Heerjunge" ist aber wohl nicht der „Herrjunge", sondern „Hirtenjunge" (mnd. herde Hirt).

[2]) Zuerst hüteten die Kinder nach dem Vorbild des früheren Gemeindehirten den ganzen Tag. Nach allerlei Maßnahmen, die wieder einen ordnungsmäßigen Unterrichtsbetrieb herbeiführen sollten, einigte man sich auf die Mittagsschule (S. 45). Später wurde der Besuch der Schule an bestimmten Vormittagen verlangt.

kleiden vorzugsweise konfirmierte[1] Knaben den Kuhhirtenposten: es
hängt das einmal damit zusammen, daß nicht mehr so leicht wie
früher Befreiung vom Schulbesuch für das Hüten zu erhalten ist.
Ferner damit, daß die landwirtschaftliche Arbeit sich bedeutend ver-
mehrt hat, so daß neben den Knechten ein konfirmierter Küher auch
im Winter genug Arbeit findet, z. B. beim Füttern und Abwarten
der Kühe und dem Holzhacken. Durch diese Arbeit wird er gleichzeitig für den späteren Posten eines Kleinknechtes vorgebildet.
Nämlich der Stand des Schäfers, in den früher der konfirmierte
Knabe zu treten pflegte, hat sich fast gänzlich aufgelöst. Das führt
uns zur Schäferei.

Der Bauer hatte eine Herde von wenigstens 100—150, stellenweise 500—600 Schafen, unter denen die grauwolligen Heidschnucken
mit ihren schwarzen Beinen und den rückwärts gebogenen Hörnern
am schwarzen Kopf durchaus überwogen. Der Schafstall (Schap-
kawen) stand gewöhnlich außerhalb des Dorfes,[2] mitten in einer
großen Heidkoppel; so konnten die Schafe aus dem Stalle sofort
auf die Weide gehn. Der Stall einschließlich der Sparren war
aus Eichenholz gearbeitet; er hatte ein Strohdach und niedriges
Fachwerk mit gezäunten Wänden (Tün-wann') und Lehmschlag;
den Zugang bildete außer der Großen Tür eine kleinere Seitentür,
durch die der Schäfer aus- und einging. Der Schäfer mußte
morgens erst die Kühe mitfüttern und dann Plaggen hauen, denn
zweimal in der Woche wurde der Stall des wertvollen Düngers
wegen mit zwei Fuder Plaggen, gelegentlich statt dessen mit einem
Fuder Heide, gestreut. Gegen acht Uhr wurden die Schafe ausgelassen, und nun ging es mit Geblök in die Heide. Der Hund
hielt die Ordnung aufrecht, der Schäfer strickte (Fig. 5). War ein
Tier unfolgsam, so griff dieser nach der im Arm gehaltenen Schaf-
schaufel (Schap-schüffel), hob mit ihrem schaufelförmigen Ende
etwas Erde auf und schreckte es so. Mittags ging es heim, gegen
zwei Uhr wurde wieder ausgetrieben. Dies änderte sich im Winter, wo

---

[1] Wo heute noch unkonfirmierte Knaben als Kuhhirten begegnen (sogenannte Sommerküher, da sie im Winter zu ihren Eltern zurückzukehren
pflegen), werden die Kühe nur nachmittags (in der schulfreien Zeit) ausgetrieben.
[2] Ein solcher hieß auch Buten-kawen (Außenstall), z. B. in der
Raubkammer, Lün. Anz. 3. 9. 1904.

das Wetter vielfach zur Stallfütterung (In-foërn, Daheimfuttern) nötigte. Der Schäfer pflegte dann früh vom Bauerhause auf seiner Forke mehrere Bunde Buchweizen- und Erbsenstroh mitzubringen, auch ungedroschene Roggengarben, die er von dem ihm auf dem Boden angewiesenen Haufen genommen, zuweilen auch von dem übrigen Bestande fürsorglich entwendet hatte. Mittags pflegten die Schäfer auf einige Zeit auszutreiben; oft hatten sie sich dann, wenn die

Fig. 5. Strickender Schäfer.

offenen Schuhe nicht genug wärmten, die Beine bis zu den Knieen hinauf mit Halmen bewickelt. In manchen Gegenden „truckten" die Schäfer, d. h. sie beseitigten mit der Kruck (einem breiten Brett mit Stiel) den Schnee, daß die Schafe an den durchlugenden Stengeln herumknabbern konnten. Für schädlich galt es, die Schafe in den Reif hinauszulassen (in den Ripp dröfen de Schap nich gahn). Der Brauch des nächtlichen Hürdens, bei dem der Schäfer in der mit Rädern versehenen Schäferkarre oder Schäferhütte (Scheper-kor, Scheper-hütt) schlief, während die Schafe eingeheckt waren, herrschte mehr in den südlichen Heidegegenden.

Außer den bisher angegebenen Pflichten hatte der Schäfer zu Hause noch in den Schweineställen zu streuen und die Feuerung „anzuliefern". Trotzdem führte er im Vergleich zu den Knechten ein bequemes Leben, der Ruf der Faulheit umgab ihn. Spottend sang[1]) der Kuhhirte zu ihm herüber:

> Scheper, Scheper, Lulei,[2])
> Stinkt as en ful Ei,

worauf der Schäfer erwiderte:

> Kohhir, Kohhir, Sleperjahn,
> Lät de Köh to Schorn (Schaden) gahn,

aber vom Kuhhirten klang es zurück:

> Scheper, Scheper, dudeldei,
> Lät de Schap in unse Wei' (Weide).

Manche Schäfer nützten allerdings die viele freie Zeit aus: sie fertigten aus den Stengeln der Heide Bürsten zum Reinigen der Küchengeräte (Heid-bössen oder Heid-schrupper), flochten Körbe und verkauften dies alles; auch machten sie von Zeit zu Zeit einen Heidebesen (Heid-bessen), wie ihn die Kinder beim Spielen gebrauchten. Mit Vorliebe strickten sie Strümpfe, teilweise für die Familie des Bauern und sich, teilweise zum Verkauf. Beim Beginn seiner Laufbahn erhielt der Schäfer von seinen Eltern ein trächtiges Mutterschaf, eine Ewe, und er durfte dieses und seine Nachkommen (gewöhnlich bis zu fünf Schafen[3]) oder Lämmern) mitweiden und aus ihnen (durch Verkauf der Wolle, der Tiere) jeden nur möglichen Gewinn ziehen. Waren die Eltern zu arm, so wurde gewöhnlich ausgemacht, daß er sich ein Schaf aus der Herde des Bauern aussuchen, dieses aber auf seine Besoldung angerechnet werden solle. Dem Schäfer gehörte auch jedes totgeborene oder krepierte Lamm der Herde; gewöhnlich löste er vier Schilling

---

[1]) Auch hier begegnen wieder die Töne c, d, c, a, vgl. S. 34.

[2]) Derselbe Zuruf im Braunschweigischen, Andree 215. Lulei bedeutet Faullenzer, vgl. Brem. Wb. III 98 (unter Lülei).

[3]) In der Südheide durfte der Schäfer weit mehr Schafe bei der Herde haben, stellenweise sechzig; nach einem aus der Raubkammer stammenden Bericht (Lün. Anz. 10. 9. 1904) stand dem Großschäfer das Mitweiden von zwanzig Schafen zu.

für das Fell. Eins verdroß die Schäfer in ihrem Berufe: sie wurden nie, wie die Knechte, mit ihrem Vornamen, sondern immer nur mit Scheper angeredet; auch in der dritten Person hieß es stets: de Scheper. Trotzdem blieben manche Schäfer ihr ganzes Leben ihrem Berufe treu, während andere nach etwa drei Jahren Kleinknecht wurden.

In manchen Gegenden kannte man eine eigenartige Verwendung des Schafmistes. War eine neue Lehmdiele gemacht, so ließ man die Schafe die nächste Nacht auf ihr ruhen. Am andern Morgen wurden die Schafe hin- und hergetrieben: der dann fallende Mist und der Harn waren vortreffliche Bindemittel für den Lehm,[1]) den man nunmehr mit dem Del-klopper (= Dielenklopfer, einem mit schräger Handhabe versehenen Brett) niedertrieb (dal drew). Auch Geldgewinn wurde durch ein derartiges Misten erzielt: der Schäfer erhielt stellenweise eine Vergütung, wenn er seine Herde längere Zeit auf einem bestimmten Stück Land „einheckte".

Zweimal im Jahre, im Frühjahr und im Herbst, wurden die Schafe gewaschen und geschoren. Zum Waschen heckte man einen Platz ab, der eine Wassergrube oder einen kleinen Teich einschloß.[2]) Auf dem festen Boden standen der Bauer, die Knechte und der Schäfer, mit langen Stiefeln angetan und die grobleinene Wind- oder Slubberbüx (= Schlotterhose, mnd. sluren = schlottern) übergezogen. Die Schafe wurden der Reihe nach, zur Zeit etwa 3—4, ins Wasser geworfen, abgerieben und in den Stall gebracht. Mehrere Tage später folgte das Scheren mit der Schafschere (Schap-schir);[3]) die Heidschnucken hatten ein, spanische Schafe zwei bis drei Pfund Wolle.

Der Wollhandel brachte den Landleuten einen guten Gewinn. Die Wolle, die sie nicht zum eigenen Bedarf nötig hatten, wurde

---

·[1]) Auch wurde mit Kuhmist angerührtes Wasser über den Lehm gegossen und gefegt, nachdem vorher die Pferde darauf hin- und hergetrieben worden waren.

[2]) Stellenweise wurden die Schafe auch durch Flußwasser gejagt.

[3]) Mit derselben Schere wurden den männlichen Familienmitgliedern die Haare geschoren: ein irdener Topf wurde übergestülpt und nun das langgekämmte Haar, so weit es hervorstand, rings abgeschnitten. Das Haar bekam dann etwa das Aussehen des sogenannten Polkahaars.

in die Stadt zum Kaufmann gefahren, und sie kauften dafür ein.
So war es eine Art Tauschhandel. Jeder Kaufmann hatte seine
festen Wull-buern und dadurch eine feste ländliche Kundschaft.
Da die Schafe sich rasch und reichlich vermehrten, war der Landmann auch in der Lage, die Schafe selbst in großer Menge zu
verkaufen: oft trieb er 60—70 Stück auf dem Markt an, andere
kaufte ihm der Schlachter ab, der sie nach Bedürfnis nach und
nach abnahm. In Buxtehude wurden im Laufe des Sommers
nicht weniger als sechs Schafmärkte abgehalten, die weit und breit
berühmt waren, zumal auch Kühe, Schweine und Gänse zum Verkauf kamen. Mit den Männern waren die Frauen dort, alles
handelte und verkaufte, und manches Stück Geld blieb sofort bei
den Budenbesitzern und den Kaufleuten. Diese Schafmärkte, deren
Termine feststanden, genossen in der ganzen Umgegend solches An-
sehen, daß sie sogar als Zeitbestimmungen dienten: De Dirn is
twischen dat irst' un twet' Schapmark geburn oder Dat
wür na dat föft' Schapmark, as uns' Vader dot blew.

Der Wollverkauf hat den Schäfer unseren Augen etwas ent-
rückt, aber Wollpreise und Schäfer standen doch in einem innigen
Zusammenhang. Als nämlich der Wettbewerb der ausländischen
Wolle einsetzte und auf die Preise der inländischen Wolle drückte,
als der Bauer — besonders nach der Verkoppelung — vernunft-
gemäßer und vorteilhafter zu wirtschaften lernte, trat jene Änderung
ein, deren oben schon gedacht worden ist. Die Schafzucht ging
nach und nach zurück, die Schafställe begannen leer dazustehen,[1]
und der Stand des Schäfers verschwand mehr und mehr. Die
konfirmierten Knaben ergriffen, wie erwähnt, nicht mehr den Schäfer-
beruf, sondern waren etwa vom 14. bis 16. Jahre Kuhhirten, um
dann zum Kleinknecht aufzurücken.

Der Kleinknecht hatte im Kuhstall zu streuen, das Futter für
die Kühe anzuliefern und Wasser zu holen. Ferner hatte er das
Ochsengespann unter sich, das aber besonders in der Saatzeit der
Bauer in Anspruch nahm.

Dagegen kamen dem Großknecht die Pferde zu, für die er auch

---

[1] Dies gilt zunächst nur, wie ausdrücklich hervorgehoben sei, für den
Nordwesten. Im gesamten Regierungsbezirk Lüneburg zählt man noch
172651 Schafe, darunter etwa 100000 echte Schnucken, Nieders. 9 (1903), 62.

(ebenſo wie für die Ochſen) das Hackels, den Häckerling (mnd. hackelſe, eigentlich „gehackte Spreu“), ſchneiden mußte.

Der Bauer half nach Bedürfnis bald hier, bald da mit; insbeſondere beſorgte er das Säen.

Die Stellung des Häuslings (Hüſſel, mnd. hûſle), unter dem der Hinterſaſſe eines Hofbeſitzers (Höfners) zu verſtehen iſt, hat ſich allmählich geändert. In alter Zeit wohnte er für ſeine Dienſte umſonſt und erhielt umſonſt das ihm zugewieſene Land beſtellt, auch hatte er gewöhnlich das Mitweiderecht für eine Kuh. Allmählich änderte ſich dies Verhältnis dahin, daß der Häusling für ſein Haus Miete (Hûr, mnd. hure) und für die Ländereien Pacht zahlte[1]) und ebenſo für die von ihm geleiſtete Arbeit tageweiſe bezahlt erhielt;[2]) auch der Bauer berechnete ſich die Beſtellung des Häuslingsackers. So iſt der Häusling mehr und mehr zu einem Tagelöhner geworden, das alte Verhältnis hat ſich gelockert, und es iſt nichts Seltenes, daß ein Häusling ſeine Stellung aufgiebt und in die Dienſte eines anderen Bauern tritt. Die Arbeitskraft des Häuslings gehört aber auch jetzt noch in erſter Linie dem Bauern. Nur wenn dieſer ihn für den folgenden Tag ausdrücklich freigiebt (die gewöhnliche Wendung iſt: brukſt mi morden nich to hilpen), darf er einen anderen Dienſt übernehmen (ſik verſeggen, ſik ut-ſeggen).

Einen großen Teil des Jahres nahm das Heidehauen die Knechte und den Häusling in Anſpruch. Man hieb und haut die Heide, d. h. die ſogenannte Sandheide, mit einer kurzſtieligen Sichel, der Heid-lehn.[3]) Die Linke ſchiebt mit einer kurzen eiſenzähnigen Harke (Heid-hark) die aufgeſtapelten Plaggen weiter (Fig. 6). Die gehauene Heide bleibt in Diemen zu 5—7 Plaggen bis zum

---

[1]) Für Haus und Wieſe jährlich etwa 8—10 Taler; das Ackerland wurde beſonders bezahlt.

[2]) Früher im Sommer 50, im Winter 25 Pfg., ſeit etwa 1890 für jeden Arbeitstag 1 Mk. Die Frau erhielt früher für einen Tag im Sommer zwei Groſchen; im Winter pflegte ſie nicht zu helfen, ſondern ſaß beim Ofen und ſpann.

[3]) mnd. lê, lêhe die größere (!) Senſe, in demſelben Sinne noch heute z. B. in Bederkeſa (bei Bremen) de Leh (Niederſ. 8, 228). In mnd. Zeit entſprach der Heidlehne wohl ſegede, ſichte „Schlagſichel, um Plaggen zu hauen.“

Aufladen liegen. Im Gegensatz zu den Heid-plaggen werden
die Gras-plaggen mit der Zwicke (Twick)[1] gehauen, einer Hacke,
in deren Eisen senkrecht ein längerer Stiel steckt (vgl. ebenfalls
Fig. 6). Die Grasplaggen werden länger gehauen, die Diemen sind
also größer. Auch die Heide kann man[2] mit der Zwicke hauen,

Fig. 6. Beim Heidehauen.

besonders die Moorheide (Moor-hei); hierbei wird wie bei den
Grasplaggen ein Stück der Erdkrume (en Palten Jr) mit fortgenommen. Die Moorheide muß im Sommer gehauen werden,
sie bleibt aber das ganze Jahr zum Streuen verwendbar und ist

---

[1] Im Mnd. twicke, im Stadischen sagt man Quick.
[2] Bei Verpachtungen wird gewöhnlich in dieser Hinsicht eine bestimmte
Abmachung getroffen.

besonders dadurch wertvoll, daß sie die Jauche hält; die Sandheide kann man zwar jeder Zeit hauen, sie muß aber sofort gestreut werden und läßt vor allem die Jauche durch.

Um eine bestimmte Fruchtfolge kümmerte man sich noch wenig. Das ausgenutzte, nicht mehr ertragfähige Land blieb brach (in de Brak) oder, wie man in der Gegend der Raubkammer sagte,[1] als Legde (unbenutzt liegendes Land, vgl. mnd. lêgede Niederung) liegen und wurde als Weide benutzt, bis es sich erholt hatte.

Die landwirtschaftlichen Geräte zeigten weit weniger Eisen als heute. So wies auch am Pfluge, den übrigens ein gescheiter Bauer sich selbst machte, nur die tiefer und flacher[2] einzustellende Höft-sahl (Hauptsohle) Eisen auf; auch das Tau, an dem die Schwengel befestigt werden, bestand ganz aus Holz; mit dem eigentlichen Pfluge war es durch gedrehte Weiden[3] verbunden. Der Pflug (oder, wie der Bauer der Heide gern sagt, „die" Pflug, denn Plog war schon in alter Zeit überwiegend weiblichen Geschlechtes) wollte zunächst nicht gut „angreifen"; war er aber erst in der Erde, dann ging er so leicht nicht wieder heraus. Der Bauer konnte ihn ruhig eine Zeitlang loslassen und sich gemächlich seine Pfeife anzünden. Der rechte Stert (Pflugsterz) war ein starker Stock; er diente zu allen möglichen Dingen, zum Halten des Pfluges, zum Einstoßen des Düngers, zum Anspornen der Pferde. Als Egge (Äg', genauer Äch) diente auch nur die hölzerne, die sogenannte Schott-äg'; das Wort bedeutet nicht „schottische Egge", wie es gelegentlich in Verkaufsanzeigen lautet, sondern wird auf eine Form zurückgehen, die der des Schottes, des hinteren oder vorderen Wagenverschlusses, geglichen hat; die Bezeichnung der später eingeführten eisernen Egge als Schrât-äg' bezieht sich lediglich auf die schräg (schrât) eingesetzten Zähne.

Ebenso fehlten den Rädern der Wagen die eisernen Reifen

---

[1] Lün. Anz. 17. 9. 04.

[2] Flacher beim sogenannten Schälen, Sträken oder Falligen (Felgen), dem flachen Umpflügen nach der Ernte.

[3] Im Braunschweigischen wird die Verbindung durch einen eisernen Ring hergestellt, der wê'e heißt. Andrees Vermutung (242), daß dieser Bezeichnung die ursprüngliche Verwendung von Weidenruten zugrunde liege, wird durch obiges bestätigt.

noch; auch die Achsen bestanden aus Holz; vorgesteckte Lünzen, hölzerne Nägel, hielten die Räder auf den Achsen fest. Die Arten der Wagen sind bis heute im ganzen unverändert geblieben. Da gab es den Düngerwagen (Meß-wagen)[1] mit einem hohen Brett, der Meß-libder (Dungleiter), und einem niedrigen, dem Blangen-brett oder der Flech oder Flechen (mnd. vlechte, also eigentlich ein Flechtwerk meinend, aber bereits in mnd. Zeit von hölzernen Wagenbrettern gebraucht, wie ähnlich bei der Meßlibder die ursprüngliche Beziehung auf die Leiterform längst vergessen ist). Daneben hatte man einen Schott-wagen mit gleich hohen Brettern (Schott-brä), zwischen die hinten und vorne ein nach unten schmäler werdendes Brett, dat Schott (mnd. schot Verschluß, Schiebetür), als Abschluß eingelassen wurde. Die Leitern dieses Wagens waren gewöhnlich bunt (weiß und grün, weiß und rot) angestrichen. Der Wagen diente zur Beförderung mancher Lasten (z. B. des Viehs, des verkauften Torfes); auf ihm fuhr die Familie auch zur Kirche (Fig. 1). Der Heu- oder Erntewagen wurde wie heute in der Weise hergerichtet, daß man einen Wagen auseinandernahm und zwischen Vorder- und Hintergestell ein längeres Verbindungsstück, den Lank-wagen, schob; auf den Wagen wurden die strahlen-förmigen, der nunmehrigen Länge entsprechenden Hau-libdern (Heuleitern) gesetzt;[2] zum Einfahren des Heus gehörten noch der Binner-bôm und die zu seiner Befestigung vorn und hinten dienen-den Stricke, der Vör- und der Achter- oder Na-rêp; beim Ein-fahren des Getreides bedarf man im Lüneburgischen, weil die Garben mit der Ährenseite fest nach innen gedrückt (in-stukt, eingestaucht) sind, keines Bindebaumes, sondern nur eines Binner-rêps, zum Festhalten der letzten Garben, im Gegensatz zum Stadischen, wo die Garben kreuzweise gelegt werden und daher weniger fest liegen. Der verlängerte Wagen diente auch zum Fahren der trockenen Heide, die in den Heid-hümpeln aufgespeichert wurde; bei der

---

[1] Fuhr der Bauer ohne Uptüg (Aufzeug), d. h. ohne Seitenbretter oder die nachher zu nennenden Heuleitern, so hieß der Wagen ein Rungen-wagen, nach den Wagenrungen.

[2] Schon im Mnd. stand de lange wagen (Erntewagen) dem korten wagen (Mistwagen) gegenüber.

frisch gehauenen und daher noch nassen und zu schweren Heide fand
ebenso wie bei Plaggen der Mistwagen Verwendung.

Von den Pferden hieß das linke das Turhands- oder Nahst-
perd, auch Towardsen-perd, Bezeichnungen, die vielleicht auf
die z. B. bei den stadischen Marschbauern noch heute bekannte Sitte
zurückgehen, daß der Bauer das linke Pferd als Sattelpferd benutzte, wodurch dieses ihm „zur Hand“, „zunächst“, „zugekehrt“
war; das rechte Pferd führte den Namen Afwartsen-perd, auch
kurz de Afwardste, also das „abgekehrte“ Pferd, woher denn
afwartsen Sit strichweise geradezu so viel wie „rechte Seite“
bedeutet. Zu dem über den Rücken geworfenen Teil des Pferde-
geschirrs (den Sälen) gehört einmal das Bost-blatt, das zum
Ziehen dient. An die Weichen legt sich das Lanken-stück (mnd.
lanke Weiche, Seite). Von dem am Ende des Kammes
sitzenden Kamm-deckel mit den drei Ringen läuft nach unten
der Bauchgurt (Bûk-gött), der das Geschirr unter dem Leibe
festschnallt; der Schwanz wird durch den Stirt-remen gezogen.
Dazu kommen Kopp-tüg oder Tôm (Zaum), Toegel (Zügel) und
Schô-klappen (Scheuklappen). Das Leitseil (Lei oder Leit) war
drêstrippt; mit zwei Strippen wurde das linke Pferd, das rechte
mit einer gelenkt.

Ehe wir die Arbeit der Männer verlassen, noch ein Wort über
die Mähgeräte. Zum Mähen des Heus und des Getreides dient
die lange Sense (Sêssel). Der Sensenbaum, das Holzgerät, an
dem das Eisen befestigt ist, heißt bei der Getreidesense im besonderen
dat Haken-tau,[1] d. h. Hakengerät, von den drei gleichlaufenden
spitzen Haken, mit denen das gemähte Korn weitergeschoben wird,
bis man es zum Binden fallen läßt, bei der Grassense de Gras-
bôm. Zum Scharfmachen (Horen, Haaren) der Sense (vgl. Fig. 7)
dient das Haargerät (Hor-tüg): die Kante wird auf den in die
Erde getriebenen Hor-ambos gelegt und mit dem Hor-hommer
geklopft. Der Sensenbaum ist dabei in die gabelförmige Spitze
eines Hor-stütten (Stütze zum Haaren) gelehnt. Während des
Mähens wurde die Sense mit dem aus porösem, verwittertem
Zaunholz eigenhändig hergestellten und mit Sand eingeriebenen
Sêssel-strick (von mnd. striken schärfen) scharf gehalten.

[1] Ein solches zeigt Fig. 9.

Den Übergang zur Arbeit der Mägde bildet passend die Gewinnung des Torfes, bei der Knecht und Magd zusammenwirkten. Im Frühjahr, sobald der Acker bestellt war, rüstete die Bauerfrau eine Reihe Tage nacheinander das Gesinde frühmorgens mit Lebensmitteln für die Arbeit im Torfmoor aus. Nach dem Moor war

Fig. 7. Der Knecht hort (schärft seine Sense).

es oft ein stundenweiter Weg, daher galt es, die Arbeitenden für den ganzen Tag zu versorgen. Die Großmagd trug eine Kruke voll Kaffee, der Knecht am Riemen eine viereckige, aus breiten Spänen geflochtene Deckelkiepe (Tower-kiep) mit Brod, Butter in hölzerner Büchse, Schinken, Speck und Eiern.

Die oberſten Schichten einer Torfkuhle lieferten den loſen Torf, die ſogenannten Schuppen. Den beſten Torf, den geſtochenen, gewann man aus den unteren Schichten. Der Großknecht ſtach ihn in der Kuhle mit dem Torfſtecher (Törf-ſteker oder Törf-ſporn = Torfſpaten), einem zweiſchneidigen und unten ſpitzen Meſſer mit Stiel und Griff, das für gewöhnlich über der kleinen Tür zwiſchen den Latten und dem Stroh des Daches ſteckte (Fig. 8, a). Die einzelnen Törfe (Soden) wurden hinausgeworfen, mit der Karre

Fig. 8. Im Torfmoor.
a. Törf-ſteker, b. Kieken- oder Kinnböps-kluhen.

eine Strecke weit fortgefahren und auf einer trockenen Stelle „geringelt“. Man legte z. B. ein Rechteck, deſſen längere Seiten drei und deſſen kürzere Seiten zwei Törfe bildeten, über dieſe Lage kamen noch vier weitere; anderwärts ringelte man in anderer Weiſe (vgl. Fig. 8). Nach längerer Zeit wurde „umgeringelt“ (ümringelt): die oberſten, ſchon einigermaßen abgetrockneten Törfe wurden nach unten gelegt, die unterſten nach oben. Noch ſpäter wurden die kleineren Haufen zu größeren zuſammengeringelt, in der Form des die böſen Geiſter abwehrenden Drudenfußes (Pentagramms). Dieſe

Haufen blieben bis zur Ernte stehen, wo sie (etwa zwischen Roggen-
und Haferernte) hereingeholt wurden.

In Gegenden, in denen der Torf nicht so fest war, backte man
ihn. Er wurde zunächst in der Kuhle durch Treten terig, d. h.
geschmeidig,¹) gemacht, dann der Dreck vom Großknecht mit einer
Plattschaufel hinausgeworfen und vom Kleinknecht aufs Trockene
gefahren, wo die Magd das Backen besorgte.²) Die Törfe wurden
länglich rund und oben mit einer Rundung (as en Swinegel)
gebacken. Waren die einzelnen ziemlich abgetrocknet, so setzte man
sie zu einem ein Meter hohen und unten ein Meter im Durch-
messer betragenden Kegel zusammen. Gebackene Törfe, die zu groß
geraten waren, besonders die großen, dicken, viereckigen (Fig. 8, b)
nannte man Kieken-klutzen, weil sie gute Kohlen für die Feuer-
kieke (S. 4) abgaben, auch Kinndböps-klutzen (Kindtaufsklötze),
weil der harte und schwere Torf eine mächtige Hitze entwickelte und
daher gerade am Kindtaufstage, an dem besonders gut gekocht
wurde, am Platze war. Ein großer Teil des Torfes wurde in
die benachbarten Städte gefahren, in strengen Wintern selbst über
das Eis der Elbe nach Hamburg.

Aber das Jahr in seinem Kreislauf stellte an die Arbeitskraft
der Mägde noch ganz andere Anforderungen. Beim Düngerfahren
mußten in der alten Zeit vorzugsweise die Mägde helfen; die
Knechte gingen gewöhnlich zum Heidehauen. Die Großmagd pflegte
das Hinauswerfen des Düngers (dat Ut-smiten) zu besorgen, die
Kleinmagd lud, und der Bauer fuhr. Im April beim Pflügen
des Kartoffel- und Steckrübenlandes mußten die Mägde den Dung
auseinanderwerfen (den Meß smiten). Dann kam das Kartoffel-
pflanzen, bei dem sie die Saatkartoffeln in die von den Knechten
gegrabenen Löcher zu werfen hatten. Auch bei der Bearbeitung
der messigen (mistigen, gedüngten) Wiesen, von denen man die
Rieselwiesen (Water-wischen) unterschied, waren sie beteiligt: die

---

¹) mnd. têrich (von têr = gute Beschaffenheit); das Wort bedeutet
zunächst „von guter Beschaffenheit", „Art habend".

²) Heute backt man den Torf nicht mehr. Der Torfdreck bleibt einige
Tage, nachdem er „terig" gemacht ist, liegen, wird dann aufs Trockene geschafft, hier mit der Plattschaufel geebnet und dann mit dem Torfstecher in
viereckigen Formen gestochen.

Mägde mußten den schon im Februar hinausgefahrenen Dung (Hühnerdreck mit Asche, Mullerde und etwas gutem Stallmist) up de Wischen streien und später, im Mai, utharken (aus-, d. h. rein harken). Von der Mitwirkung der Großmagd beim Torfgraben ist schon gesprochen worden. Aufgabe der Mägde war es auch, in den nächsten Monaten den lütten Hof, den kleinen Gemüsegarten, umzugraben, der Hausfrau beim Besäen und Bepflanzen (mit Kohl, Suppenkräutern, Erbsen, Bohnen) zu helfen, auch die Futterwurzeln und den im Anfang April[1]) gesäten Flachs zu gäten (wêrn, mnd. wêden). Die Kartoffeln mußten gehackt und später behüpt (durch Heranhacken der Erde von allen Seiten behäuft) werden. Der Juni brachte, sobald der Meddel, ein von den Kühen gern gefressenes Gras, blühte, die erste Heuernte (dat Vör-hau); der Meddel durfte nicht erst Samen tragen, da dieser beim Mähen abfiel und den Futterwert verringerte. Bei der Heuernte mußten die Mägde heuen (hauen)[2]) und auf- und abladen helfen. Im Juli folgte das Behacken der im Anfang Juni gepflanzten Steck- und Runkelrüben und als Höhepunkt der Jahresarbeit die Roggen- und später die Haferernte (de Orn, mnd. arne). Das Mähen des Roggens soll nach alter Regel so viel Tage vor Jakobi (25. Juli) beginnen, wie der Flieder vor Johannis geblüht hat: wot de Teeblomen (Fliederblumen) vör Jehannsbag bleiht, dat kummt de Orn vör Jakobsbag. War noch eine alte Mutter im Hause, so ging die junge Frau auch mit, und man „mähte“ dann oft mit vier Spann (mnd. span Paar): der Bauer, die beiden Knechte, der Häusling mähten, die Frau, die beiden Mägde, die Häuslingsfrau banden, waren Binners. Morgens, sobald der

-----

[1]) Nach der Bauernregel muß der Flachs am 100. Tage des Jahres gesät werden, der Buchweizen, wenn de Eken upbrekt (Blätter bekommen), der Roggen in der Galluswoche (Gallen-wek, St. Gallus fällt auf den 16. Oktober). Erbsen soll man zu einer hohen Tageszeit (hogen Dags-tit), d. h. zu einer Tageszeit, die eine hohe Stundenzahl zeigt (am besten also kurz vor Mittag) pflanzen: dann gedeihen sie gut und werden von den Sperlingen verschont; andere pflanzen Erbsen nach alter Überlieferung stets am Sonnabend.

[2]) hauen (mnd. houwen) geht eigentlich auf das „Abhauen“ des Grases mit der Sichel. Aber in der Heide mäht man das Gras mit der langen Sense, und hauen bezieht sich dort nur auf die Behandlung des bereits gemähten Grases, z. B. hüt haut we = heute machen wir Heu.

Tau abtrocknete, brach man auf (Fig. 9), die Männer mit Sense und „Sesselstrick", die Mädchen mit der Harke, dem blauleinenen Etel-bok (Tuch mit Essen) und dem Drinkel-putt (Trinktopf), den ein großer Schinkenteller bedeckte; den Kopf der Mädchen schützte der „Pferdekopf", den Nacken der Timpen des kreuzweis über die

Fig. 9. Aufbruch zum Mähen.

„Binderjacke" gesteckten Kattuntuches; das Kleid bedeckte eine weiße Schürze aus selbstgewebtem Leinen. Unter Umständen mußte ein Tagelöhner oder eine Tagelöhnerin aushelfen. Grundsätzlich fiel aber den Mägden und Frauen nur das Binden zu. Die Mägde waren es denn auch, die den aufs Feld kommenden Besucher mit dem Strohseil „schnürten" oder „bannten":

> Mein Herr, Sie haben sich vergangen,
> In diesem Netz sind Sie gefangen,
> Schenken Sie uns ein Glas Bier oder Wein,
> Es kann auch ein gutes Trinkgeld sein!

Ein anderer Spruch lautete:

> Hier komm ich angegangen,
> Den Herrn gleich zu fangen,
> Den Herrn rasch zu binden.
> Viel Worte kann ich nicht machen
> Bei all diesen Sachen.
> Wenn mein Band auch schlecht,
> So ist mein Wunsch doch recht:
> Seid glücklich bis zur Ewigkeit, Amen!

Beim Einfahren[1]) fiel der Großmagd dat To-don (das Zu-tun, Hinaufreichen der Garben auf den Wagen) und dat Na-slepen (das Nachschleppen mit der Schleppharke), der Kleinmagd dat Af-steken (das Abstecken der Garben auf den Boden oder in die Banse, den neben der Scheunendiele gelegenen Lagerraum) zu. Die Arbeit der Erntezeit war dadurch noch schwerer, daß die Mägde morgens nach dem Aufstehen zunächst einen Teil ihrer sonstigen Hausarbeit (das Melken[2]) und Börnen, d. h. Tränken) zu besorgen hatten und nur zum Teil in dieser Hinsicht von der Frau entlastet wurden. Nach der Haferernte kamen die zweite Heu-ernte, de Na-matt (mnd. na-mât), d. h. die Nachmähung, der zweite Schnitt, und das Kartoffel- und Steckrübenauskriegen. Der Herbst brachte die Zurichtung des Flachses und des Hanfes; das Mästen begann und das winterliche Spinnen und Weben. Dann war es wieder Frühjahr.

Das Melken hatten die Mägde gemeinsam zu besorgen, das Börnen war die Pflicht der Großmagd; das Füttern der Schweine besorgte die Frau selber, wie sie denn auch das Futter mit eigener Hand anrührte. Im ganzen fand die Kleinmagd häufiger als die Großmagd in der Hauswirtschaft (z. B. beim Aufwaschen) Ver-

---

¹) Das Einfahren erfolgte gewöhnlich, wie der Ausdruck lautete, mit stan(d)en Wagen (mit stehendem Wagen), wobei gleichzeitig immer ein Wagen geladen, ein zweiter abgeladen wurde und ein dritter unterwegs war.

²) Beim Melken trugen sie eine aus Sackstoff hergestellte Schürze (Schut') und abgesetzte Schuhe (Melker-schoh).

wendung; dagegen kam der Großmagd im besonderen das Weben zu, während sie im übrigen mehr im landwirtschaftlichen Betriebe beschäftigt war. Ja, sie mußte auch bei der Knechtsarbeit mit aushelfen, besonders im Herbst, in der Zeit der Roggensaat, wo sie abends und morgens so auf der Diele in Anspruch genommen war, daß sie sogar das Melken der Kleinmagd allein überlassen mußte. Da galt es an jedem Abend, das Saatkorn für den folgenden Tag zu beschaffen. Etwa 10 Hocken (100 Garben) wurden vom Boden herabgeworfen, was stellenweise Sache des Bauern war, und nach Beginn der Dämmerung bei spärlicher Beleuchtung auf dem Ausschlagebock (Utslahners-bluck) ausgeschlagen. Mit der Linken wurde in das Stoppelende (den Ors-urt), mit der Rechten unter das Seil (dat Sel) gefaßt, und nun prasselten die Körner das schräge Brett herunter. Bald hieß es von allen Seiten: ik hew min Tall (meine Anzahl), und Körner und Spreu wurden in eine Ecke geschoben. Konnte die Magd schon beim Ausschlagen zeigen, daß ihr die Arbeit von der Hand ging (von de Fust slög) und sie „mit dem Knecht auf den Platz gehen" konnte, so erst recht beim Ausdreschen (Döschen), durch das die noch zurückgebliebenen Körner gewonnen werden sollten. Zu diesem Zweck wurden zunächst die Garben von fünf Hocken geöffnet und ausgebreitet (anfmeten) und zwar in einem doppelten Strang (in 'n dubbelten Strink), so daß die Ährenenden jeder Reihe einander zugekehrt waren, und nun schlugen Groß- und Kleinknecht, Schäfer und Großmagd im Vierschlag (Vêr-slag) mit dem Dreschflegel (Döschfloegel) darauf los (Fig. 10). Dann band man das leere Stroh zu einigen dicken Garben (sogenannten Schöf, von schuwen) mit je zwei Seilen zusammen, fegte Körner, Staub und Ährenzacken (Eilen) zu dem übrigen in die Ecke und deckte es zum Schutz gegen das Federvieh mit Säcken zu. Oft wurden am Abend auch noch die zweiten fünf Hocken ausgedroschen, doch blieben dann Stroh und Körner die Nacht liegen. So ging es erst in vorgerückter Stunde, vielleicht gegen 9 Uhr, zum Abendessen. Schon in der Frühe des folgenden Tages, vor dem ersten Frühstück, der Mordentit, wurde bei Licht das noch daliegende Stroh zusammengebunden (up-bunnen) und Körner und Unrat zu dem übrigen Haufen gefegt, darauf besorgte gewöhnlich der Bauer selbst von dieser Ecke

Fig. 10. Beim Bierschlag auf der großen Diele.

aus das Worpen mit der Worp-schüffel, einer kurzen Holz-
schaufel mit Handgriff. Die hoch im Bogen nach hinten fallenden
Körner wurden im Sieb (Sew) gesichtet, in Säcke getan und auf
den Wagen geladen, mit dem dann der Bauer zum Säen aufs
Feld fuhr.

War etwa Martini (10. November) und damit das Ende der
eiligen Saatzeit gekommen, so gehörte die Großmagd wieder der
Hauswirtschaft, da ja die Zeit des Spinnens nahte. An dem
weiteren und gemächlicher erfolgenden Ausdreschen des Roggens, der
in den aus Stroh geflochtenen bienenkorbähnlichen, etwa 1 1/2 Meter
hohen und breiten Kornbehältern (Kurn-kümpen) oder auch frei-
liegend auf dem Kornboden (Kurn-boen) lagern oder in der Mühle
zu Backmehl oder Schrot verarbeitet werden sollte, brauchte die
Großmagd sich nicht mehr zu beteiligen, ebensowenig wie an dem
sogenannten Dack-schütten (Dachschütten), bei dem es sich darum
handelte, die längsten und ungeknickten Halme ausgeklopfter Garben
(sogenannter Klopp-garwen) als Dachstroh, das zunächst über dem
Kuhstall, auf der Hille, seinen Platz erhielt, auszusondern.[1] Auch
das Ausdreschen des Hafers kam lediglich den Knechten zu. — Alles
in allem, ein schweres Stück Arbeit, das von den Mägden gefordert
wurde. Obendrein ging es auf einzelnen Höfen noch besonders streng
zu, so daß es selbst in den anderen Bauerhäusern hieß: De Bur
(Jener Bauer) is sin Mägd' hatt vör (führt ein hartes, strenges
Regiment, stellt besonders hohe Anforderungen).

Am Sonnabend Abend und Sonntag Morgen fiel — auch in
der Saatzeit — das Ausschlagen, Dreschen und Worfeln aus. Der
Großknecht schnitt abends nur Häckerling, der Kleinknecht fütterte
nur; die Mägde molken, und während die Kleinmagd für den Sonntag Kartoffeln schälte, wusch die Großmagd die Tische und reinigte den
Kesselhaken und Herd, und hatte dieser einen Schwibbogen, so fegte
sie, eine schmutzige Leinenschürze um Kopf und Nacken gebunden,
mit einem alten Reiserbesen den Ruß (Sott) aus ihm heraus.

---

[1] Stellenweise unterstützten die Bauern bei der Herstellung eines neuen
Daches sich gegenseitig. Dem Betreffenden wurden von jedem eine bestimmte
Anzahl Dack-schöf an einem festgesetzten Tage zugefahren, und er bewirtete
dann jene mit Bier. Diese Bewirtung nannte man Noten-ber (mnd.
note = Genosse, also Genossenbier).

Vonawend (heute Abend) is Sünnawend, dor hebbt de Fro-
genslü' dat Seggen (das Kommandieren), meinte schmunzelnd
der Bauer, wenn er zu dieser Zeit Besuch erhielt. Trotz dieser
Verrichtungen galt der Sonnabend Abend schon als Feierzeit; man
„hielt" bereits „Sonntag". Ein Hauch sonntäglichen Friedens zog
durch das Haus, wenn der Bauer aus der Postille vorlas, und
mit leichtem Mut ging es nach der schweren Wochenarbeit zur
Ruhe, in Erwartung des eigentlichen Feiertages:

> Morden is Sünndag,
> Dor smitt de Bur de Plünn' (die Lumpen) af.

Der Sonntag hatte aber mit dem Herannahen des Abends
bereits sein Ende erreicht, und die Abendstunden sahen das Gesinde
nicht nur die laufende Arbeit verrichten, sondern auch ausschlagen
und dreschen, wenigstens in der arbeitsreichen Zeit der Aussaat,
hinterher freilich oft noch mit einem Liede durch die Straßen ziehen.

Die Lohnverhältnisse des Gesindes waren im Nordwesten unge-
fähr folgende: Die Magd, Klein- wie Großmagd, erhielt 20 Stockellen = 10 doppelte Ellen Hanfleinen, 2 Stockellen Flachsleinen[1]
(für die Hems-maugen = Hemdsärmel), gewebten und gefärbten
Beiderwandstoff für 2 Arbeitsröcke,[2] 2 Pfund Wolle, 2 Paar
Schuhe und 1 Paar lederne Pantoffeln, dazu die Löhnung (bat
Lohn), die etwa 1840 für die Kleinmagd 3—4, für die Großmagd
8—9 Taler betrug. Außerdem gab die Frau aus freien Stücken
gewöhnlich 2 Bind Zwirn zum Nähen der Hemden.[3] Der für
die Sommermonate zum Kuhhirten gemietete Knabe fremder Eltern
bekam 10 Stockellen Hanfleinen, kein Flachsleinen, 1 Pfund Wolle,
1 Paar Schuhe und 1 Taler Lohn. Der Schäfer[4] (und der
Kuhhirte der späteren Zeit), ebenso die Knechte erhielten an
Leinen und Wollgarn dasselbe wie die Mägde, außerdem 1 Paar
Stiefel und 1 Paar Schuh. Die Löhnung des Schäfers betrug

---

[1] Von dem einheimischen, gröberen Flachs, dem sogenannten Land-flaß.

[2] Hier und da trug der Bauer auch die Kosten für die Anfertigung
(ik krieg min Tüg makt, so sagte dann die Magd); das Nähere hier-
über wurde beim Mietsvertrage ausgemacht.

[3] Gewöhnlich ein Bind greifen Hanf- und ein Bind Flachszwirn.

[4] Stellenweise erhielt der Schäfer, zumal in der ersten Zeit, weniger
Leinen und zwei Paar Schuhe, dafür aber keine Stiefel.

3—4, die des (konfirmierten) Kuhhirten beträgt jetzt 20—24 Taler.
Beim Kleinknecht ist der alte Satz (12—13 Taler) auf 80—90,
beim Großknecht (20 Taler) auf 100—120 Taler hinaufgegangen.
In Gegenden, in denen das Geld besonders knapp war, wurde
auch eine geringere Löhnung gezahlt, dagegen dem Großknecht ein
Himpten Buchweizen ausgesät und dem Kleinknecht das Eigen-
tumsrecht an einigen Schafen zugesprochen; sie wurden für ihn, wie
der Ausdruck lautete, dör-foёrt (durchgefüttert). Besonders ältere
unverheiratete Söhne, die dann geradezu Bokweten-jungens[1]
hießen, standen zum väterlichen Hofe in solchem Löhnungsverhält-
nis, das so oder ähnlich in alter Zeit vielleicht das durchgängige
gewesen ist.[2]

Es braucht kaum bemerkt zu werden, daß die Lohnverhältnisse
in den verschiedenen Gegenden sehr verschiedenartig waren. Beispielsweise hatte in der Raubkammer[3] ein Großschäfer 24 Taler
bar, Kost und Wohnung, das Mitweiderecht von 20 Schafen, die
Aussaat von je einem Himpten Rauhhafer und Buchweizen, ein
Paar rindslederne Schuhe, einen Winteranzug aus Beiderwand,
einen hanfenen Sommeranzug und einige hanfene Hemden. Der
Großschäfer hatte dort das höchste Einkommen; ihm folgten der
Reihe nach der Fuhrmann, die Großmagd, dann erst der Großknecht, der Kleinschäfer, die Kleinmagd, der Kleinknecht; der Imker
stand sich ähnlich wie der Großschäfer. „Für die Herden, die
Bienen und die Pferde wurden die einsichtsvollsten und zuver-
lässigsten Leute ausgesucht" und dementsprechend bezahlt.

Die nähere Erörterung der oben nur berührten Spinn- und
Webearbeit führt auf das Gebiet der Tracht, der Volkstracht.
Gab es auch in der Lüneburger Heide eine Volkstracht? höre ich

---

[1] Beispielsweise in Halvesbostel und Holvede bei Hollenstedt.

[2] So scheint in Hollenstedt im 16. Jahrhundert der Lohn für die Knechte
und Haussöhne in Schweinen und dem Mitweiderecht für diese bestanden
zu haben, vgl. Jahrb. 23, S. 61, § 21 u. Anm. In Hermannsburg und Umgegend erhielten früher die Mägde u. a. drei Himpten Kartoffeln, oder es
wurde ihnen eine Metze Leinsamen (Mett Lin) ausgesät.

[3] Nach einem von Benecke (Fahrenholz) verfaßten Aufsatz „Wie stand
es in der Lün. Heide vor 50 Jahren" (Lün. Anz. 10. 9. 1904).

hier fragen. Männer, die gut in der Heide Bescheid wissen, haben mir gelegentlich erklärt, von einer „Volkstracht" der Heide sei ihnen nichts bekannt. Als ich einst einen Vortrag über die Volkstracht der Heide gehalten hatte, meinte eine Zuhörerin, die Volkstracht des Alten Landes und der Vierlande sei doch ungleich „schöner", da sei eine „echte" Volkstracht gewesen. Ja, was ist echte, was unechte Volkstracht?

> „Selbst gesponnen, selbst gemacht,
> Ist die beste Bauerntracht."

Auf die Erzeugung durch den eigenen wirtschaftlichen Betrieb kommt es an, nicht auf den Glanz, die Schönheit, die Kostbarkeit, geschweige die oft zu treffende Buntheit und Überladenheit. Eine Volkstracht, deren malerischer Reiz einen Künstler entzückt, läßt einen Freund der Volkskunde, der die Herkunft ihrer Bestandteile kennt, vielleicht kalt. Je mehr Selbstgefertigtes, um so echter die Volkstracht. Je mehr gekaufte Bestandteile, um so unechter. Die Tracht entfernt sich dann eben vom Boden der alten Hauswirtschaft, sie stellt nicht mehr eine eigene Leistung der betreffenden Landschaft dar, sondern giebt uns höchstens Belehrungen über den Geschmack und die gesteigerte Kaufkraft, die es den Bewohnern gestattet haben, dem nie schlafenden Nachahmungstrieb nachzugeben und es den höheren Ständen nachzumachen. So werden bessere wirtschaftliche Verhältnisse leicht die Ursache, daß an die Stelle der echten Volkstracht eine schönere, vielleicht auch geschmacklosere, meistens aber kostspieligere Modetracht tritt, die dann früher oder später, kurzlebig wie die Mode ist, wieder durch eine andere Mode ersetzt wird. Damit soll nicht gesagt sein, daß die echte Volkstracht sich der Mode gegenüber stets schroff ablehnend verhalten habe: vielmehr hat sie im Laufe der Jahrhunderte bald in dieser, bald in jener Hinsicht sich ihr anbequemt, bald diese, bald jene Modeströmung sich zu eigen gemacht. Derartige Anpassungen vertragen sich sehr wohl mit dem Begriff der Echtheit, die Art der Aneignung ist in volkskundlicher Hinsicht vielleicht sogar lehrreich. Aber die Sachlage ändert sich, wenn das Bauerhaus nicht mehr selbst herstellt, sondern zum Kaufen übergeht. Zunächst kommt die Industrie allenfalls durch die Herstellung derselben oder ähnlicher Stoffe, Farben, Muster und Trachtstücke dem Geschmack und der

Überlieferung der Landschaft entgegen, sehr leicht aber verfällt der
Bauer ganz der Herrschaft der Mode, der Abhängigkeit von der
immer Neues auf den Markt werfenden Industrie. Eine Zeitlang
bleibt wenigstens noch die Gleichmäßigkeit bei einer solchen unechten
Tracht bestehen, ja es können von der Industrie Einflüsse ausgehen,
die über eine einzelne Landschaft hinaus in gewisser Beziehung
ausgleichend wirken (ich erinnere an manche Formen der Frauen-
hauben, an jene Annaberger Fabrik, deren Haubenbänder gleichmäßig in den verschiedensten Teilen Deutschlands Eingang gefunden
haben, an die ebenfalls weitverbreiteten für Trauer und Nichttrauer
eingerichteten Tücher). Schließlich aber tritt mit Notwendigkeit,
da immer mehr und billiger hergestellt wird und in Stadt und
Land die Möglichkeit der Auswahl sich andauernd vergrößert, an
die Stelle der verhältnismäßig kostspieligen gekauften Volkstracht
das bunte Tausenderlei der Einzeltracht.

Auch in der Lüneburger Heide hat die Verbesserung der wirtschaftlichen Lage in der Richtung gewirkt, daß sie den engen Zusammenhang zwischen Tracht und Wirtschaftsbetrieb allmählich
gelockert und die echte Tracht beseitigt hat. Aber diese Lockerung
trat in der ärmeren Heide später ein als bei den bevorzugten Nach-
barinnen der Heidebäuerin, etwa der Bardowieckerin, der Altländerin,
der Vierländerin. Die schönen, malerischen Trachten dieser frucht-
bareren, besonders mit Hamburg in regem Handelsverkehr stehenden,
geldreicheren Gegenden waren schon in der ersten Hälfte des vorigen
Jahrhunderts keine Volkstrachten im alten Sinne mehr, sondern
bereits mehr oder weniger Modetrachten. Dagegen war die Heide-
tracht damals in noch viel weiterem Umfange echte Volkstracht,
und diese so lange bewahrte Urwüchsigkeit verleiht auch ihr, der
schlichten, malerisch wenig reizvollen, einen gewissen Reiz.

Die Heide war noch wenig urbar gemacht und dem Verkehr
so gut wie gar nicht erschlossen. Der schon in Merians Topo-
graphie zu findende Vergleich der Heide mit einem Mönchskopf,
„welcher in der Mitten kahl, rings herum aber mit Haar bewachsen“,
paßt auch noch für den Anfang des vorigen Jahrhunderts. Es
fehlte vor allem am baaren Gelde, und wo nichts ist, da hat der
Modeteufel wenig Macht. Oft gab ein Bauer seiner in ein anderes
Dorf heiratenden Tochter lieber ein Stück Ackerland oder eine

Wiese als klingende Münze mit. Und erwägt man die Preise
der zwanziger Jahre (z. B. ein Himpten Kartoffeln 4 Schilling,
ein Fuder Torf, das noch obendrein zur Stadt gefahren werden
mußte, 36 Schilling = 2,25 Mk., ein Schaf oder ein sechswöchiges
Schwein 1, eine Kuh 8—10, dagegen der Stoff zu einem Tuchrock
8—9 Taler), so begreift man, daß in der Tat für den armen Heidebauer nichts übrig blieb, als die Kleidungsbedürfnisse nach Möglichkeit durch den eigenen hauswirtschaftlichen Betrieb zu decken.
So wurzelt, wächst und blüht denn die Tracht der Heide zunächst
im heimischen Erdreich. Daher muß und soll sie in ihrem Zusammenhang mit der Bauernwirtschaft betrachtet werden. Zu
diesem Zwecke werden wir den Stoff am besten in folgende Abteilungen zerlegen: von der Verarbeitung des Hanfes, des Flachses
und der Wolle bis zum Spinnen; vom Stricken; vom Spinnrad
und Spinnen; vom Webetau und Weben, und im Anschluß daran
von der Tracht und ihrer allmählichen Modernisierung sprechen.
Von der Begräbnistracht wird erst im dritten Abschnitt des Buches
die Rede sein.

Die Tracht der Lüneburger Heide ist anscheinend niemals
durchforscht worden.[1]) Allerdings wissen neuere Werke über die
Tracht der „Bäuerin aus der Gegend von Lüneburg" oder „der
Lüneburgerin" zu berichten, wie Hottenroth in seinen „Deutschen
Volkstrachten" (III 1902, Fig. 83,3 u. S. 214) und schon Kretsch-

---

[1]) Auch die alte Tracht der Stadt Lüneburg hat noch nicht ihre Darstellung gefunden, obwohl für sie wertvolle Quellen vorhanden sind, die im
folgenden gelegentlich benutzt und daher kurz angegeben werden sollen. Das
auf dem Archiv in Lüneburg aufbewahrte, von dem jetzigen Stadtarchivar
Dr. Reinecke so benannte „Buch mit der Kette" enthält in vier Rezensionen,
von denen die erste spätestens 1401, die letzte, nicht weniger als 22 Seiten
umfassende, 1488 entstanden ist, eine Fülle hierher gehöriger Bestimmungen.
Eine vollständige Umarbeitung dieser älteren Fassungen bietet auf mehr als
50 Folioseiten mit der Überschrift: „Ordenung von vorlobnüs, Hochzeiten
und Kleideren" ein Sammelband (A 50) der Stadtbibliothek: es handelt sich
um eine von einem gewissen Robewold im letzten Viertel des 16. Jahrhunderts
veranlaßte Abschrift, deren Original vorläufig unbekannt ist, aber bei der
weiteren Aufarbeitung der Archivbestände wieder zutage kommen dürfte.
Nebenher kommen die Kämmereirechnungen in Betracht, die nach einer Mitteilung Dr. Reineckes eine Reihe Eintragungen enthalten, aus denen auf
die Durchführung der Kleiderordnungen Licht fällt.

mer in seinem gleichbetitelten Werke. Aber Abbildungen und Beschreibungen beziehen sich gar nicht, woran man zunächst denken muß, auf die Bewohnerin der Heide, sondern auf eine andere Nachbarin Lüneburgs, die an den betreffenden Stellen gar nicht genannte Bardowieckerin. Die Schuld an diesen irreführenden Angaben trägt das 1847 erschienene Buch Eduard Dullers „Das deutsche Volk in seinen Mundarten", auf das sich Hottenroth an der Stelle selbst beruft. Schon in diesem ist von „Bauersleuten aus der Umgegend von Lüneburg" die Rede, aber man braucht die Abbildungen nur mit den älteren bei Suhr („Kleidertracht in Hamburg" 1806 und „Ausruf in Hamburg" 1808, Tafel 102) und bei Buek („Album hamburgischer Kostüme" 1843—1847) zu vergleichen, so springt sofort in die Augen, daß wir die Bardowieckerin vor uns haben, und zwar in dem Anzuge, in dem sie in Hamburg mit dem Rufe Wölj' ok gele Wörteln, Petersiljenwörteln, Zippeln, Lavendelblom? die Vorräte des dortigen Zippelhauses feilbot. Da Bardowieck schon außerhalb der Heide liegt, kommt diese, durch die Handelsverbindung mit Hamburg entstandene Literatur hier nicht in Betracht.[1]

In der verhältnismäßig jungen Zeit, von der hier die Rede ist, sind die alten Stammesunterschiede der Heidebevölkerung auf dem Gebiet der Tracht natürlich so ziemlich abgeschliffen. Wichtiger als die Stammeszugehörigkeit ist in dieser Zeit das Kirchspiel. Auch für die Heide ist bei den vielfachen Beziehungen der Volkstracht zum kirchlichen Leben von vornherein anzunehmen, daß dort

---

[1] Nur kurz hingewiesen sei auf eine besonders charakteristische und auch von der benachbarten Heidebevölkerung als solche betrachtete Eigentümlichkeit, den mit Federn gefütterten, buntfarbigen, in neuerer Zeit gern aus den abgetragenen Dragoneruniformen des benachbarten Lüneburg hergestellten Wulst, den Wasch, mit dessen Hilfe von der Bardowieckerin noch heute die Lasten auf dem Kopfe getragen werden. Zugrunde liegt mnd. wase (= Reisig-, Faschinenbündel), also „Bündelchen, Kopfbündelchen". Der — übrigens auch bei Bremen und in rheinischen Gegenden bekannte — Wasch war früher auch bei den Mägden der benachbarten Winsener Elbmarsch in Gebrauch, die sich seiner beim Heimbringen der Milcheimer bedienten, und schon Merian (Topogr. VI, v. J. 1654) stellt auf dem Bilde Lüneburgs vor der Stadtmauer eine weibliche Gestalt mit einem Korbe auf dem Kopfe dar.

ebenso wie in vielen anderen Gegenden das Kirchspiel oder ganze Kirchspielgruppen eine von den benachbarten Trachten mehr oder weniger verschiedene Tracht entwickelt haben. Vielfach dürfte es sich freilich nur um Verschiedenheiten des Kopfputzes und anderer neuerer Modestücke handeln, während in den für die Volkskunde ungleich wichtigeren selbstgefertigten Trachtstücken augenscheinlich weitreichende Übereinstimmungen nicht nur zwischen diesen und jenen Kirchspielen, sondern auch den verschiedenen Teilen der Heide bestanden haben. — Eine Erforschung dieser verschiedenen Kirchspielarten (wenn ich so sagen darf), die noch dadurch besonders erschwert ist, daß die Trachten seit Jahrzehnten ausgestorben[1] sind, lag nicht im Plane dieser Arbeit. Was ich biete, ist im wesentlichen und zunächst die Tracht meines Heimatkirchspieles, eine Tracht, die allerdings weit über die Grenzen dieses Kirchspieles hinaus gegolten haben dürfte. Gleichzeitig sollen aber zur Vergleichung wenigstens in dieser und jener Hinsicht die Verhältnisse der entfernteren Heidegegenden herangezogen werden.

Der Hanfbau nahm im Nordwesten der Heide immer die erste Stelle ein, auch in späterer Zeit, als der Anbau des Flachses (Land-flaß) etwas eifriger betrieben wurde. Den Frauen genügte aber die Güte des selbstgebauten Flachses nicht immer, und so begaben sie sich gern zum Leinenmarkt nach Lüneburg, wo sie, da das bare Geld knapp war, einige Rollen selbstgefertigten Leinens verkauften und für das Geld en groten Sten (20 Pfund) des geschätzten Lüneburger Flachses einhandelten.[2] Aus einem Pfund dieses teuren Flachses spannen sie vier Stück Garn; solches Garn wurde nur zu besonders guten Sachen verwebt, in erster Linie zu den für die Brautkiste (Brut-kist) der Tochter bestimmten. Später, in den sechziger Jahren, führte jeder Landkaufmann den Lüneburger Flachs.

---

[1] Länger als im Lüneburgischen haben sich die Trachten im Stadischen gehalten und dauern dort teilweise noch jetzt. Daher bedeutet im Stadischen sik lünborgsch bregen so viel wie „die Volkstracht ablegen" („lüneburgisch" geht hier auf den Regierungsbezirk L.).

[2] Heute bringt die Landbevölkerung vielfach Flachs, Hanf und Heede zu den Kaufleuten und tauscht diese Erzeugnisse gegen Maschinengarn um. Stellenweise vermitteln auch die Färber diesen Umtausch.

Der Hanf[1] wurde im Anfang Mai ausgesät. Um Jakobi (25. Juli) wurde er gezogen, mit Strohseilen oder Gräsern in kleine, etwa eine Hand dicke Bunde vereinigt, dann in die Heide gefahren und dort, nachdem die Bunde aufgelöst worden waren, ausgebreitet (sprirt = gespreitet). Etwa 4—5 Wochen lag er in der Heide, den zersetzenden Wirkungen des Regens, der Luft und der Sonne ausgesetzt; wiederholt wurde er in dieser Zeit mit der Giffel (zwei=zinkigen Gabel) aufgelockert. War er mör (mürbe) oder tieg (aus tibig, d. h. zeitig, reif, fertig zu weiterer Behandlung), so wurde er rüst oder uprüst, d. h. zu Rüsten (mnd. rißten Strähnen) auf=genommen: man nahm eine Handvoll Hanf und drehte ihn in der Mitte zweimal übereinander. Die einzelnen Rüsten wurden auf einen Haufen geworfen. Hatte man 20 Rüsten, so band man diese mit der 21. zusammen: diese 21 Rüsten bildeten einen Topp.[2] Zuletzt wurde alles auf einen Wagen geladen und nach Hause gefahren.

Am anderen Morgen war in der Regel Brotbacken. Sobald das Brot aus dem Ofen genommen und dieser gefegt und hin=reichend abgekühlt war, kroch die Großmagd, gewöhnlich zum Schutz gegen Erstickung einen Eichenbusch im Munde haltend, hinein. Nun wurden die Bündel aufgebunden und ihr, zurzeit etwa sechs, hineingereicht, die sie dicht nebeneinander aufrecht hinstellte. Blieben noch welche übrig, so wurden sie auf die erste Schicht gelegt. Im Ofen blieb der Hanf etwa 24 Stunden liegen. Dann probierte man, ob er zum Braken (Brechen), durch das die holzartigen Teile des Stengels beseitigt werden sollten, gut war. Man nahm einige Halme heraus und zerbrach sie mit der Hand; brach der holzartige Stoff glatt durch, so war der Hanf kroß, und das Braken konnte beginnen. Das Braken erfolgte sofort nach dem

---

[1] Die hier gegebene Darstellung ist unabhängig von der in Lüneburger Mundart abgefaßten H. Köhlers (Dat Flas, Jahrb. 3, 160. 161) entstanden. Köhlers Darlegungen betreffen offenbar einen anderen Strich der Heide, ver=mutlich die Gegend zwischen Lüneburg und Bleckede, auf die sich wenigstens die von ihm an anderer Stelle (Korr. 1, 77) verzeichneten Teile des Spinn=rades beziehen, doch fehlt es selbstverständlich nicht an Übereinstimmungen und Berührungen.

[2] Vgl. mnd. top „Maß für Flachs, 24 oder 40 Händevoll oder rißten".

Trocknen, da sonst der Hanf von seiner Kroßheit verloren hätte. Die Mägde des Dorfes halfen mit. Sie waren rechtzeitig zur Brakel-köst (Brakfest) angesagt worden („morden wüll we braken"). In ganz alter Zeit begann dieses Dorffest (Fig. 11) erst in der Dämmerung, seit fünfzig Jahren schon am Nachmittag. Die Rüsten wurden von einem Kinde aus dem Backofen genommen und den „Brakern" zugereicht. Auf jedes Mädchen kamen 2—3 Topp, d. h. 42—63 Rüsten. Man brakte um die Wette. Wer die letzte Rüste gebrakt hatte, wurde „Braut" und kreg (bei der nachfolgenden Bewirtung) dat Bobberfatt vör sik, wie bei der Hochzeit die Braut die Brautbutter. Auch die Söhne und Knechte des Dorfes stellten sich ein und trieben ihren Scherz: gern wurde der Bäuerin in einem unbewachten Augenblick der für die Mädchen bestimmte Pfannkuchen vom Herde weggenommen.

War der Hanf im Backofen getrocknet worden, so sagte man: de Hemp is ut den Backawen brakt. Er wurde nämlich gelegentlich auch ut de Sünn (aus der Sonne) brakt, in besonders heißen Sommern; außerdem brakte man stellenweise, z. B. in Hittfeld und Umgegend, von de Flek: der Hanf war dann auf Strahlenleitern (mnd. vleke) ausgebreitet, die auf der einen Seite auf aufgeschütteter Erde, auf der anderen auf Pfählen ruhten und unter denen in einem Graben ein Feuer brannte.

Unter den beim Braken abgefallenen Holzstückchen, der Schäw (mnd. scheve), die als Streu oder zum Zudecken der Kartoffeln verwendet wurde, befanden sich nun manche Teile, in denen noch Fasern zu vermuten waren. Auch diese, wennschon kürzeren Fasern wollte man nicht umkommen lassen, und so mußten am Morgen nach dem Brakfest die Mägde des Hauses sie mit der Forke heraussuchen, ein Sprickelfeuer im Backofen anmachen und jene nochmals hineintun. Waren sie hinreichend kroß, so wurden sie nochmals gebrakt (na-brakt), diesmal aber nicht mit der hölzernen Brake, sondern mit der eisernen Schrep-brak, sie wurden, wie man auch sagte, schrept. Die hierdurch gewonnenen Fasern ergaben die gewöhnlichste Hede, die Rüppel-he oder den Rüppel-baß, d. h. Riffelhede oder Riffelbast; diese wurde späterhin als Einschlag zum gewöhnlichsten Leinen für Säcke oder Schludderbüxen benutzt.

War das Braken beendigt, so brachte man den gesamten Hanf

Fig. 11. Brakelköst (Fest des Hanfbrechens).

(die Rüppelhebe für sich in einem Sack) auf den leer stehenden Kornboden; kleinere Leute, die weniger hatten, legten ihn auch in eine Lade.

Erst nach der Zeit des Kartoffelauskriegens wurde der Hanf — und ebenso der Flachs — wieder hervorgeholt. Hatten beim Braken die Mägde des Dorfes sich gegenseitig ausgeholfen, so fiel

Fig. 12. Am Schwingblock.

die noch übrige Arbeit der Frau mit ihren Mägden und der Häuslingsfrau zu, nötigenfalls wurden Tagelöhnerinnen zu Hilfe genommen. Zuerst wurden sämtliche Rüsten mit der schon erwähnten Schrepbrake bearbeitet. Dann folgte das Schwingen auf dem Schwingblock (Swing-bluck),[1] der in der Hauptsache die letzten

---

[1] In Fintel Swing-bock, Niederf. 10, 217.

holzigen Bestandteile entfernte. Dieser bestand aus einem mit einer Art Fußbank verbundenen Brett, das oben in einen Pferdekopf auslief (Fig. 12). Unter dem von der Arbeitenden abgewandten Pferdekopf sprang ein eiserner Zahn vor. Über diesen legte die linke Hand die Strähnen, die rechte „schwang" ein dünnes, auf

Fig. 13. Hechel und Hechelstuhl.

beiden Seiten scharfes Brett (de Swing') und hieb immer in gleicher Entfernung vom rechten Ohr des Pferdekopfes auf den Hanf ein. Die Schwinghede (Swingel-he) fand dieselbe Verwendung wie die erwähnte Rüppel-he; teilweise bekamen sie auch der Seiler und der Sattler, dieser zum Polstern.[1] Schließlich

[1] Jahrb. 3, 160.

wurde der Hanf durch die Hechel gezogen (Fig. 13), wodurch die letzten kurzen Fasern und die etwaigen Holzreste beseitigt wurden. Die Hechel (Hekel) war ein mit grünen Blättern und roten Blumen bemaltes Brett, in dessen Mitte sich ein Kasten mit den Hekeltinnen, den Hechelzinken, befand. Gewöhnlich wurde ein älterer Stuhl umgekippt (Hekel-stohl) und die Hechel zwischen seinen beiden oberen Beinen befestigt. Bei jeder Rüste wurde der erste Abfall nach rechts, der spätere als bessere Hede nach links geworfen.[1] Jener diente später als Aufzug zu den Säcken und Schlubberbüren, zu denen die Rüppel- und Schwingelhede den Einschlag lieferten. Dieser ergab den Aufzug zu weichen Bettlaken, zu denen als Einschlag die beste Flachshede Verwendung fand (hemphirn, d. h. hanfhedener, Uptoch un flaßhirn Inslag dat gift de besten Bettlaken).

Nach dem Hecheln nahm man je 5—6 Rüsten zusammen, flocht sie in ein zopfähnliches Bündel, den Knucken, und legte dieses in einen Sack, um es später zu verspinnen. Jeder Knocke enthielt so viel Hanf, wie nachher in den Rocken (Wucken) kam.[2] Aus dem Knocken wurde der Rocken folgendermaßen hergestellt. Sobald die Magd ihren Wocken aufgesponnen und einen neuen Knocken von der Bauerfrau erhalten hatte, band sie die herabhängenden Bänder der blauleinenen Schürze nach vorne zu und befestigte sämtliche 5—6 Rüsten mit dem einen Ende an ihrer linken Seite. Die Enden wurden fest um das Band herumgewickelt, und die Rüsten baumelten dort so lange, bis jede nach vorne — vor die Magengegend — geschoben wurde, um „gebreitet" (briert) zu werden. Jede Rüste wurde nämlich fächerförmig ausgebreitet: bald hielt die linke Hand die Rüste, und die rechte breitete, bald umgekehrt. War der Hanf gebreitet, so handelte es sich darum, die unter dem Schürzenband festgeklemmten Enden „auszupulen" und langzuziehen.

---

[1] Jede Bäuerin pflegte die Hanfhede in drei Säcken aufzubewahren, in dem einen die Rüppel- und Schwingelhede, im zweiten die schlechtere, im dritten die bessere Hechelhede.

[2] Bei der Hede sprach man nicht von Knocken; die einzelnen zusammengewickelten Teile hießen vielmehr Döten (Klumpen, Haufen, vgl. Ten Doorntaat I 323). Die Hede wurde ebenfalls zum Rocken gebreitet, nur sah dieser weniger schön aus als die Flachs- und Hanfrocken, weil die Hede zu kurz war.

Damit hierbei der Wocken nicht gezerrt wurde, schob man den Hanf rechts und links unter die Lenden. Die von dem Schürzenband losgelösten Enden legte sich nun die Magd ganz an die Brust hinauf und zupfte sie „schön klar", während sie den Hanf mit dem gesenkten Kinn (mit 'n Bort) festhielt. Diese ausgezupften, unter dem Kinn liegenden Enden wurden die Krone des Wockens. Die unteren, in der Kniegegend liegenden rauhen Enden bog man ein wenig um, so daß sie hernach beim Wickeln nach innen kamen und nicht zu sehen waren; dann sah der Hanf unten am Wockenstock stuw (stumpf) aus, und en stuwen Wocken intobriern war der Stolz der Spinnerin. War der Hanf mit dem Wockenstock auf= gewickelt, so wurde der umwickelte Stock vermittelst des Stickens, in den er unten auslief, in den Arm des Spinnrades gesteckt und dann das „große" Wucken=blatt mit einem roten wollenen oder baumwollenen Band herumgebunden, schließlich um den Hals, über den die schön gezupfte Spitze noch fingerlang hinaussah, das „kleine" Wucken=blatt befestigt. Die Wockenblätter bestanden meistens aus Pappe und waren mit bunt bedrucktem Papier beklebt. Auf dem großen Wockenblatte las man in goldenen Buchstaben einen Spruch, wie:

Wult du nich spinnen,
Kriegst du ken Linnen,

oder:

O holdes Mädchen mit dem Rädchen,
Spinn um uns das Liebesfädchen!

Über die Bearbeitung des Flachses können wir uns kurz fassen. Er wurde etwa in der Mitte des Mai gesät, einmal gegätet und etwa gleichzeitig mit dem Hanf aufgezogen. Etwa zwei Hände voll Flachs wurde immer mit einem Strohseil zu einer kleinen Garbe zusammengebunden. Dann lag der Flachs ebenso wie der Hanf 4—5 Wochen ausgebreitet (sprîrt) in der Heide,[1] hierauf harkte man ihn zu kleinen, etwa sechs Rüsten fassenden Bunden

---

[1] Seltener ließ man ihn vorher in einer Vertiefung mit stehendem Wasser (einem Soll) faulen (röten); in diesem Falle lag er eine erheblich kürzere Zeit, etwa acht Tage, in der Heide. Für die Dauer des Rötens galt der Satz: Je finer dat Flas is, desto länger mut't röten (Jahrb. 3, 160).

auf. Schließlich band man ihn wieder zu kleinen Garben und fuhr ihn so zum Bauerhause. Die weitere Behandlung (das Trocknen im Backofen, das Braken[1] usw.) entsprach der des Hanfes. Sollte Samen „aufgenommen“ werden (Lin-saat upnehmen),[2] so wurde der Flachs in der Heide nicht gespreitet, sondern zur Schonung der Samenkapseln lose an Staken in Reihen aufgestellt; dann fuhr man ihn in Bunden nach Hause und schlug ihn bundweise auf dem Ausschlagebock aus.[3] Daran schloß sich dann das Trocknen der Bunde im Ofen.

Nach dem Hecheln waren Hanf und Flachs genügend gereinigt, so daß nunmehr das Spinnen seinen Anfang nehmen konnte. Doch bevor wir zum Spinnrade übergehen, ist über die Bearbeitung der Wolle bis zur Spinnfertigkeit zu sprechen. Hierbei kommt zunächst der Färbetopf in Betracht. Dieser, dessen jede Frau zum Blau=färben der Wolle[4] bedurfte und der warm stehen mußte, wurde mit Vorliebe in einer Ecke des Schafstalles inmitten des heißen Schafmistes eingegraben; andere stellten ihn auf den warmen Herd oder auch in warmes Wasser. Der Topf war mit Harn gefüllt; dieser gab die nötige Beize zur Färbung der Wolle. Gewöhn=lich jeden zweiten Tag wurde frische Wolle hineingelegt; oben auf der Wolle lag, in ein Läppchen gebunden, ein Lot Indigo. Das Vollharnen des Topfes besorgten die Kinder, außer bei Er=kältungen, denn dann nahm die Wolle die Farbe nicht so gut an.

---

[1] Stellenweise kam der Flachs nach dem Trocknen im Backofen auf den Boden, und das Braken folgte erst im Herbste (Jahrb. 3, 160). Dem Braken ging in manchen Dörfern noch ein Baken voran: der Flachs wurde mit einem „schweren, fast quadratischen, tief in der Sohle eingekerbten Buchen=brett“, an dem ein Stiel saß, geklopft (vgl. Jahrb. 3, 157 u. 160 und mnd. boken klopfen).

[2] Hanffamen wurde gewöhnlich gekauft; sollte er aufgenommen werden, so wurde der Hanf richtig gedroschen.

[3] In anderen Gegenden der Heide wurden gleich nach dem Ziehen die Samenkapseln mit einem besonderen Instrument, der Riffel, abgestreift, der Flachs wurde, wie man sagte, rept. De Knutten ward den up Bebblakens aber up Knuttenbelen dröght, naher dröscht un rain makt, entwerre up'n Stövmoel' aber dat ward sicht mit'n Linsev (H. Köhler, Jahrb. 3, 160).

[4] Das Färben der Wolle war durchaus die Regel, denn das Färben des Wollgarns ergab leicht ein ungleiches, streifiges Blau.

Die herausgenommene Wolle wurde in lauwarmem Waſſer ſo lange geſpült, bis das abfließende Waſſer klar war, dann in einen nicht mehr gebrauchten Kartoffelkorb gelegt und zum Trocknen hinausgehängt.

Die Wolle, ſowohl die gefärbte wie die nicht gefärbte, wurde von den Kindern gezupft, dann folgte das Kratzen (Kraſſen). Die

Fig. 14. Wollekratzen.

hierzu dienenden Kratzen (de Kraſſen) waren zwei Bretter, auf deren Innenſeite ein Lederblättchen mit vielen gebogenen Haken genagelt war. Zurzeit (Fig. 14) legte man etwa eine Handvoll Wolle (das nannte man en Kraſſen) dazwiſchen und ſtrich, indem man jedes Brett an ſeinem Handgriff hielt, mit dem oberen ſo lange über das untere, bis die Wolle keine Dutten (Klümpchen) mehr hatte und etwa wie Watte aussah. 10—12 solcher Teile ergaben ein Lopp.[1]) Jedes Lopp wurde, indem man die Spitzen der Kraffen zusammennahm, zu einem losen Knäuel gedreht und die einzelnen Lopp in einem Korb oder Beutel aufgestapelt. Im Winter machte man die Lopp wieder auf, und es fand ein nochmaliges Kratzen statt. Dann wurde die Wolle von der Großmutter und der Frau, wie sie Zeit hatten, gesponnen. Diejenige Wolle,

Fig. 15. Dublieren des Wollgarns zum Verstricken.

die nicht verwebt, sondern verstrickt werden sollte, zwirnte man zusammen (tohôptwirnen), indem das Garn zwei- oder dreifädig zusammengespult (dubliert, brilliert) wurde. Zum Zusammenzwirnen diente ein Spulrad,[2]) das aber umgekehrt (verwint, vgl.

---

[1]) Auf dem Tod, der Gegend um Tostedt, Dohren, Wistedt, Langeloh, Otter und Welle (up dem Todte in Grimms Weist. III S. 222, v. J. 1534), wurden die Kraffen zu einem Wrümpel (vgl. ostfr. wrümpeln wickeln, winden) zusammengedreht.

[2]) Als Spulrad benutzte man ein älteres Spinnrad, von dem der Arm mit Wockenstock und Wocken entfernt war.

mnd. vorwenden umkehren) getreten werden mußte, und der für 2—4 Spulen eingerichtete Spôlen-bluck[1]) (Fig. 15). Dann haspelte man die zusammengezwirnte Wolle spulenweise ab, und das Stricken konnte beginnen.

Das Strumpfstricken war im Nordwesten mehr Sache der Mannsleute: der Kuhhirte und der Schäfer hinter der Herde, die Knechte in der Spinnstube, der Altenteiler auf dem Sorgenstuhl und der Bauer auf der Ruhebank beim Ofen, sie alle mußten für den Bedarf des Hauses[2]) Hasen knütten (mnd. hase, hose = Bekleidung der Beine und der Füße, besonders Strumpf, knutten = knüpfen, stricken). Weiter südwärts, in der Gegend von Soltau und Schneverdingen, wurde durchgehends von Männern und Frauen gestrickt und in erster Linie zum Verkauf; es galt eben, den größeren Wollreichtum auszunutzen.[3]) Das große Mittelstück der Frauen- und der besseren Männerstrümpfe bestand aus blau gefärbtem Wollgarn, die oberen Reihen (dat Ringels, auch dat Wind-ringels = gewundene R.) dagegen nur aus weißem Garn (vgl. den Strumpf S. 62, Fig. 5); auch für das Zehenende (de Tön, die Zehen) wurde weißes Garn benutzt; vermutlich betrachtete man dieses für die nicht sichtbaren Teile als ausreichend. Die Alltags-strümpfe der Männer dagegen pflegten aus ungefärbtem Garn ge-strickt zu werden oder auch aus einem Garn, das aus zusammen-gekratzter weißer und schwarzer Wolle gewonnen war. Verschiedene Strümpfe für die verschiedenen Jahreszeiten kannte man überhaupt nicht. Später wurden die Strümpfe der Männer oft — entweder ganz oder ihr Mittelstück — aus zusammengezwirntem weißen und blauen, auch schwarzen und weißen Garn hergestellt, bei den Frauen-strümpfen kam neben schlichtem blauen auch schlichtes schwarzes Garn, das mit der sogenannten swatten Pickfarw' (Pechfarbe) gefärbt war, in Gebrauch.

---

[1]) Er fand außerdem noch beim Zusammenzwirnen von Leinendraht für Tischtücher Verwendung.

[2]) Die Knechte strickten also auch für die Mädchen; diese flickten dafür das Zeug jener und nähten ihnen vielleicht einmal ein Hemb.

[3]) Vgl. den Strumpfhändler aus der Lüneburger Heide bei Suhr (Ausruf, Taf. 11), dessen Ausruf lautete: Hasen, tweern (zwirnene) Hasen. Vielfach wurde auch das Wollgarn verkauft und besonders nach England ausgeführt (Suhr, a. a. O. S. 13, 14).

So wenig geübt das Heidemädchen durchschnittlich mit der Nadel war, so geschickt verstand es mit Spinnrad und Webstuhl umzugehen. In der Heide wurde jenes bekannte Spinnrad ge-

Fig. 16. Das Spinnrad.

a. Bock. b. Schraube. c. Höft. d. Spill-stipels, zwischen denen die Spill (Spindel) läuft. e. Flucht. f. Arm. g. Wockenstock. h. Wocken. i. Fechter oder Knecht. k. Lünze. l. Rand-stipels, zwischen denen das Rad läuft. m. Tre (Tretvorrichtung).

braucht, bei dem Spindel und Wocken sich links vom Rade be= fanden; das handlichere Bockrad benutzten vorzugsweise die Frauen nichtbäuerlichen Standes. Wenn im Herbst de Butenarbeit to

Schick un dat Spinnelwark (d. h. das Material zum Spinnen, also Hanf und Flachs) rein wür, dann wurden die Spinnräder (Spinn-roe) vom Boden geholt, gereinigt, geölt — und nun ging das Spinnen los. Gewöhnlich wurde es von den Mägden mit der freudig begrüßten Spinnarbeit so gehalten: Wo ihrer zwei waren, durfte die eine, wenn sie gemolken und gefüttert hatte, sik schier maken (d. h. ihr Stallzeug ausziehen und sik de Mütz upsetten, worunter das Haarmachen mit begriffen war) und sich zum Spinnen in die Stube setzen, während die andere die Hausarbeit besorgte. Die Magd, die gleich früh zu spinnen begann und nur des Mittags und des Abends beim Vieh mithalf, mußte an jedem Tage ein „Stück" spinnen, was vielleicht bis 10 Uhr abends dauerte; nachmittags nach dem Aufwaschen kam auch die andere Magd mit dem Spinnrad herein. Nachts hatten die Räder, auch das der Frau, ihren Platz auf dem Flett.

Das Spinnrad[1]) (Fig. 16) wurde gewöhnlich vom Drechsler aus Eschen- oder Erlenholz hergestellt. Zu ihm gehört einmal der dreibeinige Bock (Buck). In dem schräg aufwärts laufenden viereckigen Holzstück, das auf den drei Beinen befestigt ist und gleichsam den Rücken des Bockes[2]) bildet, sitzt eine Schraube (Schruw), deren gewundener Teil in dem Holzstück lagert, während der Handgriff links[3]) hervorragt. Auf dem erwähnten Schrägholze befindet sich nun ziemlich links ein abgerundeter kleiner Klotz, dat Höft.[4]) Durch den in das Schrägholz eingelassenen Zapfen dieses Klotzes geht der gewundene Teil der Schraube, so daß der Klotz der Schrägung folgend höher oder tiefer gestellt werden kann. Auf dem Klotz ist nun vermittelst desselben Zapfens eine Leiste angebracht, in der die Spill-stipels stecken, die beiden aufrecht stehenden

---

[1]) Das im folgenden beschriebene Rad war wenigstens in den bäuerlichen Kreisen der mir bekannten Gegenden das vorherrschende oder ausschließlich gebrauchte. Über andere Spinnräder Nordhannovers und der unteren Weser vgl. Niederf. 8, 48 u. 127.

[2]) Daß dieses Holz als zum Bock gehörig betrachtet wird, zeigt sich auch darin, daß ein Rad, bei dem die im folgenden genannte Schraube versagt, als „bocklahm" bezeichnet wird.

[3]) Von der Spinnerin aus gerechnet.

[4]) Vermutlich = mnd. hovet, höft = Haupt, mit Bezug darauf, daß der Klotz wie ein Kopf auf dem Schrägholz sitzt.

Hölzer,[1] zwischen denen die Spill, die Spindel, läuft. Über die Spindel wird die Spule (Spol) geschoben und diese hinten mit der Rolle (Rull) festgeschroben.[2] Da nun die Schnur (Snur, bei Lüneburg Snor) über Spule, Spindel und Rad läuft, so ergiebt sich, daß die oben erwähnte Schraube, indem sie den Klotz höher oder tiefer schraubt, gleichzeitig Spule und Rolle dem Rade ferner oder näher bringt und dadurch imstande ist, der Schnur verschiedene Spannung zu geben. Der gabelförmige hölzerne Teil der Spindel, an dem die Haken sitzen, heißt die Flucht (mnd. vlucht), d. h. Flügel, hat also vom Herumfliegen seinen Namen.

Links (zwischen der Schraube und dem Klotz) steckt der Arm, der den Wockenstock mit dem Wocken trägt und an dem häufig ein Gläschen mit Öl zum Schmieren des Rades hängt. Der ausgezogene Faden läuft durch das vorne in der Spindel befindliche Loch (Düll = Tülle) über die Haken der Flucht und windet sich dann um die Spule. Um den untersten Teil des Wockenstockes liegt ein mit Wasser gefülltes Blechnäpfchen (dat Stipp-dings), zum Anfeuchten der Finger dienend, wozu aber in der alten Zeit gewöhnlich die Zunge benutzt wurde.

An das Verbindungsholz der beiden vorderen Bockbeine ist die Tretvorrichtung (Tred, Tre, d. h. Tritt) befestigt. Die beim Treten auf und nieder gehende und mit dem oberen Ende um sich schlagende Stange heißt der Fechter, bei Lüneburg[3] der Knecht, wobei an den um sich hauenden Kriegsknecht zu denken ist. Die vom Fechter gedrehte und ihrerseits das Rad[4] drehende Welle wird von zwei Holzpflöcken (Lünzen, bei Lüneburg Lönzen, Lönsen) in ihrer Lage festgehalten. Die Welle ruht in den so-

---

[1] Zu Stipels vgl. ostfr. stipe, stip = Pfeiler, Stütze (Ten Doornkaat III 320).

[2] Daher heißt die Rolle zwischen Lüneburg und Bleckede geradezu Schruw (Korr. 1, 77). — Bemerkenswert ist ferner die in dieser Gegend, aber auch im Nordwesten begegnende Bezeichnung Vör-tüg, der Gesamtausdruck für die Stipels, die Spindel und alles, was auf dieser ist; das Wort meint die Stücke, die „voraus" stehen, der Spinnerin am nächsten sind.

[3] Korr. 1, 77.

[4] Bei Lüneburg de Drift (Treibung, das Getriebene) genannt, Korr. 1, 77.

genannten Rand=stipels,[1]) die ihrerseits in dem mehrfach erwähnten Schrägholz befestigt sind.

Von der Spule wurde das Garn abgehaspelt. Die Linke hielt die auf einen Spolen=sticken gesteckte Spule, während die Rechte die oder, wie man in der Heide sagt, „den" Haspel drehte (Fig. 17).

Fig. 17. Abhaspeln des Garns.

Die Querhölzer der Haspelspeichen, über die sich das Garn wand, hießen be Kruck, eigentlich „die Krücke".[2]) Das bei einer Um-

―――――

[1]) Der Name stammt wohl daher, daß die beiden Stützen von den Rändern des Bockes auslaufen.

[2]) Vermutlich galt die Bezeichnung Kruck ursprünglich jedem Querholz einschließlich der zugehörigen Speiche.

drehung sich aufwindende Garn war ein Faden. 90 Fäden ergaben ein Bind; die Haspel war nun so eingerichtet, daß nach der 90. Umdrehung der mit den Kammrädern verbundene Hammer niederfiel und so jedes abgehaspelte Bind ankündigte. Das Bind wurde mit einem Bande, dem aus dem letzten Rest des Wockens gesponnenen Fisselband,[1] zusammengebunden, woraus sich auch der Name (= das Gebinde) erklärt. Abgenommen wurde das Garn aber erst, wenn ein Stück auf der Haspel saß. Zu einem Stück gehörten zehn, in anderen Gegenden der Heide zwölf Bind.[2] Auf die Spule gingen bei feinem Garn sechs und mehr Bind, bei stärkerem entsprechend weniger, vielleicht drei bis vier. Da, wie schon erwähnt, die tägliche Arbeitsleistung ein Stück war, so ergiebt sich leicht, daß die Spinnerin täglich etwa zwei Spulen voll spann. Der eigentliche Zeitpunkt des Haspelns war der Sonnabendabend; einen Teil der Arbeit erledigten die Hausfrau oder die Altenteiler schon in der Woche, weil sonst die Spulen nicht reichten.

War in allen Häusern das Spinnen ordentlich im Gange, so begann das Utgahn, das Ausgehen mit dem Spinnrade (se güngen mit 'n Rad ut). Ein kleines Dorf bildete eine einzige Spinnstube, ein einziges Gelach (= Gelage) oder Spinn-gelach, in einem größeren taten sich die Mägde zu mehreren „Gelachen“ zusammen: so spannen vielleicht die des oberen und die des unteren Dorfes (de ut den Bawendörp und de ut den Nerdendörp) zusammen, natürlich jede Magd für ihre Frau. Zwischen ein und zwei Uhr nachmittags sah man die Mädchen, das Rad hoch im Arm, nach dem Hause eilen, dor von Dag’ (heute) de Reg (Reihe) an wür. „Goden Dag, nu kriegt Ji Spinners“, so sagten sie bescheiden zu der fremden Hausfrau. „Ja, gaht man sitten!“ Sie setzten sich in eine Reihe, doch so, daß sie sich beim Spinnen durch den Zug der „wehenden“ Räder nicht belästigten. Ein stattlicher Anblick diese Schar munterer, schierer Spinnerinnen. Wie flogen die Hände, zumal wenn es mit der Nachbarin um die Wette ging,

---

[1] Wohl von mnd. vese (Fasen, Fädchen), also Band aus den letzten Fäserchen, wie mnd. vese-laken ein Laken von Wollabfall bedeutet.

[2] Diese Zahlen beziehen sich auf Flachs- und Hanfgarn. Bei der Flachs- und Hanfhede rechnete man nur acht (bei der Rüppelhede sogar nur sechs Bind) auf ein Stück.

wekeen toirst en Oewerspinners kriegt (wer zuerst einmal über die Spule spinnt)! Ein reger Eifer belebte sie alle, mochten sie wohlhabend oder arm sein; die Töchter waren eben damals auch nichts weiter als Dienstmädchen. Die Bauerfrauen waren mit dieser Verschmelzung von Arbeit und Geselligkeit gern einverstanden: in Gesellschaft wurde mehr beschickt, und da das Gelach umging, kam jedes Haus vielleicht alle 8—14 Tage einmal an die Reihe, während die Frauen sämtliche übrigen Tage Ruhe hatten. Umstände wurden nicht gemacht: um drei Uhr kam der große blecherne Kaffeetopf auf den Tisch, dazu Milch, Grobbrot und Butter, Zucker gab es nicht; alles so, wie die Mädchen es zu Hause bekamen. Sie trugen eine reine Schürze, eine bessere Haube, Rock und Jacke aus Beiderwand, ein Halstuch und hölzerne Pantoffeln, die während des Spinnens neben dem Rade standen. Um fünf Uhr ging es nach Hause; man nahm das Kleid auf (dazu dienten die beiden unteren Schürzenbänder, die Ors-bann') und fütterte. Nachdem zu Hause gegessen worden war, wurde die Spinnstube wieder aufgesucht. Bald stellte sich denn auch die männliche Jugend des Dorfes ein, die, da die Reihenfolge feststand, natürlich stets wußte, wenem (wo) von Dag' de Dirns würen. Gewöhnlich nahmen sie, die kurze Pfeife rauchend, hinter den spinnenden Mädchen auf der Bank Platz. Die Eltern gingen abends gewöhnlich zur „Freundschaft" und überließen die junge Welt sich selbst: we hebbt hüt dat Gelach. In der Spinnstube wurde geplaudert und gescherzt, und während die Räder schnurrten, erklangen die Lieder. Da sang man:

> Was nützet mir ein schöner Garten,
> Wenn andre, drin spazieren gehn
> Und pflücken mir die Röslein ab,
> Woran ich meine, so ganz alleine, woran ich meine Freude hab'!

Da sang man von dem Fähnrich, der sich in ein Mädchen verliebt hatte, „eine Hübsche, eine Feine", von dem Mädchen, das dem fernen Schatz die Treue bewahren will:

> Im Rosengarten
> Will ich Deiner warten
> Im grünen Klee,
> Im weißen Schnee.

Ein anderes Liebeslied hob mit dem Ruhm des alten Köln an:

> Köln am Rhein, Du schönes Städtchen,
> Köln am Rhein, Du schöne Stadt,
> Und darinnen muß ich lassen
> Meinen herzallerliebsten Schatz.

Auf die Frage der Schlußstrophe:

> Wer hat denn dieses Lied gesungen,
> Wer hat denn dieses Lied erdacht?

lautete in der Heide die Antwort:

> Es haben gesungen zwei — Schäferjungen
> Zu Köln am Rhein beim Mondenschein.

Während diese Lieder noch heute auf dem flachen Lande und beim Heere gesungen werden, sind die sieben folgenden Spinnlieder so gut wie vergessen.

> 1. Ein[1]) hübsches Mädchen, jung und zart,
> Von Tugend fromm und schön,
> Darinnen verliebt' sich ein Reiter,
> Der Reiter der mußte gleich weiter,
> Mußt' in den Krieg einziehn.

> 2. Ach Schönster, mußt du fort von hier,
> In die weite Welt hinein?
> Aber dann trifft mich das Leiden,
> Daß wir uns müssen scheiden,
> Müssen auseinander gehn.

> 3. Dies ist der letzte Abschiedskuß,
> Die Trennung fällt mir schwer,
> Feinsliebchen, wir müssen auseinander,
> Wer weiß, wie lang' ich muß wandern
> In fremdem Land umher!

---

1) Nach der Weise: „Schier dreißig Jahre bist du alt."

2. O, wie bin ich so verlaffen
   Auf der Welt von jedermann!
   Feind' und Freunde tun mich haffen,
   Keiner nimmt sich meiner an.

3. Einen Vater, den ich hatte,
   Den ich oftmals Vater nannt',
   Eine Mutter, die mich liebte,
   Die hat mir der Tod entwandt.

4. Beide sind für mich verloren,
   Beide sind für mich dahin.
   O, wär' ich doch nicht geboren,
   Weil ich so unglücklich bin!

5. Treuster Jüngling, meinst Du's redlich
   Oder liebst Du nur aus Scherz?
   O bedenk, es ist gefährlich
   Für ein junges Mädchenherz.

6. Treuster Jüngling, nimm zum Pfande
   Dieses blondgelockte Haar
   Mit dem roten seidnen Bande,
   Das auf meinem Busen war!

7. Und wenn ich dann sterben sollte
   Und getrennt von Dir sollt' sein,
   So pflanz denn auf meinem Grabe
   Schönste Blum' Vergißnichtmein!

———

2. Und die Gärtnersfrau, so hold, so bleich,
   Führt ihn zu ihrem Gärtchen gleich,
   Und bei jeder Rose, die sie bricht,
   Rollen Tränen ihr vom Angeficht.

3. Warum weinst Du, holde Gärtnersfrau,
   Weinst Du um das Veilchen himmelblau,
   Um die Rose, die Dein Finger bricht?
   Nein, um das alles wein ich nicht.

4. Ich weine nur um den Geliebten mein,
   Der gezogen in die Welt hinein,
   Der mir ewge Treu geschworen hat,
   Die ich als Gärtnersfrau gebrochen hab.

5. Ich, Dein Geliebter, kehre nun zurück,
   Ich blieb Dir treu und hoffte Liebesglück.
   Warum warst Du untreu in der Zeit?
   Warum brachst Du den geschwornen Eid?

6. Treue Liebe hast Du nicht gehegt,
   Aber Blumen hast Du mir gepflegt,
   Darum gieb mir, holde Gärtnersfrau,
   Einen Strauß von Deinen Veilchen blau!

7. Mit dem Blumensträußchen in der Hand
   Will ich wandern durch das ganze Land,
   Bis der Tod die müden Augen bricht —
   Leb wohl, leb wohl, vergiß mein nicht!

---

1. Es[1] war einmal ein roter Husar,
   Der liebt' sein Mädel ein ganzes Jahr,
   Ein ganzes Jahr und noch viel mehr,
   Die Liebe nahm kein Ende mehr.

2. Als der Husar in fremde Land,
   Da wurde sein Feinsliebchen krank,
   Sie wurde krank und noch viel mehr,
   Die Krankheit nahm kein Ende mehr.

3. Als der Husar die Botschaft kriegt,
   Daß sein' Allerliebste im Sterben liegt,
   Da nahm er gleich sein Hab und Gut
   Und eilt' nach seiner Allerliebsten zu.

4. Gegrüßt seist Du, Feinsliebelein,
   Was liegst Du hier im Bett allein?
   Gegrüßet seist Du, roter Husar,
   Komm, geh mit mir ins kühle Grab!

---

[1] Nach der Weise: „O Tannebaum, o Tannebaum."

5. Er nahm sie sanft in seine Arm',
   Sie wurde kalt und nicht mehr warm.
   Ach Mutter, entzünd geschwind ein Licht,
   Feinsliebchen stirbt, ich seh es nicht.

6. Wo kriegen wir die Träger her?
   Zwölf Bauersknecht die sein zu schwer,
   Zwölf rote Husaren die müssen es sein,
   Die tragen mein Feinsliebelein.

7. Nun hab ich getragen ein rotes Kleid,
   Jetzt muß ich tragen ein schwarzes Kleid.
   Ein schwarzes Kleid sechs, sieben Jahr,
   Bis daß das Kleid zerrissen war. ¹)

2. Du liebst sie bald hier und liebest sie bald dorten,
   Falsche Briefe schickst Du mir durch die Boten.
   Deine Falschheit die kenne ich so sehr,
   Andre Mädchen die liebest Du viel mehr.

3. Denn es braucht sich ja kein Gärtner zu bemühn,
   Solches Unkraut das findet man schon blühn,
   Solches Unkraut das wächset ja gar bald,
   Es mag warm sein oder es sei kalt.

4. Denn es giebt ja keine Rose ohne Dorn,
   Und es giebt auch keine Liebe ohne Sorgen,
   Denn wo zwei oder drei Verliebte sein,
   Da muß der eine gewiß betrogen sein.

---

¹) Die beiden letzten Zeilen scheinen unrichtig überliefert.

2. Zwölfe schlug's, da drang durch die Gardinen
   Plötzlich eine kalte, weiße Hand.
   Was erblickt er? Seine Wilhelminen,
   Die im Sterbekleide vor ihm stand.

3. Zittre nicht, sprach sie mit leiser Stimme,
   O Du mein Geliebter, zittre nicht!
   Ich erscheiue nicht vor dir im Grimme,
   Deiner neuen Liebe fluch ich nicht.

4. Warum traut' ich Schwache Deinen Schwüren,
   Die mir einst Dein falsches Herze gab?
   Warum ließ ich mich durch Worte rühren,
   Die nur Deine Heuchelei mir gab?

5. Unglück hatte zwar mein junges Leben
   Bis zum Tode völlig abgekürzt,
   Tugend hat mir Kraft genug gegeben,
   Daß ich nicht zur Hölle bin gestürzt.

6. Weine nicht, denn eine Welt wie diese
   Ist der Tränen, die Du weinst, nicht wert —
   Lebe wohl und sei getreu dem Mädchen,
   Das Du Dir zur Gattin hast erwählt!

7. Lebe glücklich und vergnügt auf Erden,
   Bis die Seele vor dem Throne steht,
   Wo Du einstens Rechenschaft mußt geben
   Von dem Mädchen, das Du hast verschmäht!

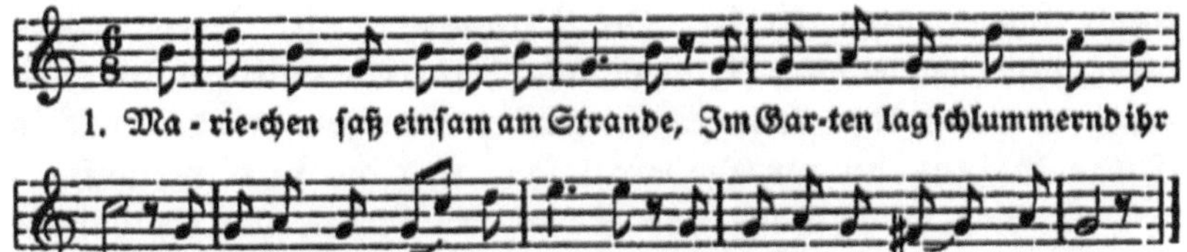

2. Sie saß so trüb und so traurig,
So hold, so geisterbleich,
Und dunkle Wolken zogen,
Und Wellen schlug der Teich.

3. Der Geier flog über die Berge,
Die Möwen ziehn stolz einher,
Das düstre Gesträuche rauschet,
Es fallen die Tropfen schwer.

4. Und von Mariechens Wangen
Die heiße Träne rinnt,
Und schluchzend in ihren Armen
Hält sie ihr schlummernd Kind.

5. Dein Vater lebt herrlich in Freuden,
Gott laß es ihm wohl ergehn!
Er gedenkt nicht an uns beiden,
Will mich und Dich nicht sehn.

6. Drum stürzen wir beid' uns hinab
In die dunkle Tiefe des Sees —
Da sind wir beide geborgen
Vor Kummer, Angst und Weh.

7. Da öffnet das Kindlein die Augen,
Schaut fröhlich auf und lacht,
Die Mutter die drückt es vor Freuden
An ihre Brust und sagt:

8. Nein nein, wir wollen leben,
Wir beide, Du und ich:
Deinem Vater sei's vergeben,
Wie glücklich machst Du mich!

Die unglückliche Liebe, die Falschheit und Untreue, das Scheiden
und Meiden war vorwiegend der Inhalt dieser Lieder, und auch
aus ihren Weisen klingt der dem norddeutschen Wesen so ver-

traute schwermütige Ernst. Die Vermittler dieser Poesie waren neben dem wandernden Handwerksburschen der guten, alten Zeit der gediente Soldat und der Leierkastenmann (de Kirbel mit 'n Dudelkassen), der zur Drehorgel sang und die Texte verkaufte.[1]

So floß unter Sang und Scherz die Arbeit der Spinnstube munter fort. Dem Mädchen wurde vom Burschen der Faden ab=gerissen oder der Wocken weggenommen. Man gab Rätsel auf, darunter freilich auch jene zweideutigen, bei denen die Mädchen er=röteten und für die der unschuldig dareinschauende Bursche eine harmlose Lösung in Bereitschaft hielt. Da wurde auch wohl zwischendurch ein Tänzchen gemacht, die Tagesneuigkeiten durch=genommen, Spukgeschichten erzählt und Dorfreime gemacht oder weiter gegeben; diese Reime, die man übrigens ähnlich auch in den Städten auf die lieben Mitbürger dichtete, zählten die einzelnen Dorfbewohner auf und charakterisierten sie mit mehr oder weniger Witz und Laune, z. B.:[2]

> Rehmens oewern Wegen (jenseits der Wege),
> Tittens mit ehr'n Tax (Dachshund) danewen,
> Pets mit de velen jungen Kinner,
> Hennings mit de velen jungen Rinner.

Dem bisher gezeichneten, im ganzen schönen und anmutenden Bilde der Spinnstube fehlen nun aber auch die unschönen Züge nicht. So war es stellenweise geradezu Sitte, daß, sobald im Laufe des Abends die Mädchen aufstanden, um sich einmal im Freien zu er=gehen, von einem Burschen das Licht auf dem Flett ausgelöscht wurde; ein wüstes Geschrei erfüllte das Haus, und allerlei Aus=schreitungen folgten.

Am Sonnabend war aus Achtung vor dem Feiertag keine Spinnstube,[3] die Mädchen gingen aber am Nachmittage einzeln mit dem Rade hierhin und dorthin, vielleicht zur Häuslingsfrau oder zu den im Dorfe wohnenden Eltern. Von Zeit zu Zeit er=

---

[1] Die truppenweise herumziehenden fremden Musikanten, gewöhnlich de Prager genannt, spielten nur auf.

[2] Als Probe aus einem Dorfreim, der 1847 in Buchholz lebte (mit=geteilt in den Harburger Anz. 4. 1. 1904).

[3] Offenbar eine weitverbreitete Sitte; selbst im Elsaß fiel an diesem Tage die „Maistube" (Mädchenstube) aus.

hielten sie auch Erlaubnis, nach einem Nachbardorf auf Besuch zu gehen und dort zugleich den Sonntag zu verbringen. Zu diesem Zwecke breiteten sie sich einen besonders großen Wocken ein, um damit zu reichen, und nahmen auch mehrere Spulen mit. Frohlockend kehrten sie dann am Sonntag Abend zur Bauerfrau zurück: So vel hew ik spunnen! Am Sonnabend Abend wurde gewöhnlich, wie schon erwähnt, gehaspelt, und stattlich nahm sich die Ecke der Stube aus, in der an den Haken Stück neben Stück hing.

Im Februar (üm Lichtmessen, 2. Februar) wurde in der Wohnstube das Webetau, dat Wew-tau,[1] aufgeschlagen, und fortan hielt der Webstuhl die Großmagd außer der Zeit des Melkens den ganzen Tag an sich gefesselt.[2] Die Hausfrau, die Häuslingsfrau und die Kleinmagd halfen ihr das Garn aufs Webetau bringen (en Wark up't Tau bringen, upmaken, uptehn oder uptrecken), der Großvater oder die Großmutter machte hinter dem Ofen die Spulen für das Weberschiffchen. Der Webstuhl blieb bis zum Mai in Benutzung; dann wurde er wieder auseinander genommen und bis zum nächsten Winter Stück für Stück weggesetzt. Die Webstühle waren durchweg aus altem Eichenholz gebaut und erbten von Geschlecht auf Geschlecht weiter: in manchen Häusern hat nachweisbar ein zweihundertjähriger Webstuhl geklappert. Das Holz war etwa 18 Centimeter dick und 30 Centimeter breit; die hintere Höhe betrug 1,70 Meter, die vordere 1,10 Meter.

War das Garn gesponnen, so wurde es zwei Stunden in dem großen Kessel mit gesiebter Holzasche gekocht. Dann wurde es mehrmals gespült, auf eine Holzstange gezogen und ruckweise gerade gezogen (stött, eigentlich gestoßen). War das geschehen, wurde durch jedes Stück unten eine zweite Stange gelegt, um das Garn vor dem Zerwehen zu schützen. Wenn das Garn

––––––––––

[1] Tau bezeichnete früher jedes Gerät (so noch in Wagen-tau = das Holz, an dem die Schwengel des Wagens befestigt werden, und Haken-tau, vgl. S. 70), also Wew-tau (mnd. weve-tau) = Webegerät. Daneben wird das einfache Tau für Webstuhl gebraucht. In der Heidmark sagt man Wew-stell (vgl. mnd. wever-stel), also „Gestell zum Weben."

[2] Die Kleinmagd lernte das Weben im Laufe der Jahre von der Frau oder der Großmagd.

troden war, ging es an die Herstellung des Aufzugs (Uptoch). Man spulte, wenn man ein „Werk machen" wollte (if will en Wark von .. El maken), das betreffende Garn auf 20 große Spulen (vgl. Fig. 20 b). Die Zahl der Binde, die auf die Spule gehörten, richtete sich nach der Ellenzahl des Gewebes. Die Spulen wurden dann auf die Scher=lidder gesteckt (Fig. 18), ein leiterähnliches Gestell, das entweder, wie auf unserer Abbildung, aufrecht auf besonderen Füßen stand oder auf zwei Stühlen lag, und nun das Garn geschert (schoren), d. h. geordnet. Der Zweck des Scherens war, die Fäden des Aufzuges in bestimmter Ordnung auf den so= genannten Scher=rahmen zu bringen.

In alter Zeit scheint als Scherrahmen ein Gestell gedient zu haben, das aus zwei kürzeren senkrechten Leisten mit Zapfen und außerdem aus zwei längeren wagerechten Verbindungsleisten bestand. Dieses Gestell wurde an beliebiger Stelle gegen die Wand gelehnt. Später ist man auf den Gedanken verfallen, die Zapfen, über denen die Fäden zu liegen kamen, in den beiden zwischen Flett und Diele stehenden Höftständern (vgl. Fig. 31) und zwar auf der dem Flett zugewandten Seite zu befestigen. In alten Häusern findet man noch vielfach Löcher an dieser Stelle, das sind, wie man be= lehrt wird, die Reste eines „Scherrahmens", ein nicht genauer Aus= druck, da ja von einem „Rahmen" in solchen Fällen keine Rede sein kann. Bei dieser Art des Scherens liefen also die Fäden über den Vorplatz oder genauer über den Anfang des Vorplatzes; daher nannte man dies oewer dat Flett scheren. Das fort= während Hinundhergehen von einem Höftständer zum anderen war nun aber ein Übelstand. So hatte man denn in vielen Häusern einen drehbaren, „runden" Scherrahmen, bei dem der Scherer (die scherende Frau, das scherende Mädchen) selbst still stand. Einen solchen zeigt Fig. 18. Er bestand aus zwei gekreuzten Rahmen; mitten durch den einen lief ein langer Stock, der gewöhnlich auf dem Flett zwischen dem Fußboden und der Decke eingestellt war und um den als Achse sich die vier von Zeit zu Zeit angestoßenen und die Fäden um sich aufwickelnden Flügel drehten. Die Zapfen waren, wie die Abbildung zeigt, teils oben, teils unten angebracht; von den einen Zapfen bis zu den anderen geschoren ergab jedes= mal einen „Gang".

Fig. 18. Scheren des Garns.

Die Anzahl der Gänge, die geschert wurden, richtete sich nach der gröberen oder feineren Beschaffenheit des Garns, und jeder Anzahl der Gänge entsprachen ein bestimmter Kamm und bestimmte Hebel. Man kannte den sechzehner, achtzehner, zwanziger Kamm und so fort bis zum vierziger Kamm. Der sechzehner Kamm wurde beim gröbsten Leinen, der vierziger beim feinsten benutzt; beim sechzehner Kamm wurden sechzehn, beim achtzehner Kamm achtzehn Gänge geschert u. s. w.[1] Selbstverständlich besaß nicht jedes Haus sämtliche Kämme und Hebel, wohl aber eine größere Anzahl, je nach Bedürfnis.

Auf die Einzelheiten des Scherens kann hier nicht eingegangen werden. Daß aber eine bedeutende Fertigkeit dazu gehörte, die zwanzig Fäden mit den zehn Fingern richtig zu leiten, leuchtet ein. Die Fäden mußten von den Spulen her so gegriffen werden, daß sie auf jeder Hand fünf Kreuze bildeten (fif ünnen, fif bawen); diese kreuzartige Anordnung wurde dann auf die Zapfen und so auf die Kette übertragen. Der betreffende Teil der Kette hieß die Lift (von dem Lesen[2] der Fäden). Durch die Lift wurde beim Weben, wie wir noch sehen werden, der „Sprung“ bewirkt und so das Durchschießen der Spule ermöglicht; den Sprung unterstützten Stöcker, die hinter den Hebeln (von der Weberin aus gerechnet) durch das aufgezogene Garn gelegt wurden (Lift=stöcker).

Nach je vier Doppelellen wurde beim Scheren das Garn bezeichnet; diese Stellen nannte man Smitten; die Schmitten stellte man gewöhnlich durch ein abfärbendes Blatt her, gewöhnlich ein Kohlblatt oder ein sogenanntes Butterblatt,[3] seltener durch ein Stück Holzkohle, da diese Flecken schwerer herauszuwaschen waren. Man bezeichnete die betreffenden Stellen, um beim Weben zu wissen, daß wieder vier Doppelellen herum waren. Dem Scheren

---

[1] War das Garn beispielsweise mit achtzehner Kamm auf das Webetau gebracht, so waren 18×20 Fäden vorhanden; diese liefen durch 180 Abteilungen des Kammes (je zwei durch dieselbe Abteilung).

[2] An dieser Deutung ist nicht zu zweifeln. So hieß es, wenn ein Versehen vorgekommen war: Du hest bi't Lesen nich uppaßt, hest en Draht utlaten.

[3] Diese Blätter wurden sonst zum Einwickeln verkaufter Butter verwendet, daher der Name.

folgte das Abscheren (Af-scheren), und nun ging es mit der Kette zum Webstuhl (Fig. 19).[1]

Zunächst galt es, sie auf den Garnbaum (Gorn-bom) zu bringen. Hierzu wurde das Garn unter dem Aufziehbaum (Up-tehner-bom) durchgezogen und um den vor der Webenden befindlichen Brustbaum (Bost-bom) geführt, dann die einzelnen Gänge durch den Rêl-kamm[2]) gelegt und nun am Garnbaum befestigt. Dies Befestigen konnte auf zweierlei Weise geschehen. In dem Garnbaum befand sich eine Rille, und in dieser lag ein herausnehmbarer Stock (Pitsch, Peitsche genannt). Um diesen wurden die Fäden gelegt, dann die wieder eingelegte Peitsche durch vorgesteckte Pflöcke in der Rille festgehalten. Einfacher war das Verfahren, das Garn an einem am Garnbaum sitzenden Stück fertigen Leinens, dem Na-laters, zu befestigen. Dem Befestigen folgte das Aufziehen. Zwei drehten den Garnbaum an, eine hielt den Relkamm (se höl den Stirt, wie man scherzhaft sagte),[3] damit das Garn „schlicht auf den Baum kam“, und die vierte recht stramm die Kette, damit das Garn „fest darauf kam.“[4] Ging das Aufziehen nicht glatt vor sich und mußten die Dreher deshalb öfter einen Augenblick mit dem Drehen aufhören, so scherzte man: Dor kummt all wedder en Sünndag. Durchschnittlich wurden aber in einer halben Stunde hundert alte Ellen aufgezogen.

Nun galt es, die Enden des aufgezogenen Garns an den Enden des vorigen Aufzuges zu befestigen. Das vorige Gewebe war

---

[1]) Die Aufnahme des Webstuhls ist unter besonders großen Schwierigkeiten erfolgt, und das Bild veranschaulicht nicht alles. Trotzdem hoffe ich, daß das Bild und die beigedruckten Erläuterungen das im Text Gebotene in mancherlei Hinsicht verständlicher machen werden. Beim Garnbaum treten die einzelnen Fäden und der Buchstabe (a) leider nicht deutlich genug hervor.

[2]) Köhler (Jahrb. 3, 161) giebt die Form Rêdel-kam, die auf mnd. rêden = fertig machen, bereiten zu weisen scheint. Wahrscheinlicher ist mir aber die Herkunft von einem rêen, einer Nebenform zu mnd. rihen = reihen (vgl. Ten Doornkaat III 21). Der Relkamm bewirkte, daß das zwischen seine Stäbchen gelegte Garn breit auf dem Garnbaum zu liegen kam.

[3]) Vom Schweineschlachten übertragen; Sinn: sie tat wenig, so gut wie nichts dabei.

[4]) Vgl. Jahrb. 3, 161.

Fig. 19. Dat Wewtau oder Wewstell (Webstuhl).

a. Garnbaum, auf dem das zu verwebende Garn sitzt und der vorn rechts drehbar ist. Man beachte, wie das Garn (der Aufzug) von ihm durch die beiden Hebel (b) nach der Weberin zu läuft, vor der Weberin das Leinen um den Brustbaum (c) liegt und dann, schräg nach unten laufend, sich um den Leinenbaum (d) aufrollt. Man erkennt, wie augenblicklich durch das Treten der der Weberin näher befindliche Hebel und damit die eine Hälfte der Aufzugsfäden heruntergezogen sind. Durch den entstandenen „Sprung“ soll der Einschlagsfaden geschossen werden, den dann die Kammlade (e) fest an das Gewebe fügen wird. f. Uptehnerbom, nur für das Aufziehen des Garns in Frage kommend. g. Slut-sche (Schließ-scheibe). h. Reste früherer Aufzüge. Lose an den Webstuhl gelehnt sind die Peitsche (i) und der Relkamm (k), über deren Verwendung beim Aufziehen des Garns der Text zu vergleichen ist.

nämlich (von der Webenden gerechnet) jenseits der Hebel abgeschnitten
worden, so daß die Fäden noch ein kleines Stück über die Hebel
hinausragten.[1] An diesen Fäden wurden nun die neu aufgezogenen
befestigt. Selbstverständlich war hierbei die Voraussetzung, daß
wieder derselbe Kamm mit denselben Hebeln Verwendung fand.[2]

Jeder der aufgezogenen Fäden stand nunmehr mit demjenigen
der beiden Hebel, durch dessen Öse er lief, in Verbindung, je zwei
benachbarte Fäden mit verschiedenen Hebeln. Waren die Liftstöcker
(vgl. S. 114) eingelegt und die Tretvorrichtung an der Slut-schê,[3]
einem viereckigen Baume unterhalb des Garnbaums, befestigt, konnte
das Weben beginnen. Die Tretvorrichtung hatte den uns schon
vom Spinnrad her bekannten Namen Tre; auch das ältere Treb
begegnet noch. Jedes Pedal war mit einem Hebel durch Riemen
verbunden. Das abwechselnde Treten der Pedale (dat Üm-pebben)
bewirkte das umschichtige Heruntergehen der Hebel[4] und damit der
Aufzugsfäden. Von diesem Auf- und Niederspringen der Fäden
unmittelbar von der Weberin stammt die schon oben erwähnte Bezeichnung für diesen Teil der Kette, de Sprunk.

Dem Einschlag gab man, bevor er aufgespult wurde, durch
folgendes einfaches Verfahren größere Weichheit und dadurch dem
Leinen größere Festigkeit: Gröberes Garn steckte man in einen Sack,
trug diesen auf die Lehmdiele oder, wenn Eis war, auf die Eis-
decke und bearbeitete ihn dort mit dem Dreschflegel. Feineres
Garn wurde ohne diese schützende Hülle gedroschen.

Beim Herstellen der Spulchen (Spölken oder lütte Spölen)
wurde die kleine, aus Rohr bestehende Spule auf ein Spulrad[5]

-----

[1] Diese Aufzugsenden hießen dat Drömt, im Mnd. drom, drum,
vgl. meine Beiträge S. 12f. Aus dem entsprechenden süddeutschen Trumm
ist das hochd. „Trümmer" entstanden.

[2] Andernfalls mußten die neuen Fäden zunächst noch durch die Ösen
der neuen Hebel gezogen werden.

[3] Der Name (Schließ-scheibe) hängt wohl damit zusammen, daß dieser
Baum, der den beiden vorderen Seitenständern des Webetaus Halt geben
sollte, beim Zusammenkeilen den Schluß bildete, zuletzt an die Reihe kam.

[4] Hier und da liefen die betreffenden Riemen über Schwengel, die
mit dem Pferdekopf versehen waren.

[5] Auf ein Spulrad steckte man auch die großen Spulen, auf die das
Garn vor dem Scheren gespult wurde (S. 112 und Fig. 20b).

gesteckt; das Garn, das aufgespult werden sollte, befand sich auf einer Garnwinde (dem Rêster), die ihrerseits auf den sogenannten Rêster-buck gesetzt war (Fig. 20a). Daß die fertige Spule in das Weberschiffchen (Schott-spol, Schet-spol) geklemmt wurde und in diesem beim Hinundherschießen des Schiffchens durch den „Sprung" das Garn sich entsprechend abwickelte, ebenso daß die zurückgezogene Kammlade oder genauer der in ihr befindliche Kamm jeden durchgeschossenen Faden glatt an das bisherige Gewebe fügte, darf als bekannt gelten.

Jedesmal, wenn etwa eine Handbreit gewebt worden war, wurde auf beiden Seiten die Spîr-rô ins Leinen gespannt; sie sollte das gewebte Stück festhalten, wie auch der Name andeutet, denn Spîr-rô ist die Sperr-rute, Sperr-scheide (von mnd. speren sperren, auseinanderbreiten). Das gewebte Leinen rollte sich um den Linnen-bôm, der durch ein Zahnrad, de Klink, stellbar war. Zeigte es sich, daß das Garn zu klabberich (fetzig) oder mürbe war, so schritt man zum Schlichten. Das Schlichten geschah so: Mit dem Nalat-stock oder Nalat-bom ließ man das Garn, soweit unterhalb des Garnbaums angelegte Bretter (de Ut-längen = Verlängerungsbretter) es gestatteten, sich nach hinten abwickeln. Das abgewickelte Garn wurde mit einer aus Roggenfeinmehl, bei gröberem Garn aus Buchweizenmehl gekochten Schlichte (Slicht) und einer besonderen Slichtel-böst gebürstet, hierauf nach dem Trocknen wieder aufgewickelt, um abgewebt zu werden.

Das Weben ging nicht immer sofort glatt von statten. Mennichmal[1] wil't nich recht springen, un de Wever mut twe,[2] dre, ok wol ver Stöcker (Liststöcker) in'n Uptoch leggen. Dat Sittelbredd[3] licht oft ok nich topaß, un so gait mennichmal en hêlen Dag hen, bet't in'n Gank kumt. Wen't erst ördentlich gait, mut en Spöulken maken un Enn's binnen, wenn de Uptoch mal rit;[4] un de Wever

---

[1] Köhler, Jahrb. 3, 161.

[2] In meiner engeren Heimat war das sofortige Hineinlegen von Liststöckern die Regel.

[3] Das Brett, auf dem die Webende sitzt.

[4] Man benutzte hierbei die Reste früherer Aufzüge, die gewöhnlich oben an der Kammlade hingen.

Fig. 20. Das Bespulen.

a. Herstellung kleiner Spulen (für das Weberschiffchen), b. großer Spulen (für das Scheren, S. 112).

ſmit de Schotſpoul un klapt mit de Kamlad', dat man ſin
egen Word nich verſtan kan. Bi ſoſtainer aber twindiger
(ſechzehner oder zwanziger) Linnen tau't dat fix (arbeitet das
Webetau ſchnell), un de Wever mut alle Ogenblick nalaten
(das Garn nachlaſſen, mit Hilfe des Nachlaßbaumes); aver bi
finer Linnen, as achtuntwindiger aber gar verdiger, gait't
man lankſam.

An das fertig gewebte Stück wurden Strippen genäht, dann
„ſtrippte“ man es mit Pflöcken zu vierwöchigem Bleichen auf dem
Raſen des Grashofes „auf.“ Alle acht Tage wurde es, in ein
altes Laken geſchlagen, in Holzaſche gekocht und geſpült und die
Lauge auf der Bük-bank mit dem Bük-holt[1]) entfernt. Das
vierte und letzte Mal kochte man das Leinen in grüner Seife.
War es in heißem und kaltem Waſſer geſpült, wurde es zum
Trocknen auf das Rick gehängt. Dann packte die Hausfrau das
Stück mit Stolz in den Leinenkoffer, in heimlicher Freude für die
heranwachſende Tochter oder zum Zerſchneiden für die Dienſtboten
(ik mut för de Denſten ſnirn, lautete der Ausdruck).

Im Grashof ſtand oft eine Leinenhütte (Linnen-hütt), in
der, beſonders in den Frühjahrswochen, ein Knecht oder eine Magd
ſchlief, um die ausgebreiteten Leinenſchätze zu bewachen. Die
Hütte beſtand aus zwei Spann Sparren; ſie war mit Stroh gedeckt und ſo hoch, daß ein Menſch gerade aufrecht hineingehen
konnte. In ihr ſtand der Tiefe nach ein Bett, neben dem ein
ſchmaler Gang zum Aus- und Anziehen der Kleider lief. Vor
der Hütte lag der Hund.

Der Leinenſtoff wurde gewöhnlich aus Hanfgarn (hempen
Gorn) gewebt; Flachs war, wie erwähnt, ſeltener, und flächſerne
Leinewand (fleſſen Linnen) fand höchſtens für beſſere Bettlaken,[2])
die Ärmel der beſſeren Hemden, z. B. der beim Tanz getragenen,
und die am Hemb feſtgenähten Kragen der Männer Verwendung.
Hanfener Aufzug mit weißwollenem Einſchlage (wullen Inſlag)
ergab den Beiderwand (mnd. beider-want „Tuch von Lein und
Wolle“), auch Halfwullen genannt. Weiter ſüdwärts, in der

---

[1]) Über dieſes das Nähere ſpäter (ſiehe Regiſter).

[2]) Dieſes Leinen war weicher als das zwar ſtarke, aber auch ſcharfe
Hanfleinen. Vgl. auch S. 92.

Heidmark mit ihrem größeren Schafreichtum, webte man reine Wolle;[1] im Nordwesten wurden reine Wollstoffe (Laken), soweit man sie überhaupt trug, schon damals gekauft. Aus der Hanfhede wurde, wie teilweise schon erwähnt worden ist, das allergewöhnlichste Leinen gewebt für Säcke, die Slubber- oder Windbüxen (vgl. Fig. 5), Schuten,[2] d. h. die beim Melken und Futtern getragenen groben Stallschürzen, grobe Handtücher und Escher-laken,[3] die großen, viereckigen Laken, in denen man Gras oder Blätter heimschaffte, indem man die Bänder der vier Ecken zusammenband und das Laken über den Nacken schlug.

Die Handtücher wurden teils, wie erwähnt, aus Hede, teils aus Hanf hergestellt. Gern wurden aus einer Breite zwei Stücke geschnitten,[4] die man dann, zusammengenäht, über die an einem Höftständer des Fletts festgehakte Rolle hängte. In diesem — meist hanfenen — Rollhandtuch (Rull-handot) trocknete sich jeder Hausgenosse; am Sonntag Morgen wurde ein neues eingespannt; zum Abtrocknen nach besonders schmutziger Arbeit hing wohl ein kürzeres Handtuch aus Hede da. Bei Festlichkeiten — einer Hochzeit, Kindtaufe — schmückte gern ein Paradehandtuch die Rolle; stellenweise, z. B. in Brietlingen bei Lüneburg, war es das Zeichen, daß noch kein Wochenbesuch angenommen wurde. Ein solches Paradehandtuch pflegte gleich in der späteren Breite gewebt zu werden, und bei ihm zeigten die Frauen gern durch die Anbringung des beliebten Gänseaugenmusters[5] ihre besondere Geschicklichkeit. Zur Verschönerung diente oft noch ein gestickter Zwischensatz,

---

[1] In der Südheide findet sich dafür der Name „Dreikamm", z. B. Niederf. 10, 203.

[2] Vgl. Brem. Wb. IV 722 Schuut = Haut, Fell. Auch die lederne Schürze des Schmiedes heißt in der Heide Schute.

[3] Das Escher-laken hängt mit „Asche" zusammen; vgl. Strodtmann, Idiot. Osnabr. (v. J. 1756): Asch-le-boock „ein grob Laken, worauf die Asche zu liegen kommt, wenn die Wäscherinnen büken." (Nach freundlicher Auskunft Dr. Walthers in Hamburg.) Vgl. auch das S. 120 erwähnte Laken.

[4] Daneben webte man aber auch sofort in richtiger Handtuchsbreite.

[5] Es hieß Gansogen-muster, nicht, wie man erwartet, Gosogen-muster; Wort und Sache stammen offenbar von den höheren Gesellschaftsschichten.

der einige Tiere oder Pflanzen aufwies, aber meistens gekauft war.

Aus derartigen besseren Handtüchern stellte man auch Tischtücher her, indem man zwei Bahnen aneinander nähte. Neben dem
Gänseaugenmuster war hier das Dickdrahtmuster beliebt, bei dem
umschichtig ein schlichter Faden und 4—6 dickere Fäden (doppelter
Leinendraht oder dicker Baumwollendraht) durchgeschossen wurden
(dickdrahtsch wewen, en dickdrahtsch Laken, en Laken ut
Dickdraht wewen). Als besonderes Talent wurde ein Mädchen
geschätzt, das das Buntweben[1] verstand; die Einzelheiten in dieser
Hinsicht sollen im Kapitel über die Tracht, zu der nunmehr über-
zugehen ist, mitgeteilt werden.

Bei der Tracht steht begreiflicherweise die Frauentracht im
Vordergrunde. Die einzelnen Stücke der Kopfbedeckung sollen
hierbei nur kurz erwähnt und erst hinterher im Zusammenhang
näher erläutert werden. Den Abschluß möge die Brauttracht und
eine kurze Darstellung der Männertracht bilden.

Die Arbeitstracht.

Das Hemd war nach alter Weise nur mit einem Ausschnitt
zum Hindurchstecken des Kopfes (lütt Kopp-lock) versehen, seine
Ärmel reichten bis zum Ellenbogen. Über ihm wurde — auch im
Sommer, aus übertriebener Furcht vor Erkältungen — ein Unter-
tuch getragen, das aus dem Halsausschnitt hervorsah, im Sommer
ein kattunenes, im Winter ein dünnes wollenes. Über das Hemd
zog man den ärmellosen, vorn mit Haken un Öschen versehenen
Rump von blau gefärbtem oder gedrucktem Leinen (drückt
Linnen), im Winter noch über diesen eine gefütterte Ärmeljacke
aus Beiderwand, weiter südlich eine aus Wolle. Der an der
Seite zugehakte Rock, ebenfalls aus Leinen oder (im Winter) aus
Beiderwand, wurde durch ein auf dem Schoß der Jacke oder des
Rumps aufgenähtes breites Queder gehalten. Man trug ihn

---

[1] bunt wewen wurde übrigens auch vom Hineinweben irgendwelcher
Muster in einfarbiges Garn gebraucht.

ſchlicht im Gegenſatz zu dem vielfach gefälltelten[1]) Rock der benach=
barten ſtadiſchen Gegenden. Stoff und Farbe des Rockes ſtimmte
gewöhnlich zu Rump und Jacke, doch wurden auch (zunächſt aller=
dings wohl nur als Sonntagstracht) geſtreifte Beiderwandröcke
mit von oben nach unten laufenden bunten Streifen (ſtripte Röck)
getragen.[2]) Bei dieſem Buntweben wurde Wolle, die der Färber
gefärbt hatte, eingeſchlagen, etwa einen Zentimeter lang ſchwarze,
dann einen Zentimeter grüne, und ſo abwechſelnd weiter. Auch
rote und braune Wolle wurde verwebt, und ſo ergaben ſich mannig=
fache Zuſammenſtellungen; oft wurde auch ein einfarbiger Ein=
ſchlag (z. B. einfaches Braun) gewählt. In der Südheide be=
gegnen wir denſelben Röcken: „die Vorliebe der Landbevölkerung
für bunte Farben zeigt ſich in den ſelbſtgewebten, aus leuchtend
roten, grünen und blauen Streifen beſtehenden Balwand=(Beider=
wand=)röcken.[3])

Im heißen Sommer, bei der Erntearbeit, trugen die Mädchen
ſich teilweiſe anders. Auf S. 75 (vgl. Fig. 9) iſt dieſer Tracht
bereits gedacht worden. Die dort erwähnte „Binderjacke“ hat
aber ihre Geſchichte. In noch älterer Zeit trugen nämlich die
Mädchen den ärmelloſen Rump, die gewöhnliche Sommertracht,
auch in der Erntezeit auf dem Felde und ſchützten, da die Hemd=
ärmel nur bis zum Ellenbogen reichten, den unteren Teil des
Armes vor Sonnenbrand und Diſteln durch ſogenannte Sünn=
ärmels (Sonnenärmel), die aus Leinen genäht waren, bis zu den
Hembärmeln über den Arm gezogen und mit dieſen durch ein
Band zuſammengebunden wurden. Mit der Zeit ſchaffte man
ſich aber ganze Binner=jacken aus ruſſiſchem Leinen an; dieſe
waren, da ſie unmittelbar über das Hemb gezogen wurden, kühler,
und es arbeitete ſich angenehmer in ihnen als in Rump un

---

[1]) Im Stadiſchen wird der Rock, nachdem die Falten eingereiht worden
ſind, mit altem Leinen bedeckt, dann heiße, eben aus dem Ofen kommende
Bröte darauf gelegt. Dieſe bleiben, bis ſie kalt ſind, darauf liegen. Die
Falten ſollen ſich dauernd halten.

[2]) Ein ſolcher geſtreifter Rock iſt z. B. bei Suhr, Ausruf in Hamburg,
Taf. 33 abgebildet.

[3]) Nach einer Korreſpondenz (Dehnings) aus Celle über Heidetrachten
des dortigen Muſeums (Lüneb. Anz. 1. 10. 1902).

Sünnärmels. Der ebenfalls S. 75 erwähnte „Pferdekopf“ (Per=
kopp) war ein gewölbter, länglicher, mit einem schwarzen Samt=
oder Atlasstreifen benähter Strohhut; bei gutem Wetter setzten
die Mädchen den besten Perkopp zu Felde auf; überraschte sie
der Regen, so schlugen sie ihn in die Schürze. Wenigstens im
Stadischen haben in älterer Zeit die Mädchen sich selbst Roggen=
halme geschnitten, diese gebleicht und daraus die Hüte herstellen
lassen.[1]) In anderen Gegenden der Heide hatte man Feldhüte aus
weißem, über Pappe befestigtem Zeug. Noch verschieden hiervon
waren die Flunker-kapotten, nach der Elbe zu Helgolänner
genannt, Hüte aus gewölbter dünner Pappe, die mit leichtem
Kattunstoff überzogen war und hinten durch Schnüre zusammen=
gehalten wurde. Zu Hause trug man im ganzen Jahre die zweite
Garnitur einer Sonntagsmütze.

Bei der Arbeit wurde schließlich eine gefärbte oder eine
vom Färber gedruckte blaue Schürze aus selbstgewebtem Leinen,
der Platen,[2]) getragen, bei gröberer Arbeit auch Beider=
wandschürzen, die man nicht selten aus anderen abgetragenen Klei=
dungsstücken zurechtschnitt; in dieser Form feiert noch heute ge=
legentlich der Kirchmantel der Urgroßmutter seine Auferstehung;
die uns schon begegnete, beim Binden getragene weiße Schürze
(Fig. 9, S. 75) hieß de Binnel-platen.

Zu Unterröcken nahm man mit Vorliebe die abgesetzten oberen
Beiderwandröcke. Wohlhabendere trugen mit der Zeit als untersten
Unterrock einen solchen aus Bergopsom (Bergen op Zoom). Es
war das ein ziemlich teures, aber weiches und sehr haltbares tuch=
artiges, gewöhnlich dunkelblaues Gewebe, das von der nieder=
ländischen Stadt Bergen op Zoom seinen Namen hatte; später
trat an seine Stelle der Flanell. Als oberster Unterrock wurde,
wenigstens im Winter, stets Beiderwand getragen. Beim Sonn=
tagsstaat bestand er oft aus neuem Beiderwandstoff, oft fand auch
ein in der Trauerzeit als Oberrock getragener schwarzgefärbter

---

[1]) Vgl. H. Müller-Brauel, Niederf. Volkstrachten (Bremen, Schüne=
mann, o. J.) S. 10.

[2]) Mnd. plate (f.) war die eiserne Brustplatte, der Brustharnisch;
spätestens im 18. Jahrhundert hat das Wort die Bedeutung Schürze an=
genommen (Richey, Hamb. Jd. und Brem. Wb. III 332).

Beiderwandrock dazu Verwendung. Im Sommer pflegten gedruckte leinene Röcke, die vorher Kleiderröcke gewesen waren, als
oberste Unterröcke getragen zu werden.

Die Sonn- und Festtagstracht.

Am Sonntagnachmittag, auch beim Tanz, war die Tracht in
Stoff und Schnitt die gleiche wie bei der Arbeit. Doch hatten
Rump und Jacke gelegentlich Knöpfe aus einem mit Silber überzogenen Metall, dem Prinzmetall,[1] und der Rock pflegte unten
mit schmalen Samtstreifen besetzt zu sein, die weithin in den Volkstrachten begegnen und sicher einer Mode der höheren Gesellschaftsschichten nachgeahmt sind. Dazu kam ein gekauftes, gewöhnlich
kattunenes Brusttuch (Bost-dok), dessen nach hinten fallenden
Zipfel eine Stecknadel hielt, ebenso wie die beiden vorderen, übers
Kreuz gelegten Enden, ferner niedrige Schuhe[2] mit Spangen
(Spänn', von mnd. dat span). Verheiratete Frauen trugen statt
des Rumps stets eine Ärmeljacke.

Hier ist die passende Stelle, über den Metallschmuck, das sogenannte Goldgeschirr, zu sprechen. Diese Gesamtbezeichnung
des weiblichen Schmuckes trifft aber erst für die letzte Stufe der
Entwicklung zu, denn der Goldschmuck wurde erst allmählich, als
die Zeiten besser wurden, an Stelle eines älteren Silberschmuckes
Mode. Über der gedruckten blauen Schürze lag ein Gürtel (Lif-
band) von gemustertem Samt, der bei den Wohlhabenden durch
ein rundes silbernes, am Rande abwechselnd mit je einem silbernen
Buckel und mehreren Glasflüssen besetztes Filigranschloß, den
Lif-haken, zusammengehalten wurde (Fig. 21). An die Stelle
von Samtgürtel und Schloß trat später, als die alte spitze Taille
der Aristokratie (de Knäp mit'n Snipp) von den bürgerlichen
Kreisen auf die Landbevölkerung überging, ein seidener Gürtel,

---

[1] In der Heide ist mir das Wort nur in verstümmelten Formen begegnet. Erwähnung des Prinzmetalls z. B. Niederf. 8, 65 (aus dem
Alten Lande).

[2] sige Schoh; bei besonders festlichen Anlässen, etwa bei der Trauung,
bestanden sie aus schwarzem Lackleder.

dat Mor-band (d. h. Band aus Moiréeseide). Seine beiden
Enden wurden durch eine goldene Schnalle, wie sie neuerdings
wieder Mode geworden ist, gezogen und hingen kreuzweis herab;

Fig. 21. Mädchen in Festtracht.
Samtgürtel (Lif-band) mit Filigranschloß (Lif-haken), Goldbroche (Dok-nadel), um
den Hals silberne Ketten (sülwerne Kern). Zur vollständigen Tracht gehört noch ein
kreuzweis übergelegtes, mit Nadeln befestigtes Brusttuch (Bost-dok).

die Schnalle saß genau unter der Spitze der Taille, zum Fest-
stecken des Gürtels dienten einfache Stecknadeln oder zwei ver-
goldete, durch ein Kettchen zusammengehaltene, rechts und links

von der Schnalle angebrachte Kopfnadeln. Zum vorhin erwähnten Gürtelschloß trug man eine ähnliche Broche (Filigranarbeit mit Glasflüssen), später traten Goldbrochen, die oft mit kleinen Bommeln versehen waren, an die Stelle. Die Broche hielt gern ein über dem Kragen liegendes seidenes Halstuch zusammen, hieraus erklärt sich ihre Bezeichnung Dok-nadel.

Den Hals schmückten — auch noch in der Zeit des Goldschmuckes — vier bis fünf silberne Ketten: sie bestanden aus kleinen, ineinander greifenden Gliedern und wurden hinten durch ein goldenes Schloß, seitwärts durch je einen goldenen Schieber zusammengehalten (sülwerne Kern mit golle Schüwers).

In der Zeit des Filigranschlosses trug man silberne, runde, mit einem geschweiften Metallstreifen durchzogene Ohrringe. Zum späteren Goldschmuck gehörten große goldene Ohrbommeln und als Armband ein zierlicher, vom Goldschmied zu einem Muster geformter Streifen Goldes, an dessen beiden Seiten zum Festhalten am Handgelenk ein Gummiband befestigt war.

Als letzter Bestandteil der Sonntagstracht kommen die von Verheirateten und Unverheirateten ohne Unterschied getragenen, später zu beschreibenden Mützen in Betracht.

Die Kirchtracht

entsprach der geschilderten Festtracht,[1] doch wurden ausschließlich, also auch von den Mädchen, leinene oder halbwollene Ärmeljacken getragen, statt des Kattuntuches von Vermögenden ein buntseidenes. Auf dem mit beiden Händen gehaltenen Gesangbuch lag das weiße baumwollene Taschentuch (Snuf-dok). Zur Kirchtracht gehörte schließlich ein Kragen und die mit einem Strich versehene Mütze. Ein Rest alter Kirchtracht hat sich wohl nur an einer Stelle erhalten, in dem durch seine Beziehungen zur Mission bekannten Hermannsburg: dort begegnet man noch einer schwarzen Haube mit einem sehr breiten Strich und hinten herabhängendem schwarzen Band.

---

[1] Hervorhebung verdient, daß an den ersten Festtagen, am Grünen Donnerstag und Stillen Freitag Frauen und Mädchen ganz in Schwarz erschienen und eine schwarze Schürze überhaupt Regel war.

Die Abendmahlstracht.

In alter Zeit trugen die Frauen zum Abendmahl ein schwarz=
seidenes, vorn kreuzweis übergelegtes und mit Nadeln festgestecktes
Timpen=dok (Zipfeltuch). Um den Hals lag eine an den Kragen

Fig. 22. Frau in Abendmahlstracht.

der geistlichen Tracht erinnernde Fres' aus weißem Shirting.
Später fielen Tuch und Frese fort, und ein weißer Kragen und
weißes oder schwarzseidenes Halstuch traten an die Stelle (Fig. 22).
Die jungen Mädchen trugen die weiße Konfirmationshaube, die

Frauen eine schwarze Haube. Statt des weißen baumwollenen Taschentuches fand später, wie bei der Hochzeit, ein weißes Mulltuch mit Spitzen Verwendung. Die jungen Mädchen trugen statt der schwarzen Schürze, zumal in älterer Zeit, eine weiße; stellenweise (z. B. im Stadischen, in Hermannsburg, bei den Dienstmädchen des bei Lüneburg liegenden Klosters Lüne) hat sich dieses Weiß der Abendmahlstracht bis in die letzten Jahrzehnte und hier und da vielleicht noch bis auf den heutigen Tag gehalten. Die Wohlhabenden erschienen beim Abendmahl im schwarzen Tuchkleid, ihrem alten Brautkleid. Die ärmeren Frauen und Mädchen begnügten sich mit schwarzem Merino (Mirna).

Seit den vierziger Jahren warf der gesteigerte Verkehr, im Norden besonders von der Elbmündung her, auch in die Stille der Heide einige Wellen; der Bauer lernte besser wirtschaften und erzielte besonders durch fleißiges Mergeln höhere Erträge; die Bevölkerung wurde — zumal nach der Verkoppelung — kaufkräftiger; der Goldschmied und der Kaufmann wurden häufiger aufgesucht; mit der steigenden Kauflust vermehrte sich auch die Zahl der ländlichen Kaufleute, die dem Bedürfnis entsprechend auf eine immer größere Auswahl in Manufakturwaren (Elenwor, Ellenware) ihr Augenmerk richteten. Wie die Männer Samtmanchester und Buckskin, so kauften die Frauen schwarzseidene Schürzen, Bergopsom (vgl. S. 124), besonders aber dunkelgrüne und braune Woll- und Tuchkleider, wie denn überhaupt die dunklen Farben in der Nordheide besonders beliebt gewesen zu sein scheinen im Gegensatz zum äußersten Süden der Heide, wo die helleren Farben überwogen. So ging mit der Besserung der wirtschaftlichen Verhältnisse die Auflösung der Volkstracht Hand in Hand.

Auch

die Kopftracht

zeigt, wie die Mode um sich greift. Es wird sich kaum bezweifeln lassen, daß die mannigfaltigen Formen der Hauben, wie sie uns in der Heide entgegentreten, in der Hauptsache erst im 19. Jahrhundert dorthin gelangt sind und das Aufkommen gerade der kostbareren unter ihnen mit den verbesserten Wirtschaftsverhältnissen der Heide zusammenfällt. Wir müssen uns also davor hüten, in ihnen etwa sehr alte Reste ländlichen Volkstums zu sehen; es sind vielmehr Erzeugnisse neuerer Mode, und als solche sind sie, wie in andere Gegenden, auch in die Heide verpflanzt worden.

Bei der Kopftracht finden wir zwei Typen nebeneinander. Die Mädchen und Frauen bedienten sich einer steifen Pappmütze,[1] die alten Frauen trugen die weiche, bequemere Moppe (Mopp oder Mupp) in Verbindung mit einem schnabelförmigen Stirnband.

Unter der Moppe (z. B. auf Fig. 17, S. 101 abgebildet) ist eine runde, den Hinterkopf bedeckende Mütze aus schwarzem Wollzeug zu verstehen. Sie war rund herum, besonders aber vorn, mit Wollspitzen benäht, die Platte am Hinterkopf oft — nicht immer — wattiert; die Mütze wurde unter dem Kinn gebunden oder seitwärts zugehakt; hinten hingen zwei Bänder aus Wollstoff herunter. Zunächst wurde das Haar ganz zurückgekämmt (risch oewer'n Kopp), am Hinterkopf zusammengegriffen und festgesteckt. Über das zurückgestrichene, ungescheitelte Haar legte man so die Binde, daß sie mit der Spitze auf die Stirn reichte, und band sie unten am Hinterkopfe fest; dann erst wurde die Moppe aufgesetzt, deren vorderer Rand an die Binde stoßen mußte.

Während im Nordwesten die Frauen erst in vorgerückten Jahren zur Moppe übergingen, scheint sie in anderen Gegenden der Heide auch schon in jüngeren Jahren von ihnen getragen worden zu sein. Das Lüneburger Museum besitzt mehrere runde, weiche Mützen aus Hanstedt (westlich von Lüneburg), die ebenfalls mit Stirnbändern getragen wurden, aber durch ihre kostbare Ausstattung die Vermutung nahelegen, daß sie nicht für den Gebrauch von Greisinnen[2] angefertigt worden sind (Fig. 23).

---

[1] Die gewöhnliche Bezeichnung der Haube ist Mütz'. Daher auch se is ög' an de Müts stött (leicht beleidigt), während es von einem Manne heißt: se hebbt em an'n Hot stött. Aber auch vom Manne sagt man: He is nich recht in de Müts (übelgelaunt), Dat is em nich na de Müts (paßt ihm nicht).

[2] Vgl. auch für die Altmark Danneil (Mopp: die Frauenmütze) und für Göttingen-Grubenhagen Schambach (Moppe: eine den ganzen Kopf bedeckende Mütze der Bäuerinnen).

Die Moppe war wohl ursprünglich eine Schlafmütze (vgl. niederl. Mop-muts Nachthaube, engl. to mope träumen, mope Schlafmütze). Von der Heide wurde sie jedoch nicht als solche

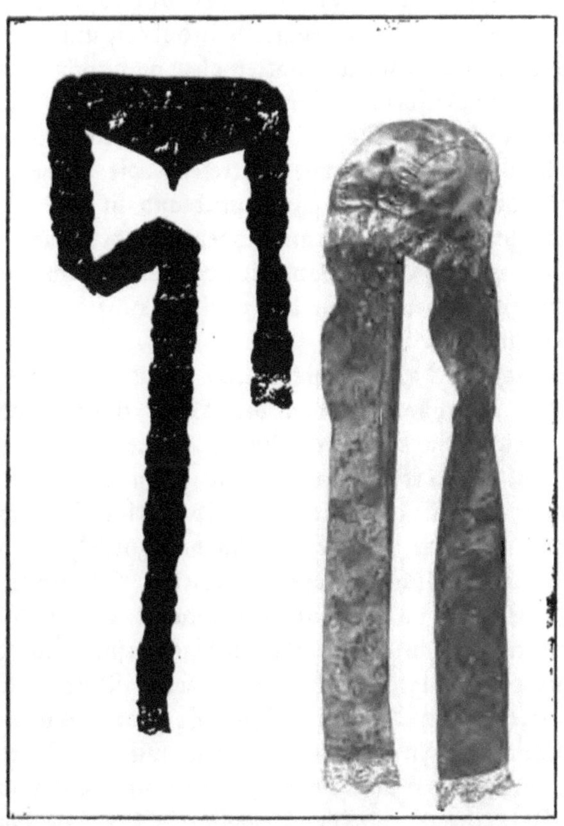

Fig. 23. Moppe mit schnabelförmigem Stirnband (Kopp-leppen) aus Hanstedt (mit silberdurchwirkter Borte besetzt). Museum in Lüneburg.

übernommen: nur die gänzlich abgetragenen Moppen benutzte man wohl als Nachtmützen, was übrigens oft auch mit den abgenutzten Pappmützen geschah.[1]

Zur Moppe gehörte, wie bemerkt, die schnabelförmige Stirn-

---

[1] Über die Moppen und die Taufmoppe der Kinder vgl. S. 1 u. 3.

binde. Die Stirnbinde ist schon ein alter Bestandteil der Tracht. Schon in mittelhochdeutscher Zeit bildet sie zusammen mit der Kinnbinde das gebende. In der Stadt Lüneburg begegnet 1488 der Ausdruck bende, de men vor det hoved lecht und ben- deken,[1] etwa hundert Jahre später windelken und parll binde- chen.[2] Diese alten Stirnbänder hatten aber noch nicht die Schnabel- form. Die Schnabelform erobert, wie von Heyden[3] gezeigt hat, von Italien im letzten Viertel des 15. Jahrhunderts ausgehend und zunächst als Trauerschneppe auftretend, die vornehmen Kreise der Kulturländer, wird dann in Deutschland in der ersten Hälfte des 18. Jahrhunderts als Trauerschneppe, aber auch in weiter- gehender Verwendung ein Bestandteil der Bürgertracht und flüchtet, durch die hohen Puderfrisuren der zweiten Hälfte verdrängt, aus den Städten auf das Land.

Vermutlich ist die schnabelförmige Binde spätestens im An- fang des 19. Jahrhunderts von der Heide übernommen worden und zwar gleichzeitig mit der Moppe. Die einstige Beziehung der Binde auf die Trauer war damals schon unbekannt. In der Heide nannte man sie gelegentlich Snipp, eine Bezeichnung, die auf das mnd. snebbe, snibbe (Schnabel) zurückgeht, weithin in Deutschland in ähnlichen Formen (Snip, Sneppe, Snippe, Schneppe, Schnippe, Schnepfe) bekannt war und sich land- schaftlich bis tief in das Jahrhundert belegen läßt, so im Bairischen, Ostfriesischen, Göttingen-Grubenhagenschen. Aber noch häufiger war die Bezeichnung dat Leppken, Leppen, Kopp-leppken, also das Läppchen, in demselben Sinne wie die Barbowieckerin vom Pletten[4] (vgl. mnd. plet-Lappen und Schambach unter Pletjen, Pletchen) und die Bewohnerin des Wendlandes vom Pletki[5] sprach. Die Moppe hat wegen ihrer Bequemlichkeit die

---

[1] Buch mit der Kette S. 57, 58. bendeken fehlt im mnd. Wb.; vgl. aber Schambach unter benneken, benneke.

[2] A 50 (Stadtbibl.), S. 340 (Rückf.)

[3] „Die Entwickelung der Trauerschneppe" (Ill. Frauenztg., Bd. 24, 1897).

[4] Daher auch die Bezeichnung Pletten-mütz für die Barbowiecker Mütze; Mütze und Stirnband sitzen übrigens bei ihr zusammen (Exemplar im Lüneburger Museum).

[5] Exemplar in der Wendischen Sammlung des Lüneburger Museums (Verzeichnis, Nr. 24).

Pappmütze noch überdauert. In einigen Fällen ist sie sogar — so von der Besitzerin eines in meinem Besitz befindlichen Exemplars — bis nahe an das Ende des 19. Jahrhunderts getragen worden, gewöhnlich dann aber schon seit einigen Jahrzehnten ohne das Stirnband.

Die Pappmütze hieß Snipp-müt (Schnabelmütze) nach dem vorn spitz zulaufenden Rande, dem genau über dem Scheitel liegenden Snipp, der allerdings hinter der ausgeprägten Schnabelform anderer Gegenden zurückbleibt. Eine Stirnbinde wurde dabei nicht angelegt.

Die Ausstattung dieser Pappmütze war im Anfang des vorigen Jahrhunderts noch sehr einfach. Schwarzes und buntes Baumwollenband bildeten in der Hauptsache die Zutaten. Erst in den dreißiger und vierziger Jahren begann die Verwendung von Seide, Spitzen und Brokat. Die Form war aber schon damals dieselbe wie bei den späteren Mützen, die nunmehr im Anschluß an eine von mir zusammengebrachte Sammlung näher beschrieben werden sollen.

Die aus drei Stücken (zwei Seitenteilen und dem Kopfteil) bestehenden, aus leichter Pappe zugeschnittenen Mützen wurden inwendig mit weißem Futter versehen und mit einem schmalen Band rund eingefaßt. Unten an beiden Seitenteilen befand sich ein Bändchen (z. B. bei Fig. 24a sichtbar), mit dem die aufgesetzte Mütze vorläufig unter dem Kinn befestigt wurde. Die bisher genannten Teile lieferte die Mützennäherin (Mützen-neiersch): die übrigen Zutaten wurden beim Kaufmann erstanden. So die 7—9 cm breiten Bänder, die am linken Ohr in einer Schleife mit herabhängenden Enden zugebunden wurden. Die Gesamtlänge der beiden Bänder betrug gewöhnlich $1\frac{1}{2}$ Meter. Das Haar wurde gescheitelt und bis zu den Schläfen hinuntergekämmt; hinten wurde es lose gelassen, um die Hand gewickelt und auf dem Kopfe festgesteckt. Das aufgewickelte Haar trug dann die Mütze, unter der es hinten 4—5 cm heraussah. Dieser sichtbare Teil hieß der Pudel;[1] jedes Mädchen legte Wert darauf, den schönsten „Pudel" im Dorfe zu haben.

---

[1] = Beutel, beutelähnlicher Wulst? mnd. pudel = Beutel, auch ostfries. pudel neben büdel.

Beim Gottesdienst und bei Hochzeiten waren die Mützen mit einem etwa 1—1¹/₂ cm hervorstehenden Strich aus weißem Tüllband benäht: dagegen wurde dieser zu Hause, am Sonntagnachmittage, bei gewöhnlichen Tanzmusiken nicht getragen; über den Strich der Trauermützen ist nachher zu sprechen. Von der Näherin wurde

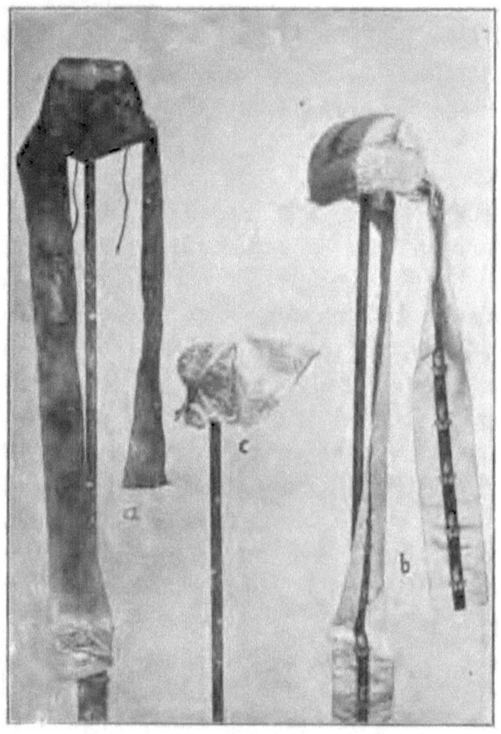

Fig. 24. Frauenmützen.
a. Knüppels-mütz (Spitzenmütze, Kirchtracht). b. Silberbrokatmütze aus dem Nordwesten.
c. Silberbrokatmütze aus der Gegend von Suderburg.

ein fortlaufendes Glanzgarnmuster hineingestickt und der Strich dann gestärkt und durch die Rillen der Knippmaschine gezogen; schließlich wurden die Fältchen (Knippen) mit einem Faden durchzogen, der beim Aufsetzen straff angezogen wurde, damit sich der Strich fest anlegte.

Eine Braut bekam eine ganze Schachtel voll Mützen mit. Der Lüneburger Patriziertochter wurde am Ende des 16. Jahr-

hunderts[1]) eine goldene Haube mit vier Reihen Perlen und fünf
weitere Hauben (eine goldene oder goldene und filberne, eine von
Gold und Seide, eine seidene und zwei weiße) mitgegeben: seit
den vierziger Jahren des 19. Jahrhunderts wurde die Tochter des
wohlhabenden Heidbauern etwa mit einem Dutzend Mützen, vielleicht zur Hälfte Seiden- und Brokatmützen, ausgesteuert. Also
auch in der Kopftracht greift damals, ebenso wie in Kleidung und
Schmuck, der Luxus um sich.

Die erwähnten Mützenschachteln verdienen eine nähere Erörterung. Sie haben nicht nur ihrer Zeit das ihnen anvertraute
Gut geschützt, sondern es auch nach dem Aussterben der alten
Tracht zusammengehalten und aufbewahrt. Wer nach altem Kopfputz sucht, wird gut tun, zunächst immer nach diesen Schachteln
zu fragen. Zwischen Holzwürmern und Kellerasseln, die sich inzwischen eingenistet haben, pflegt der gesuchte Schatz unbeschädigt
dazuliegen. Diese — länglichrunden — Schachteln wurden beim
Kaufmann, also in einer benachbarten Stadt oder beim Landkaufmann, wo schon ein solcher vorhanden war, erstanden. Die Kaufleute pflegten die Schachteln „satzweise“ (zu einem Satz gehörten
4—6 Stück) von auswärts, wie behauptet wird, aus Thüringen,
zu beziehen. Es zogen aber auch auswärtige Händler herum und
verkauften die Schachteln unmittelbar an die Frauen und Mädchen.
Die Schachteln waren bunt angestrichen, der Deckel mit Blumen
oder Figuren bemalt, oft auch mit einem Spruch versehen. Eine
aus Hollenstedt stammende und jetzt mir gehörige Schachtel, die
ersichtlich für katholische Gegenden bestimmt war, zeigt die Gottes-
mutter mit dem Jesuskinde. Im Museum zu Harburg[2]) befinden
sich Schachteln aus Artlenburg, Jesteburg, Lürade, also Orten der
Heide oder ihrer Nachbarschaft; die aus Lürade zeigt ein Liebespaar im Gespräch:

  „Ich bin die liebe Frömmigkeit“ —
  „Dort mit hats noch lange Zeit.“

Eine andere unbestimmter Herkunft hat die Aufschrift:

  „Mein hertz und dein hertz ist ein hertz,
  Im Jahr Christi 1795.“

---

[1]) A 50 (Stadtbibl.), S. 340 (Rückf.)
[2]) Vgl. den Katalog Nr. 125 ff.

Im Museum zu Lüneburg ist eine mit der Jahreszahl 1796; die dort aufbewahrten Exemplare stammen durchweg aus dem Wendlande, denn der Criwitzer Johannismarkt, der Lüchower Ostermarkt, der Markt zu Satemin werden in den Aufschriften erwähnt. Da heißt es z. B.:

„Auf dem Lüchower Oster Markt
Ich in dich verliebet warb“

(dazu ein Bild: er führt sie spazieren), oder:

„Weil die (!) Schwein ist fett und schön,
Will ich mit ihr langsam gehn“

(dazu als Bild ein Bauer, der eine Sau treibt), oder:

„Liebe Mich Wie ich Dich“

(mit einem Liebespaar). Danach scheint an manchen Stellen der Bursche dem Mädchen eine derartige Schachtel zum Geschenke gemacht zu haben.

Was

die einzelnen Arten der Mütze

betrifft, so schicke ich die Bemerkung voraus, daß im Nordwesten die durch Fig. 24a und b wiedergegebene Form weit verbreitet war. Bei der Sonntagsmütze, die, wie schon gesagt, nach einiger Abnutzung bei der täglichen Hausarbeit getragen wurde, war in der Mitte des oberen Kopfteils (an der Stelle, die bei der im übrigen noch nicht hierher gehörigen Haube Fig. 24a hervortritt) ein Stück buntgeblümtes Seidenzeug angebracht; um dieses lief in Form eines Dreiecks eine schmale schwarze Spitze. Die übrige Mütze war mit schwarzem Atlasband benäht. Zum Binden dienten bunte Seidenbänder.

Von der Sonntagsmütze verschieden waren die Kirchmützen, die man aber auch bei Hochzeiten trug. Zu diesen gehörte einmal die Fig. 24a abgebildete Knüppels-mütz, d. h. Spitzenmütze (von mnd. knuppels Spitzen, vgl. nd. knuppeln = klöppeln). Die ganze Pappe war mit bunter Seide besetzt, über dieser lag, nur in der Mitte einen kleinen Raum freilassend, wo die bunte Seide voll zur Wirkung kam, schwarze Spitze. Der Farbe des seidenen Besatzes entsprach die der Bindebänder: bei der abgebildeten Haube z. B. sind beide blau. Zu der Mütze gehörte ein Strich.

Bei anderen Kirchmützen war die Pappe mit schwarzer oder grüner Seide, auch wohl mit Samt übernäht. Auf dem oberen Kopfteil und den Seitenklappen lagen Messing- oder Blechornamente, die rote Glasflüsse umschloffen, auch runde Plättchen, die durch Kantiljen (Franfen, frz. cantille) verbunden waren. Über die Mütze zog sich schwarze Spitze, die den Metallschmuck des Kopfteils in der Hauptsache freiließ. Zu der Mütze gehörte buntes Bindeband und Strich. Ihren Namen hatte sie von dem Metallschmuck; man nannte derartige Mützen nämlich Blank-mützen und unterschied de Gel-blanke und de Witt-blanke, je nachdem die Ornamente (de Zieraten) aus Messing oder Blech bestanden. Noch wertvoller als die Blankmützen waren die mit Gold- oder Silberbrokat überzogenen, etwa 4—6 Taler kostenden Mützen; eine solche hieß de Golle, de Sülwerne. Fig. 24b zeigt eine Silberbrokatmütze: zwischen den breiten Brokatstreifen lugen oben und seitwärts Messingornamente durch, die aber hier spärlicher als auf den eigentlichen Blankmützen angebracht sind. Zu der Mütze gehörte außer dem Strich Bindeband von wechselnder Farbe. Natürlich waren die Blank- und Brokatmützen empfindlicher als die schlichte Kirchmütze, und der Himmel mußte schon besonders freundlich herabschauen, wenn er die Kirchgängerinnen in diesem Schmucke sehen wollte; hüt is Blankmützenwer — mit diesem Ausdruck meinte man deshalb das denkbar schönste Wetter, und Blankmützendag' hießen im besonderen die zweiten Festtage, an denen mit Vorliebe die Blank- und die Brokatmützen aufgesetzt wurden.

Die Abendmahlsmütze zeigt einen Unterschied zwischen Mädchen- und Frauenmütze. Die schon bei der Konfirmationsfeier erwähnte Mütze der jungen Mädchen war mit weißem Atlas überzogen. In der Mitte faßte weiße Spitze in Form eines Dreiecks ein Stück des Atlas ein; auf anderen, kostbareren umgab sie ein Stück weißgeblümter Seide. Diese kleidsame Mütze trugen die Mädchen bei der Einsegnung und dann ständig wieder zum Abendmahl, dazu weißes Bindeband und Strich. Bei der Frauenmütze war das Modell mit schwarzer Seide (oder Moirée) überzogen; darüber lagen, die Mitte freilaffend, Spitzen; dazu kam schwarzgeblümtes Seidenband und Strich. Auch diese Mütze hieß wie die eine Art der Kirchmützen Knüppelsmütze.

Die Trauermützen.

Die in tiefer Trauer getragenen bedeckte schwarzseidener duffer (glanzloser) Taft; in der Mitte waren sie mit einem größeren oder kleineren Stück schwarzen Tuches (swatt Laken) besetzt. Dazu gehörte glanzloses Band, ferner (zur Kirche) ein schlichter Strich. Bei Halbtrauer wurde das glänzendere Atlasband verwendet. Die Mitte zierte dann ein mit Spitze umgebenes Stück Seide. Dazu trug man geblümtes schwarzseidenes Band mit Strich.

Der gleichmäßigen, ausnahmslosen Verwendung dieser Kopftracht standen natürlich die ungleichen Vermögensverhältnisse im Wege. Die ärmeren Mädchen und Frauen brachten es nur selten zu einer Blankmütze, oft genug nicht einmal zu einer einfachen Kirchmütze, sondern trugen zur Kirche die mit einem Strich versehene Sontagsnachmittagsmütze.

Die geschilderte Kopftracht ist weithin in der Heide zu treffen, aber auch darüber hinaus (z. B. in der Winsener und Neuhäuser Elbmarsch) begegnen strichweise ähnliche Mützen. Andere Gegenden der Heide zeigen dagegen abweichende Formen: beispielsweise trug man in der Umgegend von Suderburg runde, sehr kleine Mützen mit um so breiterem Tüll- und Spitzenvorstoß (vgl. Fig. 24c). Westlich des Westerbecker Moors wurden die sogenannten Stürtjenmützen[1]) getragen; die Bezeichnung gehört offenbar zu Stirt (mnd. stert Zipfel) und bezieht sich auf die drei Paar Bänder, die je 40, 80 und 120 cm lang herunterhingen, während die auf das aufgetürmte Haar gesetzte Kopfform nur klein, etwa 14 cm breit, war. Überhaupt scheinen im Süden die beiden Bänder zum Binden im Gegensatz zu anderen Gegenden gleiche Länge gehabt zu haben. Doch all diese, vielfach von Willkür und Zufälligkeiten abhängenden Verschiedenheiten des Kopfputzes beweisen nur die Herrschaft der Mode.

In den siebziger Jahren wurden die Pappmützen und in der Hauptsache auch die Moppen aufgegeben: die Frauen gingen zu der aus Band und Spitzen hergestellten städtischen Putzmütze über,

---

[1]) Nach G. Wrede in Niederf. 10, 203 und näherer schriftlicher Auskunft desselben.

die jungen Mädchen begannen das Haar geflochten und zum Nest
aufgesteckt zu tragen (in Horen to gahn). Heute, wo die Gegen-
sätze zwischen Stadt und Land noch mehr verwischt sind, wo die
Wellen der städischen Moden sich nicht erst ein oder mehrere
Menschenalter später, sondern fast gleichzeitig über das flache Land
ergießen, herrscht die jeweilige städtische Frisur.

Die Brauttracht.

Auch die Brauttracht zeigt den Einfluß der städtischen Mode.
Am Ende der sechziger Jahre wurde die Tracht, wie Fig. 25 sie
zeigt, verdrängt. Dem schwarzen Orleans- oder Tuchkleid folgte
das schwarzseidene, der mit seidenen Bändern geschmückten Krone
der Myrtenkranz; auch die oberhalb der Taille befestigten Sträuße
aus künstlichen Blumen und buntem Bande wurden durch Myrten-
sträuße mit weißen Atlasbändern ersetzt. Zu der alten Tracht
gehörte ferner eine schwarzseidene Schürze (de firn Platen), die
mit breitem Samt und Spitzen besetzt war, außerdem ein kleines
weißes Halstuch, über dem die silbernen Ketten lagen. Zur Trauung trug die Braut mit gefalteten Händen das Gesangbuch, auf
dem Gesangbuch lag ein Mulltuch.

Das Haar war hochgetürmt und in einen Knoten gebunden,
daran die Krone mit Haarnadeln befestigt; stellenweise nähte man
ein kleines Stück Geld in den Kranz, die Frau hatte dann stets
Geld im Hause.[1] Die Stirn umgab ein Samtband. Die Breite
der Kronenbänder entsprach derjenigen der Mützenbänder, Rosa-
bänder mit grünen oder weißen Blumen waren besonders beliebt.
Die Höhe der Krone betrug etwa 15 cm. Ihre Herstellung erfolgte in der Weise, daß ein Drahtgestell mit Futter überzogen
und an diesem die künstlichen Blumen und die sich zitternd bewegenden
Flittern (Bewers) festgenäht wurden. Neben der kleinen, oben
offenen Form der Krone in Fig. 25 begegnet eine höhere, oben
geschlossene, die einem Bienenkorb ähnelt. Die Bänder waren im
Süden der Heide durchweg länger, sie fielen dort etwa bis in die

---

[1] Anderwärts (in Moisburg, Germania 37, 115) wurde ihr Salz und
Brot vor der Trauung in die Tasche gesteckt.

Kniegegend herab. Während im Nordwesten die an sogenanntem Silberschlangendraht befestigten Perlen[1] klein waren, erreichten sie in anderen Gegenden die Größe eines Taubeneies, so an der aus Westergellersen bei Lüneburg stammenden Krone (Fig. 26). Die Kronen wurden im Pfarrhause hergestellt und aufbewahrt und gegen Entgelt ausgeliehen; ähnlich war es in vielen Gegenden Deutschlands, und schon bei Voß birgt die Kommode von Luisens Mutter unter anderem

„die flitternden Kronen,
gewünscht von den Bräuten des Dorfes."

Über den Ursprung der Krone hat neuerdings Hottenroth (II 177) behauptet, sie sei „ohne Zweifel von Haus aus ein slawisches Erzeugnis." Aber der Hinweis, daß sie noch heute vorzugsweise in slawischen Gegenden verbreitet sei, beweist für die Herkunft der bekanntlich auch über ganz Deutschland, von den Alpentälern bis zu den Nordseeinseln, verbreiteten Krone wenig, er ist höchstens für das zähere Festhalten der Slawen an alter Tracht zu verwenden. Vielmehr ist mit Weinhold anzunehmen, daß die Sitte des Brautkranzes römischen Ursprungs und durch die Vermittlung der Kirche üblich geworden ist; aus dem kirchlichen Ursprung aber erklärt sich ungezwungen die gleichmäßige Verbreitung über germanische und slawische Gegenden.

Der Weg, den die Krone bei ihrer Wanderung zurückgelegt hat, steht im allgemeinen fest; erfreulich war es mir, ihre Spur auch im

Fig. 25.
Brauttracht im Kirchspiel
Hollenstedt (Kostümpuppe).

---

[1] Die Hauptbezugsquelle der Perlen und des Silberschlangendrahts war das noch jetzt bestehende Geschäft von Cordes in Hamburg, vom Volke Perlcordes genannt.

alten Lüneburg zu entdecken. In mittelhochdeutscher Zeit dient die Krone neben dem schapel als Brautkranz, aber auch sonst als Kopfschmuck der abligen Jungfrau, wie beispielsweise auf Föhr[1] noch um 1820 die Krone bei der Arbeit und mit einigen Änderungen

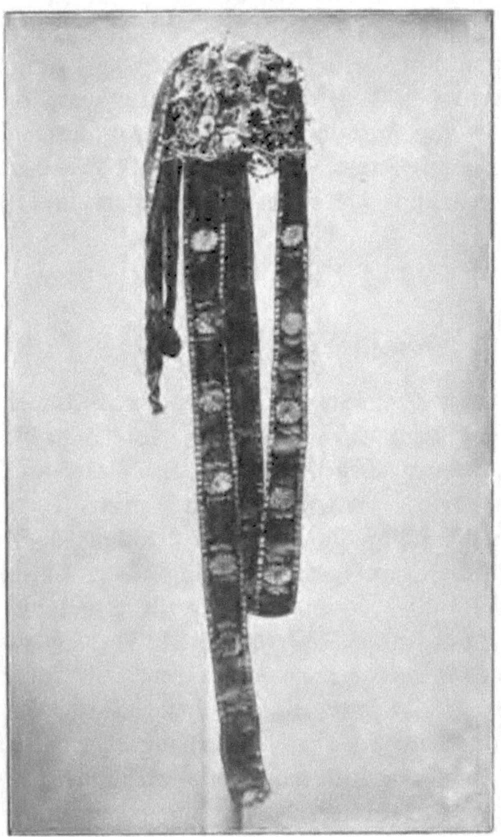

Fig. 26. Brautkrone aus Westergellersen. Museum in Lüneburg.

bei der eigenen Hochzeit getragen wurde. Dann hält sie ihren Einzug in die Städte, zunächst jedenfalls als Schmuck der Patrizier=töchter. Die erwähnten Lüneburger Quellen des 15. Jahrhunderts kennen die Brautkrone nicht. Dagegen scheint in den letzten Jahr-

---

[1] Vgl. Hottenroth II 198.

zehnten des folgenden Jahrhunderts unter der weiblichen Jugend Lüneburgs ob der Berechtigung, die Brautkrone zu tragen, ein Streit entbrannt zu sein. Wenigstens verordnet der Rat,[1] daß diese Brauttracht hinfort ein ausschließliches Vorrecht der Sülfmeistertöchter und derer von den Geschlechtern sein solle; während es diesen Bräuten auch freistehen soll, statt „under der Cronen" sich mit einem „zimlichen Perln Crantz" trauen zu lassen, wird in allen anderen „folgenden und geringeren Ständen" die Krone „abgethan und vorpotten" und statt ihrer „eine andere junckfrowliche zimliche und ehrliche Zierung [etwa der Perlenkranz] vorgonnet." Die Zeit, in der die Krone sich die Heide erobert hat, läßt sich nicht bestimmen.

Die Männertracht.

Die Männer begnügten sich an den Arbeitstagen mit ungefärbten Stoffen; strichweise wurde das ganze Jahr hindurch Leinen getragen, in anderen Gegenden trat im Winter Halbwolle oder Wolle an die Stelle. An die Weste mit zwei Reihen blanker oder schwarzer Knöpfe schloß sich die über den langen Strümpfen zugebundene Kniehose mit gleichen Knöpfen am äußeren Kniestück. Über die Hose wurde oft im Sommer zur Schonung, im Winter auch zum Schutz gegen die Kälte die Sludder-bür, über die Weste der blauleinene Kittel gezogen. Vor dem Viehfuttern warf der Knecht eine kurze Überjacke aus selbstgewebtem greisen oder blaugefärbten Leinen oder aus Beiderwand mit einer Reihe schwarzer Knöpfe, das For-hem,[2] über; es sollte verhindern, daß die Pferde an den weißen Hemdsärmeln herumschnubberten und sie besudelten.

---

[1] A 50 (Stadtbibl.), S. 339 (Rückf.) und 354 (Rückf.).

[2] D. h. „Futterhemb" (von foërn, mnd. voderen = füttern; „Hemb" hier im Sinne von Kleidungsstück.) Vgl. auch Ten Doornkaat I 541 förhemb Futterhemb, Unterjacke, Brusttuch. Die Niederf. 8, 369 gegebene Ableitung des „Futterhembs" der Jamunder in Pommern von dem roten Unterfutter ist verfehlt. Auch die Unterjacke der Mädchen hat früher stellenweise die Bezeichnung Foder-hemb geführt; so schreibt der aus Fehmarn stammende Joachim Beccau 1719 (Niederf. 9, 160):

Bei der Feldarbeit trug man einen abgenutzten cylinderförmigen Filzhut, das Spint, weiter im Süden einen Dreimaster, dre-eckten Hot. In weitem Umkreis um die Stadt Lüneburg, auch in der Winsener Marsch, im Wendland, in Bardowieck, war die Soewen- oder Regendalersmütz verbreitet, eine ziemlich hohe Schirmmütze von Seehundsfell (Sel, vgl. mnd. sel Seehund). Westlich des Westerbecker Moors in der Südheide, bei den sogenannten Hinner- moorsken (den hinter dem Moor Wohnenden), waren schirmlose schwarze Pelzmützen von der Haut der jungen, tiefschwarzen Heid- schnuckenlämmer (Lämmersch-meuschen, vgl. mnd. musche aus lat. almucium = die Kappe) in Gebrauch.[1] Außerdem muß in der Heide — nach Abbildungen Suhrs[2] zu schließen — auch ein dunkler, breitkrämpiger, halbhoher Hut getragen worden sein. Die gewöhnliche leichte Kopftracht, schon der Schulknaben, war die Zipfelmütze (vgl. Fig. 5), die im Winter gern über beide Ohren gezogen und von Erwachsenen unter dem Hute getragen wurde, die Klingbüdels-mütz oder Kepitel-mütz.[3]

Bei festlichen Gelegenheiten, etwa beim Tanze, am Sonntag- nachmittage, wurden dieselben Stoffe, aber blaugefärbt getragen. Um den Hals wurde ein dünnes, buntes Tuch gebunden. An den Knieen und auf den niedrigen, weit ausgeschnittenen Schuhen waren dann Spangen befestigt; neben den Schuhen begegnen Stulpstiefeln. Getanzt wurde in Hemdsärmeln. Zur Kirche zog man über die — im Süden oft aus buntem Kattun hergestellte — Weste eine sehr kurze blaue Jacke mit zwei Reihen derselben Knöpfe, die im Schnitt der Alltagsjacke entsprach und auch Forhem hieß. Zum Abendmahl wurde ein — oft geliehener — langer schwarzer oder

---

Dat Foderhemd sitt by so schicklich in de Follen (Falten),
Un drepeld an de Lief, as't diner Moder satt,
Do se noch Jumfer was.

Wie wir sehen werden, ist in der Lüneburger Heide die Bezeichnung allmählich auf die ähnlich aussehende Sonntagsjacke der Männer übertragen worden.

[1] G. Wrede in Niederf. 10, 203.

[2] z. B. Ausruf, Taf. 11 u. 41.

[3] Der zweite Ausdruck bezeichnet eigentlich wohl die Mütze, die das Kapitel, die Stiftsherren, beim Gottesdienst herumgehen läßt.

blauer Lakens-rock[1]) mit einer gleichen, auch wohl einer gelben hirschledernen oder manchesternen Kniehose getragen; die zugehörige langschößige Weste erreichte fast die Länge des Rockes. Im äußersten Süden, in der Celler Gegend, scheint — nach den Modellfiguren des Celler Museums — in der Fest- und Kirchtracht die rote Weste mit Messingknöpfen eine besondere Rolle gespielt zu haben. Die oben erwähnten Hinner-moorsken[2]) trugen kurze, weißgefütterte Jacken und Hosen aus oft selbstgefärbtem Dreikamm (S. 121, Anm. 1) mit einem Schlitz an der Außenseite.

So viel über die Männertracht. Sie ist in der Heide wie weithin im wesentlichen nur das erstarrte Rokokokostüm. Auch in der Heide wiederholt sich die bekannte Erscheinung, daß die Männer dem Modischen gegenüber eine geringere Widerstandskraft gezeigt und eher als die Frauen die Volkstracht aufgegeben haben.

Den sauren Wochen folgten die frohen Feste, dem Tage und seiner Arbeit die Erholungsstunden des Abends. In zwei Reihen hintereinander — wie anderwärts in Deutschland — zogen die Burschen und die Mädchen durchs Dorf und auf der Landstraße dahin, und feierlich klangen die im Winter in der Spinnstube (bi't Rad) gesungenen Lieder durch die lauschige Stille von Dorf und Flur.

Neben diesen stimmungsvollen und sich forterbenden Liedern der Spinnstube standen die flacheren, leichteren Lieder des Tanz-saals. Die Musikanten vermittelten diese modernen Erzeugnisse der Stadt dem Lande, und manches Lied wanderte dann natürlich vom Tanzsaal ins Haus und auch auf das Feld mit. Fortgesetzt drangen neue Weisen und Texte ein; die älteren wurden bald vergessen, nur einige haben ein zäheres Leben gehabt.

An Gelegenheit zum Tanzen fehlte es nicht. So war am zweiten Tage der großen kirchlichen Feste regelmäßig im Kirch-dorfe Mesik, und zwar gewöhnlich, wenn das Dorf mehrere Gast-wirte hatte, gleichzeitig bei allen. Nach der Kirche begann der

---

¹) Einen solchen trägt auch der Strumpfverkäufer aus der Heide bei Suhr, Taf. 11, während der Honigverkäufer aus der Lüneburger Heide, Taf. 41, die kurze Jacke zeigt.

²) G. Wrede in Niederf. 10, 203.

Tanz, aber es ift auch vorgekommen, daß der zum Nachmittags=
gottesdienfte fchreitende Pfarrer, den Tanzlärm hörend, unter die
entfetzten Mufikanten trat und Ruhe gebot. Auch die etwaigen
Scheibenfchießen brachten Tanzmufiken, und felbft ohne derartige
Anläffe wurden fie dann und wann von gefchäftseifrigen Wirten
veranftaltet. An den Tanzmufiken beteiligte fich nur die junge
Welt, die Söhne und Töchter, Knechte und Mägde, wie noch heute.
Außerdem gab es die fogenannten Kaffeebälle, zu denen die Ver=
heirateten befonders eingeladen wurden, häufig mit der fcherzhaften
Bemerkung: Bringt man dat Hus up 'n Boen un fmitt de
Ledder in 'n Sot[1]) (in den Brunnen); aber die Jugend gab auch
bei diefen Veranftaltungen die Haupttänzer ab. Dazu kamen der
Jahrmarkt, das Erntefeft, der Faftnachtsabend und die Hochzeiten.
Außerhalb des Kirchdorfes wurde auch oft ohne obrigkeitliche
Erlaubnis eine Tanzmufik abgehalten. „So gefchah es denn auch
(fchreibt der S. 10 angeführte Heidebewohner), daß fie das Tanzen
nicht frei hatten. So kam der Vogt . . . . . . aus H. und wollte
einen Fang machen. Wenn der ins Dorf kam, das wurde ver=
raten. Gleich wurde der Spieltifch (Mufikantentifch) hinter den
großen Feuerherd geftellt, die Branntweingläfer und Kröfe (Bier=
krüge) weggefetzt, und die Leute flüchteten in N. N. feinen Holz=
hof. War der Vogt weg, fo kamen die Leute wieder. Der Spiel=
tifch und die beiden Mufikanten darunter wurden hinter dem Herd
herausgeholt, die Gläfer und Kröfe wieder hingefetzt, und fo war
alles wieder mobil." Was die hier erwähnten „beiden Mufikanten"
betrifft, fo fei bemerkt, daß Violine und Baß die Inftrumente der
Tanzmufiken waren; bei Hochzeiten traten Clarinette und Blech=
mufik hinzu. Bei dem Tänzchen, das Knechte und Mägde dann
und wann am Sonntagabend auf dem Flett veranftalteten, be=
gnügte man fich fchon mit einem geblafenen Kamm.

Man unterfchied bunte und runde Tänze (nu gift 'n Bunten,
'n Runnen). Für die erfteren, die dem altdeutfchen Reihentanz
entfprechen, gab und giebt es auch die Gefamtbezeichnung Kuntra

---

1) Faft gleichlautend bei der Einladung zur Hochzeit im oldenburgifchen
Saterland (E. H. Meyer 172); unter Hus ift aber das Haus, nicht „der Haus=
rat", wie Meyer meint, zu verftehen. Man foll das ganze Haus auf den Boden
bringen, da alle erwartet werden, alfo niemand auf das Haus paffen kann!

(= Contretanz), zu der man noch den besonderen Namen hinzu=
setzte. So tanzte man einen Cuntra Twetritt, Cuntra Dretritt
und Cuntra mit de Windmoehl; später traten die Schotts=
kedrilje (frz. quadrille) und die Française hinzu. Für das
niedersächsische Trachtenfest in Scheeßel (am 24. und 25. Sep=
tember 1904) stellte die Einladung flotte „Bunte" in Aussicht:
Schottisch=Kadrillje un Kuntrahupsa, Föftehalfturigen
un Kuntraachterrüm, Windmüller un Kuntrabreetritt.
Auch in der Südheide werden neuerdings alte Tanzweisen wie
Lustig vörn Disch und Achterhalfturig mit en Nahklapp
besonders gepflegt und so lebendig erhalten oder erneuert (vgl.
Nieders. 9, Heft 11).

Der Cuntra mit de Windmoehl hatte beispielsweise seinen
Namen von einer sich mehrfach wiederholenden Tour, bei der die
Tanzenden eine Windmühle darstellten. Die vier Mädchen jedes
Carrés, jeder Petê (Partie), traten mit dem Rücken zusammen
und waren die Windmühle, die vier Tänzer drehten sich als Flügel,
in die Hände klappend, um sie herum. Die bunten Tänze, zumal
die älteren, wurden wenigstens teilweise mit Gesang begleitet.
Diese Texte waren vielfach nur Einfälle der Musikanten, wie diese
denn auch mit Vorliebe an den betreffenden Stellen mitsangen.
Aber auch die Burschen stimmten ein, und die Mädchen sahen
nicht selten verlegen drein, denn salonfähig waren die Texte
nicht immer.

Diejenigen Paare, die bei einem Rundtanz getanzt hatten und
nun hintereinander stehend ausruhten, bis die Reihe wieder an sie
kam, hielten, wie der Ausdruck lautete, „Solo"; hier liegt anscheinend
eine Begriffsverschiebung vor, denn Solo (allein) läßt vermuten,
daß diese Wendung ursprünglich von solchen, die allein tanzten, ge=
braucht und erst später auf die Pausierenden übertragen worden ist.

Heute überwiegen die Rundtänze, und zwar so, daß auf mehrere
(etwa drei bis vier) erst ein Contretanz folgt. Vor fünfzig Jahren
stand man dem altdeutschen Gebrauche, der bekanntlich nur Reigen
kannte,[1] noch näher: man tanzte nur bunte Tänze, hinterher folgte
dann wohl ein kurzer Rundtanz. Vier Paare stellten sich beim

---

[1] Über das Aufkommen der Rundtänze (in Ditmarschen um 1550)
vgl. E. H. Meyer 159.

„Cuntra" oben vor dem Musikantentisch auf. Derjenige, der den Tanz bestellt hatte, warf ein Vierschillingsstück auf den Musikantentisch, außerdem gab jeder der drei anderen Tänzer einen Doppelschilling. Die übrigen Carrés tanzten umsonst mit. Bei dem folgenden Tanze wurde das erste Carré das zweite, und das frühere zweite hatte die Ehre, bawen vör'n Disch to danzen, und zahlte dafür. So ging es weiter. Es gab aber auch solche, die sich nicht nach oben drängten und diesem Ehrgeiz auch nicht huldigen konnten, sondern den Abend und die Nacht umsonst dem Tanze huldigten: eine derartige Runde pflegte ganz unten bei der Großen Tür, bis wohin die Tanzbrücke gewöhnlich nicht reichte, auf der bloßen Diele zu tanzen, und solche Tänzer hießen deshalb Mull-dänzers. Das war die gute alte Zeit, in der man das teure Tanzgeld von heute noch nicht kannte und, wie ein ergrauter Bauer gelegentlich meinte, mit einem Schilling in der Tasche (soviel kostete nämlich ein Schnaps) ein frohes Tanzfest mitmachen und doch „ehrlich" bleiben konnte.

Getanzt wurde durchweg linksum. Burschen und Mädchen waren, wie früher bemerkt, wenigstens bei den sommerlichen Tanzmusiken in Hembsärmeln. Daß der Tänzer stundenlang mit demselben Mädchen tanzte, war die Regel. Daher traten die Tänzer zum Contretanz für sich an, ohne Tänzerin; ihr Händeklappen genügte, daß sich bei jedem seine Partnerin einfand. Die Mauerblümchen tanzten, wie der Volkswitz sagte, mit Stänner-fritz (Ständerfritz) un Bank-jehann oder Bank-hans oder mit Lur-up un Stah-man (Laure auf, Steh nur).

Unter den zum Teil aus dem Hochdeutschen herübergenommenen Singweisen waren folgende besonders beliebt: Lott' is dot, O Du lewer Augustin, As unf' Großvader de Großmudder nöhm, Giftern Awend wür Vadder Michel dor. Nach der Melodie von „Feinsliebchen unter dem Rebenbach" erklang der Walzer:

> Hatten Lena mit de Newelkapp,[1]
> Kiek mal to'n Finster rut,
> Mak apen mal din Etelschapp (Eßschrank),
> Min Magen bellt gans lut.

---

[1] Die im Winter getragene Nebelkappe bestand aus gefüttertem Wollatlas und war mit billigem Pelz verbrämt. Sie bedeckte Kopf und Nacken und wurde unter dem Kinne zugehakt oder zugebunden.

10*

Un wenn Du noch wot oewer heft,
So lang man her den leften Reft!
Hatten Lena mit de Newelkapp,
Kiek mal to'n Finfter rut!

Ein Rheinländer war:

In vorgerückter Stunde tanzte man gern den Finger=fchotts. Die Paare traten hintereinander an, indem Tänzer und Tänzerin fich anfahen:

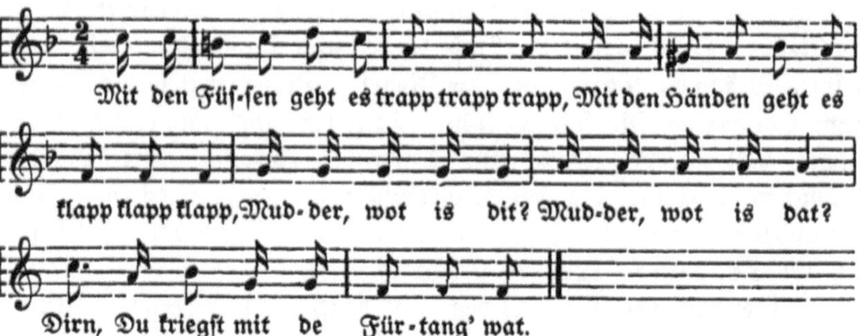

Bei trapp trapp trapp wurde aufgeftampft, bei klapp klapp klapp in die Hände geklatfcht, die folgende Zeile mit fchalk= haftem Drohen des rechten und dann des linken Zeigefingers be= gleitet (woher der Name des Tanzes ftammt), bei der Schlußzeile drehte man fich.[1] Daran fchloß fich ein kurzer Rundtanz ohne Gefang nach folgender Mufik:

---

[1] In anderen, leider nicht näher bezeichneten Gegenden der Lüneburger Heide fang man auch den Anfang plattdeutfch: Mit de Fäuten trapp trapp trapp, Mit de Händen klapp klapp klapp (Niederf., Nr. vom 1. Febr. 1903).

Nach diesem Rundtanz trat man aufs neue an. —

In derselben Weise stellten sich die Tanzenden bei dem nach Text und Weise wohl bekannten Liede „Herr Schmidt, Herr Schmidt, Was kriegt denn Julchen mit?“ auf, doch so, daß die untere Hälfte des Saales freiblieb; bis etwa zwanzig Paare konnten sich nach den gewöhnlichen Raumverhältnissen beteiligen. Mit Vorliebe wurde der Tanz verlangt, wenn die Festfreude ihren Höhepunkt erreicht hatte, auch als letzter Tanz. Neben dem hoch=deutschen Text wurde auch ein derberer niederdeutscher gesungen. Bei diesem „lustigen“ Tanz pflegten alle ohne Ausnahme, Männer und Frauen, Burschen und Mädchen, auch die sich vom Platze erhebenden Musikanten, mitzusingen. Tänzer und Tänzerin hatten sich kreuzüber bei den Händen gefaßt. Der eine Fuß war vor=gestellt: „Herr Schmidt“, die Fußstellung wurde gewechselt; „Herr Schmidt“, wieder Wechsel der Fußstellung; „Was kriegt denn Julchen mit“, dreifacher Wechsel, und so fort. Bei der zweiten Hälfte (’n Schleier und ’n Federhut Der steht dem Julchen gar zu gut) rutschte man, indem man die Hände ohne Kreuzung ineinander legte, die Diele hinab und hinauf, bis die Tour aufs neue begann. Laute Juchzer begleiteten den Gesang und die sprung=haften Schritte, die Mützenbänder der Frauen und Mädchen flatterten, und in die hellen Töne der Violine mischten sich die dumpfen des Brummbasses und der auf den beiden Seiten der Diele in den Ställen stehenden Kühe. Alte Frauen erzählen noch heute mit Begeisterung von diesem Tanz, dem „Rutscher“. „Wot würen we man nich vergnögt in unf’ linnen, drückten Röck un de Jungens in ehr Hemmsmaugen, ewenso vergnögt as nu up de groten Saalen (den großen Sälen) un in siden un halfsiden Kleder!“

Ein Walzer war folgender Tanz:[1]

2. Hans, hür ins, Hans, hür ins, unf' Wittkopp hett'n Kalf,
Hett'n Kohkalf, hett'n Kohkalf, gift'n Stewel vull Melk.
Unf' Großmudder ehr Gôtheit (Güte) kummt ok noch rup de Del,
Hett'n Mütz up, hett'n Band an von de achtteihnfterhalf El.

3. Eija poleija, wot weiet de Wind?
Achter unfen Huf' dor ftünn fo'n grot Ding,
Harr funn' lang'n Snawel un harr funn' lange Ven,
Heff in min Lewen funn' Dings noch nich fehn.

4. Achter unf' Backhus dor danzen por Zegen,
Mudder, wot wullt Du Din Dochder mitgewen?
Twintig Por Tüffeln un dörtig Por Schoh,
Dor lat fe mit reifen na'n Kuckuck hinto.

Ein wohl den meiften Lefern bekanntes Tanzlied, das eben=
falls den Kindern vorgefungen wurde, war: Hänsken fet in 'n
Schoften un flickte fine Schoh.[2] Ein anderes war:

[1] Vielleicht handelt es fich um zwei Lieder; jedenfalls wurden fie nach
derfelben Weife getanzt. Ich gebe den Text wieder, foweit er mir einigermaßen feftzuftehen fcheint; auch die Reihenfolge der Strophen ift zweifelhaft.
Str. 3 und 4 waren vielleicht einft ein Wiegenlied.
[2] Vgl. Böhme Nr. 578, Niederd. Liederbuch (Hamburg und Leipzig 1884)
S. 53 und zur Überlieferung ebenda S. 104.

¹) In Weferlingen (a. b. oberen Aller, außerhalb der Heide) fang man: Denn krieg
if en nien Rock (Nieberf. 8, 288). Zu dem Text vgl. auch Böhme I Nr. 617.

Der folgende Vers:

> Danz mit mir, danz mit mir,
> If heff funn' bunten Platen für.
> Mit mi ok, mit mi ok,
> Min de is von Kammerbok¹)

gehört nach Böhme (II Nr. 178) zu dem weithin nachweisbaren
Mädchenreigen der „naffen Brücke" (Nr. 170 ff.). Die Mädchen
brehten sich im Kreise und sangen:

> Es regnet auf der Brücke,
> Und alles das war naß;
> Es hat mich was verbroffen,
> Ich weiß wohl was.

Darauf paarweifer Tanz, indem die obigen Worte gefungen²)
wurden, deren Anfang bei Böhme lautet:

> Komm, tanz mit mir, komm, tanz mit mir,
> Ich hab' ne bunte Schürze für.

Zu den mit Tanz verbundenen jährlich wiederkehrenden Festen
gehörte der Jahrmarkt des Kirchdorfes (dat Mark). Ein Karuffel
und ein halbes Dutzend Buden waren aufgeschlagen. Befonderen
Zuspruch von den Mädchen und Frauen hatte der „Bandjube",

---

¹) Batift, eigentlich Tuch aus Cambray in Frankreich (mnd. kamer-bôk).
²) Nach der Weife „Lott' ist tot", Böhme S. 706. Die Reime sprechen
dafür, daß die beiden erften Zeilen ursprünglich hochdeutsch (mir: für), dagegen die beiden letzten (ôk: Dôk) sofort niederdeutsch waren.

der oft in Ermangelung eines Zeltes auf einer Scheunendiele seine Waren ausgelegt hatte. Um die Hüte des Stadtkaufmanns rissen sich die Mädchen; jedes wollte den schönsten Perkopp erstehen. In allen Wirtshäusern war Tanz, auf der Diele oder im oberen Stockwerk des Speichers, zu dem man auf schmaler Treppe emporklomm. In den einzelnen Bauerhäusern waren regelmäßig Verwandte und Bekannte von auswärts; mit ihrer Abspeisung hatten die Hausfrauen den ganzen Tag zu tun, so daß ihnen selbst die Festfreude in unliebsamer Weise beschränkt wurde — ein Umstand, der neben der zunehmenden Zahl eingesessener Kaufleute später an vielen Stellen zur Abschaffung des Jahrmarktes geführt hat.

Dem Karneval entsprach der Fastlam oder Fastabend (eine Zusammenziehung des mnd. vastel-avent, das sich an einigen Stellen der Heide noch erhalten hat). Auch der Ausdruck Notenber (Genossenbier, vgl. S. 79, Anm.) kam und kommt dafür vor, weiter südlich auch Bu(e)rn-ber. Gefeiert wurde am Sonntag und Montag; anderwärts wurde am Sonntag alles vorbereitet und von Montag bis Donnerstag Mittag gefeiert. Während das Fest heute lediglich ein Tanzvergnügen ist, war es früher wenigstens mit einem volkstümlichen Bestandteil verbunden. Am zweiten Tage zogen die jungen Leute mit einigen Körben, die Musik voran, um die Mittagszeit ins Dorf. In den einzelnen Häusern tanzten sie unter sich und baten dann um Gaben, Eier und Würste. Schließlich ging es zum Wirtshaus, wo sie sich die Gaben bereiten ließen und verzehrten. Allmählich fanden sich die Mädchen, auch die verheirateten Leute, ein — und nun begann der Tanz. Stellenweise (z. B. in Emmelndorf bei Hittfeld) war es Sitte, am Schluß des Festes, Donnerstag Mittag, eine gefüllte Branntweinflasche einzugraben, die bei der nächsten Fastnacht wieder hervorgeholt wurde; anderwärts (z. B. in Rade bei Hollenstedt) geschah dieses am Erntefest; man nannte diesen Akt, der sinnbildlich das Ende der Feier vorführte, den Fastlam (den Ohrendag) ingrawen.

Ein Volksfest im besten Sinne des Wortes war das Erntefest, der Ohrendag.[1]) Man feierte das Fest nicht wie heute, wo

---

[1]) In der Südheide begegnet der Name Vergoden-beel (z. B. Niederf. 9, 308). Der letzte Busch Roggen, den man umtanzte, bevor er abgehauen wurde, hatte dort den Namen Vergodenbeels-struß (Zeitung 1902),

es ebenfalls zu einer bloßen Tanzerei herabgesunken ist und nur
noch der Erntekranz und das bekränzte Orchester an den eigentlichen
Zweck erinnern, bei einem Gastwirte, sondern abwechselnd in den
Bauerhäusern. Hatte in dem einen Jahre der Besitzer von Haus 1
das Fest, so im folgenden der von 2, und so fort. Auf der Großen
Diele wurde eine Tanzbrücke gelegt, etwa an der Grenze zwischen
Diele und Flett kam der lange Musikantentisch zu stehen. Es
wurde geschlachtet und gebacken. Alles war für Geld zu haben;
nur das Bier und den Koem (Kümmel, Branntewein) hielten die
Burschen selbst, beides gab es umsonst. Dafür hatte aber jeder,
mit Ausnahme der auswärtigen Frauen und Mädchen, einen bestimmten Betrag zu entrichten; selbst die einheimischen Mädchen
zahlten (8 Schilling) und gaben außerdem noch etwas für das
Papier und Gnibbergold des Erntekranzes.

Über dem Musikantentische war ein Tannengewinde angebracht, in dem man bunt durcheinander Roggen- und Haferähren,
Buchweizen, Wurzeln, Steckrüben, Runkeln, Vogelbeeren, Blumen
und Äpfel sah. Auf der Diele hingen geliehene Lampen am Boden,
der wegen der Feuersgefahr gewöhnlich durch Koken-platen
(Kuchenplatten) geschützt war.

Der Hauptschmuck war die Erntekrone; schon tagelang vorher
hatten die Mädchen sie in dem Hause, an dem das vorjährige
Erntefest begangen worden war und in dem auch die Reste der
letzten Krone aufbewahrt wurden, hergestellt. Über zwei etwa
60 Centimeter langen Querhölzern erhoben sich die Bügel (gewöhnlich Tonnenreifen). Diese wurden mit Tannenzweigen, Vogelbeeren, Ähren und Buchsbaum bebunden und an ihnen Bänder
aus buntem Papier befestigt, die mit allerlei zurechtgeschnittenen
Figuren aus Gnibbergold benäht waren. Auch an den Querhölzern
wurde Tannengrün befestigt, und Vogelbeerketten und Vögel (aus-
gepustete Eier, mit Kopf und Schwanz versehen und mit Gold-
und Silberpapier beklebt) schaukelten darunter.

Am Nachmittage des ersten Tages, des Sonntags, wurde in

---

d. h. Strauß, der den Anteil der hier als Erntegöttin auftretenden Frau
Gode bildete. Von diesem Strauß, der übrigens in älterer Zeit wohl nicht
abgehauen wurde, sondern stehen blieb, ist der Name auf das ganze Fest
übertragen worden.

feierlichem Zuge — die Musikanten voran, die Burschen und Mädchen dahinter — der Kranz abgeholt. Auf einer Stange trug man ihn zum Festhause, wo er mittelst einer Strichöse am Boden aufgehängt wurde. Und nun flog das junge Volk der Schnitter zum Tanz, und zu ihnen gesellten sich die Alten. Am anderen Vormittag durften Knechte und Mägde, wenn das Vieh gefüttert worden war, ausschlafen; es war ja ihr Fest. Am Nachmittag begann die Feier aufs neue. Zum Schluß ging es an das Plündern des Kranzes. Die Kinder wurden hinangehoben; jedes pflückte, was es bekommen konnte, heraus.

Wenn in der Heide der Mutter statt des erwarteten Söhnchens ein Mädchen beschert wird, meint sie wohl mit einem verbreiteten Trostwort: Dor kann 'n de Jungens mit fangen. Und die „Jungens“ lassen und ließen sich fangen, und auch das Mädchen ohne Schönheit fand seinen Liebhaber. Dor is ken Putt so schef, dor paßt 'n Deckel up und — De Lew fallt towilen up 'n Rosenblatt, towilen up 'n Kohklack. Es hieß auch: Dat is man 'ne ulle flechte Dirn, de kenen Broegam hett. Es hängt eben vom Mädchen selbst zum Teil ab, ob sie einen Mann bekommt: Dat is nich allên 'n Gottbescheren, dat het ok: Mäken, dreih di dor nah! Wie sah nun das Ideal der Bauersöhne aus? Rothaarige Mädchen, enen Voß (Fuchs), mochten sie nicht leiden, die waren falsch,[1] die hatten „einen im Sinn.“ Ein gesundes Mädchen mußte es sein, rejalig (reell), un düchdig arbeiden müß se künnen[2] un 'n beten inne

---

[1] Vgl. auch W. Schröder, De plattd. Sprückwörder-Schatz Nr. 846: Rohde Haar un Ellernholt waßt up keenen gooden Grund.

[2] Der Vorwurf der Trägheit (de ull Dirn arbeit nich) war einer der schlimmsten für ein unverheiratetes Mädchen; nach einem solchen pflegte „keine Nachfrage zu sein,“ ja die Dorfmädchen selbst verachteten und verhöhnten sie.

Melk to krömen (zu brocken) hemm'n, d. h. eine Aussteuer, ein paar Kühe und Schweine und etwas Geld mitbekommen; un schier un slank müß se wen, ken ulle Slentertasch.

> Lütt un dick
> Hett ken Schick,
> Slank un klen (zierlich, in der Taille)
> Dat lett sik sehn.

Ein anderer Vers sagte:

> Kopp glatt, Fot glatt
> Is de halwe Brutschatt. [1]

Die Frage, ob er und sie gut miteinander auskommen würden, war von untergeordneter Bedeutung. In einem Läuschen des Heidebichters Friedrich Freudenthal, dem „Upgebot", fragt der Pastor einen Bauern, der seine Verlobung anzeigt und aufgeboten werden will: Un hett dat Mäken ok enen goden Charakter? Ward Se ok glücklich mit ehr lewen? und erhält die Antwort: Ja — a, Herr Pastor, dar is mi nich bang vör — se weet mit Kalwer un Swin got ümtogahn. Stellenweise bedeutete „Charakter" in der Heide so viel wie eigensinniges oder aufsässiges Wesen und wurde so besonders mit Bezug auf die Dienstboten gebraucht. Bescheidenheit, Gehorsam und Arbeitswilligkeit waren eben selbstverständliche Dinge, dagegen wurde Eigensinn und Aufsässigkeit als etwas Besonderes, als eine Abweichung von dem Typus der dienenden Jugend empfunden und daher mit „Charakter" bezeichnet. So wurde denn ein Mädchen, in dem „ein Charakter steckte", eher gemieden als begehrt.

Die Mädchen teilten die junge männliche Welt in zwei Gruppen: die einen mochten die Sinnigen (Verständigen, Ruhigen) lieber, die anderen die Bratschigen (Derben, Ausgelassenen). Bezeichnenderweise tritt der einzige Rest der Wortsippe „Treue, treu", das Wort tro-hattig, fast nur in der Verbindung en trohattigen Burßen auf; das war und ist in der Heide die Bezeichnung für den treuen Liebhaber. Gemischte Ehen waren in diesen rein

---

lutherischen Gegenden an sich so gut wie ausgeschlossen, aber der Volkswitz hat sich doch gemüßigt gesehen, auch hier sein Urteil abzugeben:

> Twe Glowens up enen Küssen,
> Dor ligt de Düwel mirden (mitten) twüschen.

Es versteht sich von selbst, daß mannigfacher Volksglaube diesen erwartungsvollen Lebensabschnitt erfüllt. Das Mädchen muß die Katzen, die Lieblingstiere der altgermanischen Liebesgöttin, gut füttern, damit an seinem Hochzeitstage die Sonne scheint. Regnet es dann doch, so fehlt es auch nicht an einem Troste: Wenn't de Brut in 'n Kranz regent, denn regent dat Glück rin. Kochendes Aufwaschwasser und drei brennende Lampen in einem Raume deuten auf eine heimliche Braut. Löst sich bei einem Mädchen das Schürzenband, so daß die Schürze wegzufallen droht, so freit „er" mit einer andern. Spitze und scharfe Gegenstände dürfen Verliebte sich nicht schenken, da die Liebe durch sie zerschnitten wird. Ißt ein Mädchen den untersten Brodknust, den Brumm-knust, so sind die „Jungens" fortgesetzt brummig zu ihr; sollen sie mit ihr scherzen, so muß sie den obersten, den Lach-knust, essen.[1] Ein Spinngewebe bezeichnet man als ein grot Brut-laken.[2] Durch ein eigenartiges Mittel verschafft sich das Mädchen über den Zukünftigen Aufschluß: wenn sie in einer Erbse zehn Erbsenkörner findet, ißt sie neun und legt das zehnte unter den Süll (die untere Lage) der Stuben- oder Haustür. Der Anfangsbuchstabe vom Vornamen desjenigen Mannes, der zuerst hinübergeht, ist der Anfangsbuchstabe vom Zunamen ihres einstigen Mannes. Dieselbe Wirkung erzielt man, wenn man ein im Grobbrod gefundenes heiles Roggenkorn dorthin legt.

---

[1] Man glaubt auch, daß das Essen dieser Knüste auf das Mädchen selbst diese Wirkungen übe.

[2] In Markoldendorf (Südhannover): Da hänget mal 'n graut Briutlaken, Niederf. 8, 390. Im Stadischen (z. B. zwischen Stade und Curhaven) deutet man solches Spinngewebe als einen großen Brutfleier. Verwandt ist der aus dem Braunschweigischen (Andree 296) bezeugte Glaube, daß viel Spinnen in den Häusern viel Freier der Jungfern bedeuten, anscheinend deshalb, weil eine Braut besonders eifrig spinnen und weben muß. Wie hier die Spinnen als „Vörlat" der Braut zu fassen sind, so das Spinngewebe als „Vörlat" des Brautlakens oder Brautschleiers.

Ein bemerkenswerter und ähnlich auch anderwärts[1] begegnender Brauch ist der folgende: wird einem Burschen das Mädchen, mit dem er schon halb und halb verlobt gesagt wurde, weggeheiratet, so wird ihm von den schadenfrohen anderen Burschen nachts ein Bienenkorb aufs Haus gesetzt; genau so ergeht es einem Mädchen im umgekehrten Falle.

In der Regel sollen die Mädchen einer Familie der Reihe nach sich verloben. Wird ausnahmsweise eine jüngere zuerst gefreit, so entschuldigen die Bekanntenkreise das mit der launigen Bemerkung: de Üllst is so lang’ in ’n Backawen schawen.

Oft fand sich das Herz zum Herzen, er tanzte mit ihr und erschien zum Fensterln (wür achter ehrn Finster). Oft war der hartnäckige Wille der Eltern maßgebend; der Tochter wurde vorgeredet: dat is en gode Frê,[2] und gewöhnlich heiratete dann das Geld das Geld; se sünd tohop snackt, sagte die Welt. Manche Ehe stiftete der Freiwerber oder die Freiwerberin.

Wollte ein Bauersohn heiraten, so schickte er den Freiwerber zu seiner Erkorenen, wenn er sich vorher nicht selbst mit ihr versprochen hatte. Gewöhnlich war es der nächste Verwandte. Goden Dag — Goden Dag ok — dann einige gewöhnliche Redensarten und schließlich rückte er mit der Sache heraus: Wüllt Ji uns jon (euer) Lischen don? War der Antrag willkommen, so wurde tüchtig aufgetischt. Der Freiwerber nahm das Jawort gleich mit; für seinen Dienst erhielt er (ebenso eine Freiwerberin)[3] ein flächsenes

---

[1] So wird im Kreise Einbeck (Südhannover) in der Brautnacht dem verlassenen Teil ein Strohmann oder ein Strohweib in die Nähe seines Wohnhauses gesetzt, Niederf. 8, 390. In Scheeffel (im Stadischen) war es Brauch, daß beim Bekanntwerden einer Verlobung die Altersgenossen der Braut nachts eine Immenkiepe auf den vorderen Giebel des Brauthauses setzten, Niederf. 10, 160.

[2] = Heirat. Der gewöhnliche Ausdruck für „heiraten“ ist frêen daneben kennt man in der Südheide den Ausdruck sik beminschen im Sinne von „sich beweiben,“ wie schon mnd. minsche, mensche nicht nur „Mensch“ bedeutet, sondern auch, und zwar ohne verächtlichen Nebensinn, weibliche Wesen bezeichnet.

[3] Von einer Frau, die mehrere Schürzen vorgebunden hat, sagt man, sie gehe auf Freiwerberei aus. Über den Grund dieser Ausdrucksweise habe ich nichts Näheres ermitteln können.

Hemd. Auch schickten, wenn ein Bauersohn vor dem Heiraten stand, verschiedene Eltern[1] Freiwerber hin und ließen ihm ihre Tochter mit näheren Angaben über die Mitgift anstellen. Oder wenn einer ein Mädchen heiraten wollte, das er nur hatte rühmen hören und selbst nicht kannte (harr noch gor nich mal mit ehr danzt), so wurde der Freiwerber geschickt, um ein Schwein oder eine Kuh zu kaufen. Er sah die Tiere; das Mädchen erschien und mußte Auskunft geben; dabei lernte er sie näher kennen; nun erklärte er, er wolle sich wegen des Handels besinnen, und fragte, wenn jene ihm gefiel, die Eltern, ob der und der sie haben solle. Heute ist die Sitte der Freiwerberei fast ganz außer Gebrauch gekommen. Der Bauersohn ist sein eigener Freiwerber, und oft sind die Betreffenden jahrelang heimlich verlobt. Gar nicht so selten war und ist die gegenseitige Heirat zwischen Geschwisterpaaren verschiedener Höfe; eine solche hieß eine Tûschfrê (Tauschheirat).

Die jüngeren Geschwister eines Bauerhofes heirateten vielfach in eine Kötnerstelle oder den „lütten Stand", den der Brinksitzer, Anbauern, Abbauern, ja vereinzelt der Häuslinge. Von den jüngeren Söhnen suchten manche ihr Glück in einem andern Berufe, der sie dann gewöhnlich von der heimatlichen Scholle fortriß. Das Heiraten eines Bauermädchens in einen höheren Stand erweckte leicht Neid, und, gelang es einer solchen nicht, sich in die neuen Verhältnisse zu finden, fühlte sie sich vielleicht gar unglücklich darin, so hieß es: Ja, so geiht, wenn ut'n Nachtputt en Bratputt ward.

Die Verlobung.

Die Verlobung wurde zweimal gefeiert. Die volkstümliche Bezeichnung war dat Loeft (mnd. lovete).[2] Das erste Mal feierte man an einem Sonntag im Hause des Bräutigams, wobei die Braut in Begleitung ihrer Eltern und Verwandten den ganzen

---

[1] Die Töchter selbst durften sich natürlich nicht hervorwagen, wenn sie nicht Gefahr laufen wollten, als fren-dull (heiratstoll) bezeichnet zu werden.

[2] Die Bezeichnung entspricht nicht, wie J. Grimm meinte, dem hochd. Braut-lauf(t), sondern ist von mnd. loven (laven) = geloben, zur Ehe versprechen abzuleiten, vgl. meine Beiträge S. 18f.

Besitz ihres zukünftigen Mannes „besah". Der nächste Sonntag brachte eine gleiche Feier im Hause der Brauteltern. War alles zur Zufriedenheit ausgefallen,[1] so wurde die Sache fast makt. Die Zeit der Hochzeit, auch die Zahl der Einzuladenden wurde festgesetzt; bei großen Hochzeiten wurden oft 3—400, späterhin sogar bis 700 oder 800 Personen geladen, während kleinere Besitzer oder gar Häuslinge eine entsprechend kleinere Hochzeit gaben. Ringe trug man noch nicht, lieh aber vor der Trauung von der Pfarre zwei tombakne oder Messing=Ringe[2] für Geld, die nachher sofort wieder hingebracht wurden. Bei der Verlobung wurde auch das Nähere über die Mitgift und etwa nötige bauliche Veränderungen festgesetzt. Daß der Vater des Bräutigams am Tage der Heirat „abgab" und der Sohn den Hof „anfaßte", war die Regel. So wurde denn auch der Altenteil der Bräutigamseltern gleich bei der Verlobung bestimmt, ebenso die Mitgift der anderen Kinder. Beides, Altenteil und Mitgift, wurde mit Rücksicht auf den An= erben, der bei den dürftigen Verhältnissen der Heide von vorn= herein keinen leichten Stand hatte, gewöhnlich knapp bemessen. Der Hof mußte lebensfähig erhalten werden, de Hof mutt bestahn, he kann nich mihr lirn (leiden), diesem höheren Gesichtspunkt hatten die jüngeren Geschwister sich unterzuordnen. Auch wenn ein jüngerer Bruder oder eine jüngere Schwester nicht heiratete, blieb sein oder ihr Erbteil auf dem Hofe und wurde nicht etwa unter die Geschwister verteilt. Bei der Übergabe des Hofes wies gern ein Verwandter auf jene Bevorzugung hin: Ja, he (der Älteste) is orig in 'n Vöddel na den Anpatt (ist verhältnis= mäßig sehr im Vorteil) vör de Bröder un Swestern, um dann abschwächend, wie einen Trost für die Geschwister, hinzuzusetzen: Na, he hett ok all de Lasten, un denn mut he de beiden Olen ok in de Kuhl hegen (bis zum Grabe pflegen).

Mit dem Loeft, der Verlobung, galt jedenfalls in alter Zeit die Ehe bereits als geschlossen. v. Hammerstein (Bardengau, S. 613)

---

[1] Gefiel ausnahmsweise das Gesehene einem Teile nicht, insbesondere den Brauteltern (der Ausdruck lautete: wenn't in'n Unschick wür), so wurde aus der Verlobung nichts.

[2] In Hollenstedt haben sich Brautleute zuerst 1857 goldene Ringe geschenkt.

hebt diese alte Volksauffassung mit Nachdruck für den Bardengau, der besonders die Nordostheide umschloß, hervor; die Auffassung hat sich dort bis in die neuere Zeit behauptet: die Ver-
lobten betrachteten sich als Vermählte, „ungeachtet Trauung und
Hochzeit erst einige Wochen nachher zu kommen pflegten." Aber
dieselbe Anschauung hat auch in dem benachbarten Nordwesten
geherrscht; dort konnte man noch vor einigen Jahrzehnten mit Bezug auf zu früh geborene Kinder die Behauptung hören: **Dat
Kind stammt von 't Loeft.** Hierbei sei bemerkt, daß die Kinder,
wohl in der ganzen Lüneburger Heide, der Storch (de Äbä) bringt;
die unehelichen Kinder führt der Volkswitz — jedenfalls im Nordwesten — auf den Esel zurück: dieser niest sie nämlich hinter den
Zaun (**dat Kind hett de Esel achter'n Tun pröst**).

Waren die Höfe der Braut- und Bräutigamseltern gutsherr-
schaftliches Besitztum, so hatten dem amtlichen Ehekontrakt Verhandlungen mit dem oder den betreffenden Abligen voranzugehen.
Der Gutsherr mußte die Übertragung des Hofes an den heirats-
lustigen Anerben und die Heirat selbst genehmigen. Dafür war
eine bestimmte Erlaubnisgebühr[1]) zu entrichten. Ebenso hatten sich
die Eltern der Braut zu bemühen, daß die Gutsherrschaft das der
Tochter als Brautschatz und Abfindung Zugedachte genehmigte.
Das betreffende Aktenstück hieß ein „Ablobungsschein."[2]) Ich lasse
einen derartigen Schein, 1834 von der Gutsherrschaft in Bötersheim (Kr. Harburg) ausgestellt, hier folgen:

Actum Bötersheim, den . . . . 1834.

Von dem zu den Gütern Bötersheim gehörenden M.schen Hofe
zu . . ., welchen seit 1810 . . . . als Interims-Wirth cultivirte und der
ihm mit der Bedingung zugeschrieben, daß er diese Stelle nach Ablauf
von 24 Jahren an seinen Stiefsohn . . . . . übergeben solle, erschienen:
der Interims-Wirth . . . . . ., der Stiefsohn desselben . . . . und dessen
zweite Schwester . . . ., welche Letztere sich bis auf priesterliche
Einsegnung mit . . . . . . zu . . . bereits verlobt hat. Sie wünschten

---

[1]) z. B: zwei Reichstaler Kassenmünze als Stiefelgeld, ein Reichstaler
als Brauthembdgeld. Das ius primae noctis ist jedenfalls stellenweise, wenn
auch nur de facto et absque iure, ausgeübt worden.

[2]) Offenbar, weil der Vater darin gelobte, der Tochter von seinem Besitztum das und das „ab"zugeben. Für gewöhnlich bedeutet af-lawen
etwas anderes, nämlich „geloben, etwas abzustellen, zu unterlassen."

nunmehr, den Brautschatz und die Abfindung für dieselbe zu bestimmen und die Genehmigung der Gutsherrschaft zu derselben zu erhalten.

Demnach erhält .... bey ihrer Verheuratung aus der Stelle: Sechs Stück Rindvieh, Sechs Schweine, Zwanzig Schaafe, Sechszehn Himpten Roggen, Zwanzig Reichsthaler Cassen Münze, ferner ein Ehrenkleid, nebst Kiste und Kistenpfand[1]) nach Ortsgebrauch; wovon Ein Stück Rindvieh, ein Schwein, Kiste und Kistenpfand gleich bey der Verheu= ratung, das Uebrige aber, so wie es die Reihe trift, erfolgen soll.

Da nun die ältere Schwester .... (geb. ....) zu .... einen gleichen Brautschatz und Abfindung erhalten hat und ....., 25 Jahre alt, ebenfalls als demnächstiger Annehmer des Hofes damit einverstanden sich erklärt hat, so ist dabey nichts zu erinnern befunden und wird hiedurch die Genehmigung der Gutsherrschaft ertheilt.

Bald darauf begaben sich die Beteiligten auf das Amt, um dort „schreiben zu lassen". Die Ehestiftung oder Eheberedung wurde aufgesetzt; auch der Ausdruck Verschreibung war dafür ge= läufig, weil gewöhnlich der Braut für den Fall, daß der Mann sie kinderlos hinterließ, der Hof verschrieben wurde.

Als Beispiel folgt die Eheberedung desselben Brautpaares.

Eheberedung zwischen ...., Sohn des verstorbenen Herrschaftlichen Halbhöfners ..... aus ...., als Bräutigam, und ...., Tochter des verstorbenen von Weyheschen Vollhöfners .... aus ...., als Braut. Actum Moisburg, den .... 1835.

Das vorgedachte Brautpaar erschien vor hiesiger Hausvoigtey, und zwar der Bräutigam in Beistand seines Stiefvaters und zeitigen Interimswirths auf der elterlichen Stelle, ... aus ..., und seines Vormundes, des Kleinköthners .... aus ...., die Braut aber in Bei= stand ihres Stiefvaters, ... aus ..., ihres Bruders .... daher und ihres Vormundes, des Vollhöfners .... daher, und gab zu ver= nehmen, wie sie die sich gegenseitig versprochene Ehe nächstens durch priesterliche Trauung vollziehen lassen wollten, der zeitlichen Güter wegen aber Folgendes unter ihnen verabredet und beschlossen worden sey.

1.

Die Braut heirathet zu dem Bräutigam auf seine ihm nach dem Anerberechte zustehende elterliche Halbhöfnerstelle zu ...., welche ihm

---

[1]) Kisten-pand = „allerhand Sachen, die man in den Kasten pflegt zu verwahren, z. E. ungeschnitten Leinwand und dergl." (Brem. Wb. II 777). Vgl. mnd. kisten-ware die in Kisten oder Truhen bewahrte Ausstattung der Braut und das gleichbedeutende kisten-gerede.

nach abgelaufenen Mahljahren[1]) von seinem vorgedachten Stiefvater und Interimswirth . . . . . aus . . . . und seinem erstgedachten Vormund[2]) . . . . . . aus . . . . hiermit mit Schuld und Unschuld[3]) übergeben wird, und bringet demselben alles dasjenige zu, was sie von Elternwegen zu hoffen hat und ihr laut Ablobungs=Schein de dato Bötersheim den . . . . 1834 verschrieben worden ist, und zwar:

Sechs Stück Rindvieh (u. s. w. wie oben S. 161 bis „erfolgen soll“).

2.

verpflichtet sich der Bräutigam, seinem als Häusling zu . . . . verheirateten Bruder, ..., die noch rückständige Abfindung als: 3 Rinder, 2 Schweine, 4 Himten Rocken und 10 Thaler Cassenmünze folgendermaßen abzutragen: Martini 1835 3 Thaler Cassenmünze, Martini 1836 1 Rind, Martini 1837 1 Schwein und 4 Himten Rocken, Martini 1838 3 Thaler, Martini 1839 1 Rind, Martini 1840 1 Schwein und 2 Thaler, Martini 1841 1 Rind, Martini 1842 2 Thaler, ferner seiner noch unverheiratheten Schwester . . . . . . folgende Aussteuer zu verabreichen:

4 Rinder, 4 Schweine, 8 Himten Rocken, 10 Schaafe, 15 Thaler Cassenmünze, ein Ehrenkleid, ein volles Bette und Kiste und Kistenpfand, wovon am Hochzeitstage eine unter den obigen vier Rindern mit begriffene[4]) Kuh, ein Schwein, 4 Himten Rocken, 5 Schaafe, 10 Thaler Cassenmünze, das Ehrenkleid, das Bette und Kiste und Kistenpfand erfolgen, alles Uebrige aber binnen den nächsten zehn Jahren nach ihrer Verheirathung abgetragen werden solle. Ueberdem soll sie das im Hause befindliche, vom Interimswirth . . . angeschaffte Webetau am Hochzeitstage erhalten.

3.

Hinsichtlich des Altentheils für den (so!) jetzt angehenden Altentheilsleuten, ... und dessen Ehefrau . . . ., verwittwete . . ., geborne . . ., behält es dabei sein Bewenden, was dieserhalb in der zwischen diesen errichteten Ehestiftung vom 23. May 1821 bestimmt und festgesetzt worden ist. Es ist jedoch unter den Contrahenten die Vereinbarung getroffen, daß die dem Altvater verschriebenen 6 Himten Hafer Aus-

---

[1]) Mahljahre sind die vom Gericht (mnd. mâl Versammlung, mâlstat Gerichtsstätte) festgesetzten und nach der Volljährigkeit des Anerben bemessenen Jahre der Interimswirtschaft.

[2]) Im Texte „seines Vormundes“.

[3]) Vgl. mnd. unschult = das Nichtschuldigsein; es wird oft mit dem Gegensatz schult verbunden, „um den ganzen Inhalt eines Besitztums nach seiner negativen und positiven Seite zu bezeichnen.“

[4]) Die Brautkuh, von der noch zu sprechen sein wird. Diese soll nicht noch besonders, außer den vier Rindern, verlangt werden, daher dieser Zusatz.

ſaat nicht in 6 einfache (ſo!) Himten, ſondern in 6 doppelte Himten oder 12 einfache Himten beſtehen ſolle und daß, wenn die Altentheiler ſich mit den jungen Leuten an einem Tiſche nicht vertragen und die ihnen verſchriebene kleine Stube beziehen ſollten, auch außer den (ſo!) ihnen alsdann verſchriebenen Altentheil noch die benöthigte Feurung und Licht von dem Beſitzer der Stelle unentgeldlich verabreicht werden ſolle.

4.

Setzen beide Verlobte ſich, im kinderloſen Todesfalle, mit der gemeinüblichen Regel: „längſt Leib — längſt Gut"[1] zu Erben ein.

Ex poſt erklärte der Stiefvater der Braut, . . . aus . . ., daß er ſeiner erſtgedachten Stieftochter, der gegenwärtigen Braut, . . ., von ſeinem Vermögen 10 Piſtolen in Golde zur Ausſteuer, und zwar am Hochzeitstage, verabreichen wolle.

(Folgt die gerichtliche Beſtätigung des Königl. Amtsgerichts Moisburg).

Nach der öffentlichen Verlobung beſuchten die Brautleute zuſammen die Luſtbarkeiten und beſchenkten ſich: ſie erhielt von ihm etwa eine ſilberne Broche (Doknadel), er von ihr ein wollenes oder ein ſeidenes Halstuch für die Trauung. Allmählich ging es nun an die Vorbereitungen zur Hochzeit, die etwa zwei Monate nach der Verlobung gefeiert wurde. Der Tiſchler wurde beſtellt, um die Ausſteuer auf Tagelohn zu arbeiten; das Holz wurde ihm geliefert. Ebenſo kaufte man Zeug und nahm Schneider und Schneiderin ins Haus. In beiden Häuſern wurde Schlachtvieh gemäſtet. Die Hochzeit fand grundſätzlich in dem Hauſe ſtatt, das der Wohnſitz des Paares wurde; alſo in der Regel in dem des Bräutigams, wenn dieſer aber „einheiratete" (in-frê), in dem der Braut. Hochzeiten waren in allen Jahreszeiten, bevorzugt wurde aber, beſonders bei großen Hochzeiten, der Herbſt, wenn die Kartoffeln heraus waren und man die Saat beſtellt hatte. Dann hatten die Leute am beſten Zeit; das Eingeſchlachtete hielt ſich beſſer, und, was übrig blieb, konnte eingeſalzen werden.

Das Aufgebot hatte an zwei Sonntagen zu erfolgen und wurde etwa vierzehn Tage vor der Hochzeit vom Brautpaar perſönlich beim Paſtor beſtellt. Das erſte Aufgebot hieß up-beden,

---

[1] In der Faſſung des Volkes Längſt Liw — längſt God oder Längſt lewt — längſt arft.

das zweite af=beden. Se fünd von Dag' (heute) von de Kanzel pultert war der scherzhafte Ausdruck für das Auf= gebot. Kam es aber zu einer Aufhebung der Verlobung, so hieß es: Se fünd up de Kanzel behingen blewen. An den beiden Tagen hielt sich das Brautpaar von der Kirche fern.

Ehe ein Nichteingesessener heiratete, mußten die Bauern des Dorfes, in dem er seinen Wohnsitz nehmen wollte, sich damit ein= verstanden erklärt haben. Der Bauermeister befragte sie im Burmal (Gemeindeversammlung), und auf ihre Befürwortung wurde vom Amte für eine besondere Gebühr ein „Wohnschein" ausgestellt, eine Maßregel, deren eigentlicher Zweck die Fernhaltung arbeitsscheuer, der Gemeinde vielleicht einmal zur Last fallender Menschen war.

Die Einladungen und weiteren Vorbereitungen zur Hochzeit (Köst).[1]

Die Einladungen erfolgten mündlich durch die Hochzeitsbitter (Kösten=bidder), d. h. zwei Brüder oder nähere männliche Ver= wandte der Braut oder des Bräutigams. Stellenweise, z. B. in Halvesbostel bei Hollenstedt, besorgte die Braut die Einladungen im Heimatdorfe selbst. Die Hochzeitsbitter zogen in den letzten Tagen gemeinsam von Dorf zu Dorf, von Haus zu Haus. Die Einladungen im Hochzeitsdorfe selbst wurden bis zuletzt, gewöhnlich bis zum Donnerstag, aufgespart. Grundsätzlich wurde im Heimats= dorfe jeder, ob reich, ob arm, geladen; war die Hochzeit weniger groß, so ergingen die Einladungen wenigstens an sämtliche Nach= barn, die in einem kleineren oder größeren Umkreise des betreffenden Hauses wohnten. Auf dem Kopf einen niedrigen Hut mit einem Kranz aus künstlichen bunten Blumen, über dem vorn von der Braut ein Taler festgenäht worden war,[2] vor der Brust einen Strauß mit einer langen rotseidenen Schleife und in der Hand

---

[1] Eigentlich „Beköstigung, Speisung", dann wurde das Wort (wie schon mnd. koste) von jeder mit einem Schmaus verbundenen Feier und besonders der Hochzeit gebraucht.

[2] Der Ausdruck für die Ausschmückung des Hutes lautete sik den Hot blank maken laten.

einen Stock mit eiserner Spitze, in deren Ringe die Geladenen bunte „Bändelein" binden mußten (Fig. 27), wanderten die Hoch=zeitsbitter dahin. Einst war ihre Kleidung noch wunderlicher; sie

Fig. 27. Köftenbidder (Hochzeitsbitter) mit dem bändergeschmückten Spieß.

trugen einen hohen schwarzen Hut mit vier großen goldpapierenen Medaillons in Herzform, die mit einem seidenen oder rotwollenen Bande umgeben waren und an denen ein Strauß aus künftlichen

Blumen saß. Mit dem Stock klopften sie an die Haustür, nachdem sie mit lautem Juchen den Hof betreten hatten. Juchend
kamen sie dann in die Stube und sagten ohne vorherigen Gruß,
auf- und niedergehend und sich wechselseitig ablösend, der neugierig
umherstehenden Familie ihr Einladungsgedicht, ihr „Gebet", auf.
Da hieß es etwa:

> Hier komme ich her zu Euch geschritten,
> Hätt' ich ein Pferd gehabt, so wär' ich geritten.
> Von zwei Verlobten sind wir ausgesandt,
> Deren Name ist Euch gar wohl bekannt.

(Folgt in ungebundener Rede das Einschiebsel: „Es ist der
Junggeselle N. N. und die Jungfer N. N.")

> Sie bitten Euch freundlich zur Hochzeit am Freitag,
> So lang' es die Zeit erlauben mag.
> Die nicht können gehn, die müßt ihr tragen,
> Die Ihr nicht könnt tragen, müßt Ihr setzen auf einen Wagen.
> So helfet uns denn alle verzehren,
> Was der liebe Gott uns tut bescheren
> An Speise und Trank,
> Zwei lustige Tage lang!
> Da wird zugerichtet sein an Bier und an Wein,
> Auch fünf fette Ochsen und fünf fette Schwein,
> Dreißig Paar Tauben[1]) . . .,
> Zwanzig Tonnen Branntewein,
> Daß daran wird kein Mangel sein.
> Dann wollen wir mit Braut und Bräutigam
> Wohl über die Heid' und die Felder gehn,[2])
> In der Kirche die Kopulation zu hören,
> Wie sie einander sollen ehren.
> Wenn dasselbige ist geschehn,
> Wollen wir wieder ins Hochzeitshaus gehn.
> Da wollen wir uns setzen oben an den Tisch,
> Wo der Braten und der Wein am meisten ist! —

---

[1]) Nach Aussage eines alten Mannes hat diese Stelle einst gelautet:
> Dörtig Por Duwen
> De lat sik in'n Awen schuwen.

Auf die Frage, ob das ganze Gedicht ursprünglich niederdeutsche Form
gehabt hat, gehe ich hier nicht ein.

[2]) Vor etwa fünfzig Jahren war schon das Fahren die Regel. Aber
sehr alte Leute wissen sich der einstigen Sitte noch zu erinnern.

Dann werden die Pfeifen und Violinen klingen
Und Jungfern und Junggesellen lustig danach springen.
Doch müssen die Jungfern geschmücket sein,
Ihre Schuhe blank, ihre Schnallen fein,
Ihre Wangen rot, voll Blumen der Hut,
Damit es den Junggesellen gefallen tut. —
Nun müßt Ihr Euch nicht lange bedenken
Und den Hochzeitsbittern ein klein Trinkgeld schenken,
Auch verehrt Ihr mir wohl ein Bändelein,
Und verehrt Ihr mir kein Bändelein,
So mögen in diesem Hause auch
Wohl keine Jungfern und Junggesellen sein.

Natürlich wurde diese Drohung mit gutem Humor aufgenommen und der Aufforderung gern entsprochen. Erst jetzt begrüßten die Hochzeitsbitter mit Händeschütteln die Familie: „Und damit sage ich Euch allen guten Tag!"

Während die Einladungen erfolgten, wurde im Hochzeitshause emsig geschafft. Mehrere Schweine und eine Starke, wohl gar auch eine Kuh, standen bereit, ihr Leben zu lassen. Große Eier- und Buttervorräte waren aufgespart. So kamen denn, wenn nach alter Sitte die Hochzeit auf den Freitag[1]) angesetzt worden war, am Montag die Köchin und einige verwandte Frauen, um die Hochzeit zu bereiten, d. h. die Vorkehrungen für die Arbeiten der nächsten beiden Tage zu treffen. Denn am Dienstag wurde geschlachtet und Wurst gemacht, am Mittwoch gebacken und die Hausdiele zum Tanzsaal hergerichtet. Vom Kaufmann, mit dem die Köchin das Nähere verabredet hatte, traf ein schwerbefrachteter Wagen ein, mit Rum und Wein, Kaffee und Gewürzen, Böcken und Brettern für Tische und Bänke und allerlei geliehenem Eß- und Kochgeschirr, Schüsseln und Tellern, Kochkesseln und Kaffeekannen, Kuchenplatten und Kloßtüchern, Messern, Gabeln und Löffeln. Im Hofe wurde eine Feuergrube ausgeworfen und darüber ein Holzgerüst errichtet, dessen Querbalken an eisernen Ketten die großen kupfernen Kochkessel trug.

---

[1]) Kleinere Hochzeiten wurden auch auf den Dienstag gelegt, häufig mit Rücksicht auf die Köchin, die nicht zwei Paare an einem Tage bedienen konnte. Der Donnerstag wurde wegen des Donnerns gemieden (vgl. E. H. Meyer 175), aber nicht ohne Ausnahme.

Der Kistenwagentag.

Am Donnerstag wurde die Aussteuer aus dem Hause der Braute ltern in das neue Heim überführt. Die betreffenden Wagen hießen die Kistenwagen[1]) und darnach der Tag der Überführung der Kistenwagentag.

Am Vormittag kamen die vom Bräutigam entsandten nächsten Verwandten oder Nachbarn jenes mit zwei bis drei langen, stellenweise mit vier Pferden bespannten Leiterwagen auf den Hof. Sie brachten einige Musikanten mit, die bei der Abfahrt und in jedem Ort ihre Weisen erschallen ließen, außerdem auf jedem Wagen eine Frau, die darauf zu achten hatte, daß alles mitkam, und beim Verpacken half. Diese Männer und Frauen hießen die Kisten=füllers. Die Männer hatten ein rotes Peitschen= band, und jeder bekam ein rotes Taschentuch, die Pferde trugen künstliche rote Blumen am Kopf. Einer der Männer führte nach alter Sitte einen untersiegelten „Paß“ mit, der alles vom Bräutigam Beanspruchte aufzählte. Wenn die Kistenfüller mit klingendem Spiel angekommen waren, fanden sie das Heck, das zum Hofe führte, durch Ketten festgemacht und die Türen zugesteckt. Hinter der „Großen Tür“ ließ sich auf das Pochen der Brautvater hören. Er giebt in polterndem Tone seiner Verwunderung über den unge= wohnten Lärm und den ihm vorgetragenen Wunsch der Fremden Ausdruck und will nicht öffnen, schließlich aber erscheint er und bequemt sich zu dem Geständnis, daß er eine Tochter des und des Namens habe, die mit dem N. N. Hochzeit machen wolle; hierauf läßt er sich den Paß vorlesen, überzeugt sich von der „Richtigkeit der Papiere“ und erklärt sich bereit, sein Haus zu öffnen und die Sachen auszuliefern. Ein derartiger „Kistenfüllerpaß“ aus dem Kirchspiel Hollenstedt lautet:

> Wir Bürgermeister und Ratsherrnleut'
> Wir geben hierdurch zum Bescheid:
> Vorzeiger dieses kommt hier an,
> Um mancherlei hier zu empfangen.[2])
> Hört zu, was unsere Bitte ist,
> Vielleicht, daß Ihr's schon alle wißt.
> Das erste ist, wonach man strebt,

---

1) Vgl. „Kiste und Kistenpfand“, S. 161.   2) empfahn?

Des Herren Wort, wonach man lebt.
Das zweite das ist Fleisch und Blut,
Daß es mag bleiben treu und gut.
Zum dritten gebt nach seiner Bitt',
Wie es sich hört nach Brauch und Sitt',
Ein schönes, weiches Ehebett,
Worunter es sich schläft so nett,
Zehntausend Taler blankes Geld,
Denn das liebt ja die ganze Welt,
Ein Dutzend Stühle noch dabei
Und sonst der Sachen mancherlei,
Als Grapen, Kessel, Feuerzang',
Eine Mistgabel, die zwei Ellen lang,
Ein neu Schatoll[1]) muß dabei sein
Mit vielen Fächern und hübschen Pistolen darein,
Ein schönes, hübsches Ehrenkleid,
Das sie erfreut noch manche Zeit,
Einen Koffer und einen Kleiderschrank,
Die beide sein recht hübsch und blank.
Dreihundert Ellen doppelt Linnen,
Damit kann man schon viel beginnen,
Ein Dutzend Gabeln und zwölf Messer,
Denn die sind gut für gute Esser,
Einen Haspel, Spinnrad und eine Schwingen,
Das mögt Ihr fordern und mitbringen,
Eine Brake noch und einen Besen,
Doch muß es hübsch sein, auserlesen,
Und sollte was vergessen sein,
So mag er's fordern hübsch und fein.
Doch gebt ihm auch nach Brauch und Sitt'
Ein schönes, gutes Trinkgeld mit!
Kurz, daß Eure Rede kommt zu stand,
Ihr fordert Kist und Kistenpfand. —
Gegeben ist es in unsrer Stadt,
Die Wein und lustig Leute hat,
Geschehen ist es in dem Jahr,
Als einst der große Wind mal war.

Hans Nimmersatt, Bürgermeister.
Jacob Immerdurst, Ratsherr.
Michel Lustig, Gerichtsschöffe.
Paul Ochsenkopf, Sekretär.
Harm Knochenfresser, Nachtwächter.

---

[1]) Vgl. Fig. 32.

Nach einem Imbiß begann das Aufladen. Große Gegenstände, wie Kleiderschrank und Schatull, wurden von den Musikanten zum Wagen geblasen. Das Ehebett knotete man in ein großes Betttuch, so daß die Ecken der Inlette durchsahen: etwa 40 Pfund Federn und Daunen[1]) waren in das Unterbett, die Decke, das Pfühl, die fünf Kopfkissen und das für das Erstgeborne bestimmte „große Kissen" (S. 3) gekommen,[2]) und die Eltern waren stolz, wenn es bekannt wurde, dat se luter Fellern (Federn) von lebennige Gös in ehr Bett mitkregen harr, denn die Federn der geschlachteten Gänse galten für weniger gut. Fertige Leinensachen bekam die Braut nur in geringer Anzahl mit, dafür aber eine ganze Lade voll gröberen und feineren gerollten Leinens; der Leinenschatz, der dem Hause der Braut und zum großen Teil ihrer eigenen Arbeit seine Entstehung verdankte, war ihr größter Stolz, und die Familie freute sich, wenn es nachher hieß: De La' wür so vull, se müssen se öllig tobrücken. Es würde zu weit führen, alles aufzuzählen, was in Behältern oder Stroh untergebracht wurde, von den Kleidungsstücken der Braut und den Möbeln bis zum Spinn-, Küchen- und Dielengerät herab: ein schwarzes, ein blaues, ein braunes Tuchkleid, mehrere halbwollene selbstgewebte Kleider, wenigstens eins aus buntem Shirting (Schötting), mehrere halbwollene Röcke, die das Mädchen gewöhnlich sich selbst verdient hatte, eine Schenilje (frz. chenille), d. h. ein wattierter Tuch- oder Beiderwandmantel mit flanellenem oder wollenem Futter und Pelerine, Rollen ungefertigten Zeuges, Laken, Hemden, Handtücher, Strümpfe, niedrige Schuhe, gedruckte leinene und baumwollene Schürzen. Zur Zimmereinrichtung gehörten auch sechs Stühle und zwei mit den Anfangsbuchstaben des Bauers und seiner Frau bemalte Lehnstühle; in ganz alter Zeit pflegte sie der Bauer selbst mit Weiden- oder Haselnußstauden (sogenannten Twegen) zu überziehen, damals band sie bereits der Drechsler mit grünlichem Schilfgras, das freilich mit der Zeit ein weißes und gelbes Aussehen bekam (Lesch). Für den Sitz der Lehnstühle waren mit groß-

---

[1]) Nach der Hochzeit wurden aber gewöhnlich Federn herausgenommeu und anderweitig verwendet.

[2]) Also 6 Kissen, wenn die Braut alles sechsfach (vgl. später) erhielt. Andere bekamen 4 Kissen (je 2 für den Mann und die Frau) und das große.

blumigem Wollzeug überzogene, auf jeder Seite eine bunte Woll=
rosette (Toß) aufweisende Federkissen, für die Stühle des bunt
vermalten Ausfahrwagens mit Beiderwand oder geblümtem Woll=
zeug überzogene und mit schlechteren Federn gefüllte Kissen bestimmt.
Grapen und Pfanne, Holzlöffel, Waschbalge und Butterkarren,
Plattschaufel und Äscher (Spaten), Dreschflegel, Besen, Harke,
eine dreizinkige Mist= und eine zweizinkige Heuforke, alles fand
seinen Platz; auf dem Schoße einer mitfahrenden Frau stand weit=
hin sichtbar das Spinnrad, was an den von Riehl erwähnten
deutschen Hochzeitsbrauch erinnert, daß bei der Überführung der
Aussteuer zwei Brautmädchen Spinnrad und Haspel als Sinn=
bilder des Fleißes und traulicher Familiengeselligkeit voranzutragen
pflegten. Wie an anderen Stellen Deutschlands wurde auch in
der Heide von den jungen Mädchen nach vergeblichen Verhinde=
rungsversuchen der Kistenfüller eine kleine Puppe unter die Aus=
steuer geschmuggelt. Hinten saß oft als scherzhafte Andeutung der
Braut eine große Puppe, 'ein bekleideter Besen mit Locken von
Hobelspänen.

Am Nachmittage oder gegen Abend wurde mit Musik die
Rückfahrt angetreten, den Wagen folgte im Blumenschmuck die
Brautkuh.[1]) Die reichen Bauertöchter bekamen, wie der Ausdruck
lautete, süs üm süs, d. h. alles sechsfach, 6 Stühle, 6 Schweine,
6 Schafe,[2]) und so auch 6 Rinder. Die Tiere wurden gewöhnlich
allmählich geliefert, aber die Brautkuh mit der Aussteuer. Die
Braut suchte sie selbst im Stalle aus,[3]) nachdem vom Bauern eine
Kuh — also die beste — ausgenommen worden war. Auch eine
Anzahl Himten Roggen gehörten, wie wir sahen, zur Aussteuer.
Hierbei sei bemerkt, daß überhaupt die bisherigen Angaben sich

---

[1]) Nach Tacitus (Germ. 18) schenkte der Bräutigam der künftigen Gattin
unter anderen Gaben auch Rinder, während sie ihm einige Waffen zubrachte
(armorum aliquid adfert). An die Stelle dieser Beschenkung der Braut
durch den Bräutigam (oder genauer der Kaufgeldzahlung an ihren Vater)
ist bekanntlich allmählich die sogenannte Aussteuer der Braut durch die eigenen
Eltern getreten; so gaben denn auch die Brauteltern später die Rinder.

[2]) Die Vollhöfnerstochter auf S. 161 sogar 20 Schafe.

[3]) Ähnlich wurde dem Bräutigam, wenn er zu einer Holzgenossenschaft
gehörte, ein Hochzeitsbaum (Köst=bom), gewöhnlich eine Buche, angewiesen,
vgl. Jahrb. 23, 56.

auf die Aussteuer eines wohlhabenden Mädchens bezogen; schon die Tochter eines Halbhöfners pflegte nicht so viel mitzubekommen wie die eines Vollhöfners, noch weniger die Tochter eines Anbauers, Abbauers oder gar Häuslings. Es kam wohl selten vor, daß eine solche ganz neue Sachen erhielt (gans to Nêen köm, zu Neuem kam); statt eines neuen Kleiderschrankes (Klîr-schapp) gab es einen auflackierten alten, statt des Schatulls einen Milchschrank, alte Bettstücke mit erneuerten Überzügen u. dgl. Klempner-, Porzellan- und anderen Hausrat schenkten bei derartigen kleineren Hochzeiten die Brautjungfern, die sich vorher nach den Wünschen der Braut zu erkundigen pflegten.

Gleich nach der Ankunft wurden die Aussteuersachen an Ort und Stelle gebracht. Gleichzeitig wurde die Mitgift, die vor fünfzig Jahren bei einem wohlhabenden Mädchen etwa 150 Taler betrug, von einem der mitgefahrenen männlichen Verwandten dem Bräutigam überbracht, und dieser schloß den Beutel voll Münzen und Wertpapiere schmunzelnd in das neue Schatull. Im Namen der Braut überreichte die erste Brautjungfer, die dafür von jedem ein Trinkgeld erhielt, den Hausbewohnern Geschenke: dem Bräutigam ein fertiges Flachshemd, seinen Eltern und Geschwistern, den Knechten und Mägden je ein Hemd und Halstuch. Jede Schwester erhielt noch besonders eine Haube mit Silber- oder Goldbrokat,[1] die Bräutigamsmutter eine dunkle. Dagegen scheint die alte Sitte der Morgengabe, bei der umgekehrt der Bräutigam die Braut (am Morgen nach der Hochzeit) beschenkte und die in der Stadt Lüneburg um 1400[2] und vermutlich auch noch später nachweisbar ist, auf dem flachen Lande seit langem, vielleicht seit Jahrhunderten, ausgestorben zu sein.

Am Abend wurde, aber nicht überall, Pulterawend smeten; der Sinn dieses Lärms, der die das Eheglück bedrohenden bösen Geister verscheuchen sollte, wurde kaum mehr verstanden. Ferner pflegten die ermüdet heimkehrenden Hochzeitsbitter der Köchin ein „Küchenlied" aufzusagen. Nach dem Aufsagen wurden für sie zwei Lehnstühle mit hochaufgestapelten Kissen herbeigeschleppt, sie

---

[1] Statt der Mütze wird neuerdings ein Kleid geschenkt.
[2] Kraut, Stadtrecht von Lüneburg, S. 42 u. 44.

stiegen — oft mit Hilfe einer Leiter — oben hinauf und ließen sich da in fürstlicher Weise bedienen. Ein derartiges „Küchenlied" möge in der verstümmelten Form, in der es noch im Gedächtnis einiger alter Leute lebt, hier folgen:

„Nun hab' ich meine Bitte vollbracht,
Nach meiner Meinung recht gut gemacht.
Ich habe gebeten Juden und Heiden,
Türken und Christen,
In vielen Häusern hab' ich gefragt,
Doch haben mir nicht viel zugesagt:
Die einen waren aufs Feld hinaus,
Der andere war auf einen Schmaus,
Der dritte aber war garnicht zu Haus.
Ich habe aber wohl vernommen,
Es werden doch Leute genug kommen.
Nun hab' ich der Frau Köchin noch etwas zu sagen.
Will sie meine Bitte gewähren,
Geb' sie mir einen gebratenen Hasen zu verzehren
Oder ein zugerichtetes Rebhuhn,
Oder Berghuhn[1]) kann es auch tun.
Und dann will ich haben eine Pfeife Tabak,
Ein Pfund Fliegenfett und ein Pfund Mückenfett,
Damit ich die wunden Füße einfett'.
Dann will ich haben einen Stuhl mit zwei Lehnen,
Auch sechs Dutzend Kissen,
Damit ich nach der langen Reise mich kann erfrischen!"
Und damit sage ich Euch allen „Guten Abend!"

Unter den mit diesen letzten Worten Angeredeten befanden sich auch die Gäste, gewöhnlich näher stehende Verwandte, die sich mit ihren Geschenken — meistens nützlichen Haushaltungsgegenständen — bereits am Donnerstag im Haus des Bräutigams eingestellt hatten, wo jene übersichtlich aufgebaut wurden, um am eigentlichen Hochzeitstage weitere Bereicherung zu erfahren. Vorausgreifend sei hier bemerkt, daß die Hochzeitsgabe der meisten Gäste, zumal der dem Ehepaar ferner stehenden, in einem Geldgeschenk bestand, das der Familienvater nach der Hochzeit beim Abschiednehmen dem jungen Ehemann mit einem Glückwunsch in die Hand drückte. Man unterschied zwischen Geschink, dem Hochzeitsgeschenk im gewöhn-

---

¹) Eine falsche Verhochdeutschung. Gemeint ist das Birkhuhn, mnd. barkhôn, jetzt Barkhen' oder Barkhahn (Birkhenne, Birkhahn) genannt.

lichen Sinne, und der Gaw, dem Geldgeschenk (de en gift en Geschink, de anner gift Gaw). Der Grund dieses Brauches[1] ist durchsichtig: der Bräutigam sollte für seine Aufwendungen einigermaßen entschädigt werden,[2] und so kann man noch heute, wenn viele einer Einladung nicht gefolgt sind, die Bemerkung hören: De makt'n Barg Schaden bi de Hochtid, dor hört gor to vel in (da hüten gar zu viel ein, sind gar zu viel zu Hause geblieben). Den Schluß des Kistenwagentages bildete ein Tanz der Knechte und Mägde. Die Hochzeitsbitter stießen den bänder-geschmückten Spieß mit der Eisenspitze in die Decke, darunter schwangen sich die Paare.

Der Hochzeitstag.

Schon früh war es im Hochzeitshause lebendig. Aus jedem Bauerhause des Dorfes trafen als Geschenke mehrere Schalen Milch ein,[3] da der eigene Vorrat nicht reichte. Um zehn Uhr kamen die ersten Gäste, unter ihnen die Bräutigamsjungfern. Einst hatte nur die Braut eine Brut-dirn, später kam eine Bräutigamsjungfer hinzu; allmählich vergrößerte sich die Zahl bis auf ein Dutzend. Die Kopftracht dieser Mädchen war die goldene oder silberne Haube, später ein Kranz aus künstlichen Blumen. Die Gäste setzen sich, ohne sich viel nötigen zu lassen, an den Frühstückstisch und tun sich an Schweinesülze, gebratener Rinderwurst und Suppenfleisch gütlich; mit Bier und Grog warten die Hochzeitsbitter auf. Ist ein Trupp gesättigt, so nimmt sofort ein anderer seine Plätze ein, denn un-aufhörlich füllt sich das Haus. Etwa bis ein Uhr zieht sich das

---

[1] Der Brauch begegnet in etwas abweichender Form an anderen Stellen Deutschlands und ist schon alt. Riehl in der „Familie" erwähnt, bis ins 17. Jahrhundert hätten auch arme Leute üppige Hochzeiten, sogenannte „Schenk-hochzeiten", gehalten: nach dem dritten Gange habe jeder in ein herumgehendes Becken ein Geldgeschenk als Beitrag zu den Hochzeitskosten geworfen; ge-sondert davon sei die „Haussteuer" (Hausgerät und dergl.) am Tische der Braut niedergelegt worden.

[2] Nur der Pastor und der Lehrer waren frei (Frê-freters, wie man scherzweise sagte).

[3] Ähnliches wird aus dem Landkreis Kiel berichtet, Niederf. 8, 257.

Frühstück hin, dann wird die Tafel sofort zum Kaffeetisch umge-
wandelt; seit elf Uhr ist auch der Tanz im Gange. Während
dieser ganzen Zeit sitzt der Bräutigam in seinem, vom Vater gekauften „Ehrenkleid", einem schwarzen Tuchanzug, mit den Bräutigamsjungfern in der „guten Stube"; die linke Brustseite schmückt
ein bunter Strauß mit einer Atlasschleife, in den südlicheren
Gegenden trägt der Cylinder links einen kleinen Myrtenkranz. Etwa
zwischen zehn und elf schickt der Bräutigam zwei der jungen Mädchen
mit zwei Musikanten auf dem „Staatswagen" fort, um die Braut
abzuholen und nach dem Standesamts- und Kirchdorf zu fahren.¹)
An die Peitsche sind rote Bänder geknotet, den Pferden ist an
das Geschirr auswärts neben dem Ohr ein Stern von buntem
Papier und Rauschgold genäht, dem Fuhrmann ein rotbuntes
Taschentuch auf der linken Schulter festgesteckt.

Unterdessen feiert die Braut im Hause ihrer Eltern mit den
nächsten Angehörigen bei einer Mahlzeit ihren „Ausgang" (Utgank).
Für die Brautmutter, deren im Hochzeitshause, wie wir sehen
werden, noch weitere Pflichten harren, ist es ein anstrengender Tag,
aber das Mutterglück überwiegt, und mit Stolz hebt sie, wenn es
ihre letzte Tochter ist, hervor, dat nu ehr Döchder all' be-
schrêt (beschrien, beansprucht, weggeheiratet) sind. So vergeht die
Zeit, bis der vom Bräutigam gesandte Wagen eintrifft. Die
Musikanten nehmen vor der offenen Tür der Stube Aufstellung,
das ist das Zeichen zum Aufbruch. Weinend verabschiedet sich die
Braut von den Hausgenossen und dankt den Eltern für alles Gute.
Der Ullersmann (Ältermann,²) gewöhnlich ein Bruder des Vaters
oder der Mutter oder der älteste Bruder der Braut, auch Brutvader genannt) faßt sie an die Hand und führt sie, indem die

---

¹) Es ist hier der Fall angenommen, daß Braut und Bräutigam nicht
in dem Dorf wohnen, in dem die Trauung erfolgt.

²) Der Ullersmann schenkte einen kupfernen Kessel zum Aufhängen
über dem offenen Herd. Sprachlich entspricht mnd. older- oder alder-
man (Vorsteher einer Körperschaft), angels. ealdor-man (Vorsteher der
Grafschaften, des Reiches) und engl. alder-man (Ratsherr), sachlich mnd.
brude-knecht (Brautführer). Vgl. auch meine Beiträge S. 5, wo ich die
Herleitung des nhd. Aldermann (Ältester) aus dem Englischen als verfehlt
nachzuweisen versucht habe; es handelt sich vielmehr um ein altes einheimisches
Wort.

Musikanten voranblasen, über die Diele durch die Große Tür zum Wagen. Der Hochzeitsbitter nimmt neben dem Fuhrmann Platz, dahinter die Braut neben dem Ullersmann und einer Brautjungfer; unter Musik setzt sich der Wagen in Bewegung, oft schließt sich ein zweiter und dritter mit Brautjungfern und sonstigem Gefolge an. Die Peitschen werden tüchtig gehandhabt; je schneller es geht, desto besser. Unaufhörlich kreisen unter den Männern und jungen Leuten die Branntweinflaschen, und jeder Entgegenkommende, auch der Bettler, muß Bescheid tun. Früher warf die Braut[1]) unterwegs in den Dörfern Äpfel und Birnen aus unter dem Zuruf der Jugend: Brut, Brut, smit ut, smit Appel un Beren (Birnen) ut; jedenfalls von dem Apfel steht fest, daß er schon in uralter Zeit als Sinnbild der Fruchtbarkeit galt, ähnlich wie die bei den altrömischen und slavischen Hochzeiten gespendeten Nüsse.

In derselben Weise wird der Bräutigam in das Kirchdorf geleitet; vor den Augen der Hochzeitsgesellschaft steigt er auf; auch er hat einen älteren Verwandten, den Broegamsvader, seine Kranzjungfern, einen Teil der Gäste und mehrere Musikanten bei sich. Vor der Abfahrt ist ihm von der Köchin mit Nachdruck die Zeit der Rückkehr festgesetzt worden: Dat Du mi awer nich vör Klock... werkummst (wiederkommst). Während der nächsten Stunden spielt der Rest der Musikanten weiter zum Tanz auf; die auswärtigen Frauen gehen in das Dorf und besehen von Haus zu Haus das Vieh, die Räume, die Möbeln, die Vorräte: se nehmt Inventorn up, wie die Männer das scherzweise[2]) nennen. Auch

---

[1]) Über das Apfelwerfen von Braut und Bräutigam in Mecklenburg-Schwerin vgl. Niederf. 8, 79. In der Südheide (z. B. in Bergen) werfen noch heute die Braut und die Kranzjungfern Äpfel und verteilen aus Mehl mit Honig und Anis gebackene Jarfs-kauken, d. h. zu dem Fest bereitete Kuchen oder Festkuchen (von mnd. garwen = bereiten), Niederf. 8, 113 und Korr. 24, 25. In einigen Kirchspielen der (Süd-?) Heide schenkt die Braut am Abend vor der Hochzeit einer armen Witwe einen besonders schönen geldgespickten Apfel; einen zweiten, in den Braut, Bräutigam und alle zur Kirche mitfahrenden Gäste ein Geldstück gesteckt haben, legt die erste Brautjungfer auf den Altar als Opfer für die Armen oder den Prediger (Zeitungsnachricht 1899).

[2]) Der Ausdruck bezieht sich eigentlich auf die Aufnahme des beweglichen Vermögens durch das Gericht, wenn eine verwitwete Bauerfrau den Hof für den minderjährigen Anerben weiter verwaltet.

Haus und Hof des neuen Paares werden besichtigt; man erkennt an oder äußert auch Bedenken: He kriegt 'n hatten Staf, einen harten Stab,[1] ein schweres Regiment.

Wenn die Braut einheiratete, etwa den zweiten. oder dritten Sohn eines anderen Hofes auf den Hof ihres Vaters freite, so bekam umgekehrt der Bräutigam im Elternhause seinen „Ausgang". Er hatte in diesem Falle Ehebett, Koffer, Schrank und, was sonst dazu gehörte, in die Ehe mitzubringen, entsprechend den Fest=setzungen der Ehestiftung.

In einem Wirtshaus des Kirchdorfes treffen Braut und Bräutigam mit ihrer Begleitung zusammen. Unter Vorantritt der Musik begiebt man sich zum Standesamt: der Brutvader geht mit der Braut als ihr standesamtlicher Zeuge, den Bräutigam geleitet der Broegamsvader.[2] Zur rechten Zeit benachrichtigt die erste Brautjungfer den Pastor und den Küster (we fünd so wit), und nun geht es unter Glockengeläute und Musik mit großem Gefolge zur Kirche. In der Nähe der Kirche treten die Musikanten zur Seite und warten, um nach der Einsegnung das Paar zum Wirtshause zurückzublasen. Braut und Bräutigam gehen bereits zur kirchlichen Einsegnung als Vermählte nebeneinander. Vor der Einführung der bürgerlichen Ehe legten sie den Weg zur Kirche getrennt zurück, die Braut mit dem Brut=, der Bräutigam mit dem Broegamsvader.

Die kirchliche Feier verläuft so: Sobald die Musikanten sich abgezweigt haben, trennt sich der Hochzeitszug. Unter den Klängen der Orgel (indem dat Öbbel spelt) betritt die Braut, der die

---

[1] „Stab" sinnbildlich als Zeichen der Herrschaft. Derartige Über-tragungen aus abligen Kreisen sind beliebt. Hierher gehört z. B. der Aus-druck „regieren" von der bäuerlichen Wirtschaft (de beiden Olen fünd dat Regêrn led), ferner hômeistern (hofmeistern, de Bur homeistert den ganzen Dag mit de Knechen rüm); von einem, der von verschiedenen Leuten Zinsen einzukommen hat, sagt man: he is jüm ehr Godsherr.

[2] Wohnen Braut und Bräutigam beide in dem Kirchdorfe, so entsendet der Bräutigam zur Braut mehrere Musikanten; auf ein Zeichen setzen sich beide Teile mit Musikbegleitung in Bewegung und stoßen auf dem Wege zum Standesamte zusammen.

Brautjungfern einzeln vorangehen,[1] die Kirche durch die untere Tür, geht durch das Schiff, umschreitet mit ihnen den Altar, auf dem alle ein Geldstück als „Opfer" für den Pastor und den Küster niederlegen, und nimmt dann vor dem Taufbecken, am rechten Flügel der in einem halbrunden Kreis stehenden Brautjungfern, Aufstellung. Unterdessen tritt der junge Ehemann mit dem übrigen Gefolge durch die andere Kirchtür ein und geht in das Chorgestühl. Hinter der Braut schritten früher zwei, jetzt vergessene Gestalten, die beiden Nachbarsfrauen, in ihrem Abendmahlskleid; sie hießen Naslans-mudder oder Naslans-möhm (von einem unbelegten nâ-slân = hinterherziehen abzuleiten).

Nach der Beendigung des Gesanges begeben sich die Neuvermählten ungeführt vor den Altar. Früher spielten hier der Broegams- und der Brutvader ihre Hauptrolle: jener reichte dem Bräutigam die Hand und treck em vör den Altor, dieser machte es ebenso mit der Braut, he treck se em to. Dann machte er eine einladende Verbeugung vor dem Prediger; er hat seine Pflicht getan, jener soll nun die seinige tun und die beiden trôn (trauen) oder tohop don. Dieser ganze Brauch wurde später aufgegeben, weil man ihn nicht mehr zeitgemäß fand, und zwar schon vor der Einführung der bürgerlichen Ehe; die beiden Verwandten sind dann später die standesamtlichen Zeugen geworden.

Der Glaube, daß tränenleere Augen vor dem Altar Unglück für die junge Ehefrau bedeuten, spricht für das ernste und fromme Gemüt des Volkes. Das hindert aber die Gäste nicht, darauf zu achten, wer bei dem Zusammenlegen der Hände die Hand oben bekommt; er hat auch in der Ehe das Regiment. Bedeutungsvoller aber als dies schalkhafte Volksorakel ist ein Sprüchwort, das wie eine Übertragung des „Er soll Dein Herr sein" klingt und an

---

[1] Sonderbarerweise will keine gern die erste sein; de irst stött den Koetel üm, sagt man scherzend. Wurde eine Braut mit kirchlichen Ehren getraut, so konnte beim Küster gegen besondere Vergütung der mit der Orgel in Verbindung stehende Stern bestellt werden; das Register, das den Stern in Bewegung setzte, wurde in demselben Augenblick gezogen, wo die Braut den ersten Schritt in die Kirche tat.

das auch die Bauersfrau der Heide glaubt: Mannshand hürt bawen!

Nach der Rückkehr von der Kirche wird im Wirtshaus getrunken und getanzt; dann fahren die Wagen, nachdem den Pferden mit Branntwein getränktes Brot gegeben worden ist, in sausendem Galopp unter den Klängen der Musik zum Hochzeitshause. Ehemann und Ehefrau sitzen neben einander.

Um die Zeit, wo im Gotteshause das Amen gesprochen wird, ruft im Hochzeitshause die Köchin den Musikanten ein kräftiges „Uphüren!“ zu. Auf der Großen Diele, bei besonders gutem Wetter auch im Freien unter den Apfelbäumen des Hofes, werden Tische und Bänke aufgeschlagen und die Tische mit Rollen gemusterten Leinens aus dem Schatz der jungen Frau gedeckt. Auf dem Hofe hantieren Schlachter und Bedienung unter dem Oberbefehl der Köchin, die in den mächtigen Kesseln das Essen bereitet. Da donnern die Wagen zum Dorfe herein; die Musik voran, führt der Ehemann seine Frau durch die Große Tür die hinfort ihrer Aufsicht unterstehenden Viehställe entlang zu Tische, denn sofort beginnt de grote Mahltit. Oben an der mittelsten Tafel nimmt das junge Paar mit dem Brut- und dem Broegamsvader und den Kranzjungfern Platz. Die beiderseitigen Eltern, die an der Trauung sich nicht beteiligen, und nahe Verwandte stehen zum Uppassen (Bedienen) bereit und bilden mit anderen Aufpassern eine fortlaufende Reihe, damit Suppen- und Braten-, Kartoffel- und Tunke- (Schü-), Obst- und Klößeschüsseln[1]) durch der Hände

---

[1]) Diese puddingartigen Klöße (Grote Klüten) wurden auf folgende Weise bereitet: In einer Balge oder bei kleineren Hochzeiten in einer Mulde brachte man zerschnittene Semmel durch aufgekochte frische Milch zum Aufquellen. War die Masse erkaltet, so wurden folgende Zutaten mit ihr verrührt: etwas Gest, abgebrühte Korinten, geschmolzene Butter, das durcheinander gerührte Gelbe und Weiße von dreimal so viel Eiern, als Klöße hergestellt werden sollten, etwas Salz und feiner Kanel, viel feiner Zucker. War die Masse nicht steif genug, wurde noch Weizenmehl hineingerührt. Zur Probe setzte man einige kleine Klöße in kochendes Wasser. Gelang diese, so ging mit Hilfe mehrerer Frauen das Ausfüllen des Teiges in die Kloßtücher vor sich, während in zwei oder drei der im Hofe hängenden Kessel das Wasser bereits kochte. Jede Frau nahm eine irdene Schale, breitete das mit warmem Wasser angefeuchtete und ausgedrückte Tuch darüber und

lange Kette schnell zu den Schmausenden gelangen. Der Suppenteller dient für das ganze Mahl. Das Ehepaar saß früher in den beiden Lehnstühlen der Aussteuer, jetzt gewöhnlich in geschenkten und bekränzten Sesseln; vor ihm stehen zwei Talglichter, die „Lebenslichter" genannt, weil nach dem Volksglauben der, dessen Licht zuerst erlischt, zuerst sterben muß, und die geschickt geformte und bekränzte Brautbutter. Eingeleitet wird das Essen durch ein Gebet des Lehrers, beendigt durch ein von allen gesungenes kirchliches Lied und ein zweites Gebet. Während des Essens geht wiederholt ein für Trinkgelder bestimmter Teller herum: för Koeksch Mudder (die Köchin), för de Upwaschers oder, wenn nur eine Aufwascherin da ist, för Schöttelwaschers Mudder, för den Slachter, för den Tapper (den Bierverzapfer), för de Muskanten und för de Armen. Die junge Frau schenkt der ärmsten Frau des Dorfes ein Brot, in das sie ein Geldstück gesteckt hat. Für die Stimmung sorgen die andauernd einschenkenden Hochzeitsbitter. Die Glückwünsche sind dem Paare zum Teil bereits nach der kirchlichen Feier ausgesprochen worden; wer sich an dieser nicht beteiligt hat, bringt seine Wünsche beim Aufheben der Tafel dar: ik wünsch ok vel Glück in 'n Ehstand.

Nach dem Essen nehmen die Ehrentänze (Ihren-däns') ihren Anfang. Sie sind der sinnbildliche Ausdruck für die Aufnahme der Frau in die Familie ihres Gatten und zugleich die Besiegelung des neuen Verwandtschaftsverhältnisses zwischen den beiderseitigen Geschlechtsgenossen. Tische und Bänke werden fortgeräumt, die

---

bestreute es mit trockenem Weizenmehl, wodurch später beim Umstülpen der Kloß sich leichter und glatter ablöste. Hierauf tat die Köchin einen Schlef voll Teig auf das Tuch, eine Frau band mit Bindfaden die Zipfel des durch die Schwere des Teiges in die Schale gesunkenen Tuches so über dem Rand der Schale in eine Schleife, daß der Teig zum Aufgehen Platz behielt. Die Bindfadenschleifen wurden auf Stöcke gezogen und diese über das kochende Wasser gelegt: 5—6 Klöße hingen an einem Stock, 4—5 Stöcke über einem Kessel. Nach $1^1/_2$—2 stündigem Kochen wurde jeder Kloß in einen weißen, runden Kump gestülpt, so daß das runde beste Ende nach oben kam. Zu den Klößen gehörte früher eine Tunke aus Syrup, Butter, Mehl, Wasser, Essig und Korinten, heute eine Fruchttunke mit Rotwein. Statt der viereckigen, aus sogenanntem russischen (gelbweißen) Leinen gefertigten Kloßtücher benutzt man jetzt Formen.

Musikanten nehmen ihre Plätze wieder ein, alles außer der Frünt=
schaft (d. h. den Verwandten) zieht sich in angemessene Entfernung
zurück. Das Ehepaar läßt sich in einer Ecke der Tanzdiele auf
den Lehnstühlen oder Ehrensesseln nieder, vor sie wird ein Tisch
mit den weiter brennenden Lebenslichtern gesetzt. Hinter jeden
Stuhl stellt sich eine ältere Verwandte; sobald sich einer der Ver=
mählten erhebt, hat sie den Platz einzunehmen, denn wenn ihn
während der Ehrentänze ein anderer besetzt, wird das Haus bald
einen neuen Herrn oder eine neue Herrin erhalten. — Jeder Ehren=
tanz (d. h. Tanz mit der jungen Ehefrau) besteht aus zwei kurzen
Rundtänzen, zwischen denen ihr jedesmaliger Tänzer den Musi=
kanten ein größeres Geldstück (neuerdings einen Taler) zuwirft.
Zunächst tanzt der eine Hochzeitsbitter, ihr Bruder, dann der andere
mit ihr. Hierauf führen beide — und zwar beginnt wieder der
Bruder der Ehefrau — der Reihe nach ihre Verwandten zum
Ehrentanz heran, Brüder, Väter, Onkel, Vettern und Schwäger;
selbst der etwa noch lebende Großvater wird geholt und sträubt sich
nicht lange, die alten Glieder noch einmal nach dem Takt der Musik
zu bewegen. Ist ausnahmsweise die Reihe der Verwandten bald
erschöpft, so wird auch wohl dieser oder jener gute Bekannte der
Familie (Kaufleute, Nachbarn) zu einem Tanz mit der jungen
Frau aufgefordert, ein bedauerliches Durchbrechen der verwandt=
schaftlichen Schranken aus Rücksicht auf die Kasse der Musikanten.
Wer mit der Neuvermählten getanzt hat, fordert bei den nächsten
Tänzen der Reihe nach die Brautjungfern auf, so daß von Tanz
zu Tanz mehr Paare auftreten; schließlich stellen die Tanzenden
die beiden ganzen[1] Sippen dar und tanzen, in zwei Reihen auf=
gestellt, sich ansehend und vorwärts und rückwärts schreitend, „gegen
einander.“ Bei den Ehrentänzen feiert auch die deutsche Trink=
festigkeit ihre größten Triumphe; in jeder Pause wird für die
Frauen leichter Wein=, für die Männer der stärkste Rumgrog
herumgereicht. Unaufhörlich trinken die Männer sich zu und
gießen unglaubliche Mengen des dampfenden goldgelben Ge=
bräues hinunter. Durch den Tanz, die Musik, die aufregenden
Getränke wird das Gefühl der Familienzusammengehörigkeit all=

---

[1] Nur der Ehemann fehlt dabei, s. weiter unten.

mählich zur höchsten Festesfreude gesteigert. — Den Höhepunkt und Abschluß der Ehrentänze bildet der Tanz des Ehemannes mit seiner jungen Frau, die von ihrem Bruder zu ihm geführt wird. Die Musikanten erheben sich, und ganz allein tanzt das Paar dahin. In der Zwischenpause spendet ihnen jeder der Ehegatten — wenigstens heute — ein Goldstück, und einer der Gäste bringt auf das Ehepaar ein Hoch aus, dem ein Tusch und allgemeines Zutrinken folgt. Da die beiderseitige Verwandtschaft gewöhnlich sehr ausgedehnt ist, oft der größte Teil einer Ortschaft in verwandtschaftlichem Verhältnis steht, so begreift man, daß die Ehrentänze nicht selten viele Stunden beanspruchen.

Auf die Ehrentänze folgt wieder allgemeines Tanzen. Zugleich wird in den Stuben für den eßlustigen niederdeutschen Magen der Tisch zum Abendessen und später in der Nacht nochmals zum Kaffeetrinken gedeckt. Flott klingen die Weisen der „runden" und „bunten" Tänze über die Tenne, und unter fröhlichem Schmausen und Trinken wird bis zum frühen Morgen gefeiert. Gewöhnlich kräht schon der Hahn auf dem Wiemen, wenn die letzten Gäste sich verabschieden; erst jetzt begiebt sich das Ehepaar zur Ruhe. In den nächsten vier bis sechs Wochen darf die junge Frau das Haus ihrer Eltern nicht aufsuchen: anners wahnt[1]) se nich (wohnt sie nicht). Das etwaige Heimweh schwindet, wenn sie erst en Schepel Ruggen oder en Spint Sult im neuen Hause verzehrt hat.

Die Art der Feier ist seit Jahrzehnten im ganzen dieselbe geblieben, im einzelnen macht sich aber neuerdings ein gewisser Luxus bemerkbar. Die wohlhabende Braut schenkt dem Bräutigam eine goldene Kette, er ihr eine goldene Uhr mit Kette. Die Braut erhält einen Phaethon (Phaithon) in die Aussteuer; dieser wird mit Laub- und Blumengewinden bekränzt, und Pferde mit silberbeschlagenem Geschirr ziehen ihn. Der Altar ist mit Blumen besetzt; vor ihm liegt ein Kranz, in den das junge Paar hineintritt. Da ein Phaethon höchstens sechs Personen trägt, so haben Braut und Bräutigam eine größere Anzahl Wagen im Gefolge. Auch Brautbouquet und Handschuhe beginnen schon ihren Einzug zu halten.

---

[1]) wahnen im eigentlichen Sinne von Haustieren und Vögeln, die sich dauernd im oder beim Hause ansiedeln.

Wesentlich anders gestaltet sich das Bild, wenn wir in die vierziger Jahre des vorigen Jahrhunderts zurückgehen. Man feierte drei Tage. Die Gäste brachten Klappmesser, Gabel[1]) und hölzerne Löffel selber mit. Die auswärtigen schliefen in den Nachbarhäusern auf Strohlagern mit übergebreiteten Laken, und da die Frauen selbst säugten, so wurden die Säuglinge zu den Hochzeiten mitgenommen. In großem Kreise saßen die Frauen, die Kleinen säugend, um das rauchige Feuer des damals noch mitten auf dem Vorplatz stehenden Herdes. Das Mitbringen der kleinen Kinder war so eng mit einer Hochzeitsfeier verbunden, daß man sagte: wenn't na Hochtid geiht, de ken lütt Kind hett, de lehnt (leiht) sik en. Am ersten Tage, dem der Trauung, gab es Sülze und Würste als Frühstück, als Hauptmahlzeit in irbenen Schalen, in deren jede immer mehrere Zusammensitzende mit den Holzlöffeln langten, Suppe mit Klößen, Suppenfleisch, später Kaffee mit Semmel und Feinbrot, am zweiten Tage von Brotresten Warmbier (Warm=ber, schon mnd. warm=bêr), eine in Dünnbier gekochte Brotsuppe mit Syrup und etwas Salz, außerdem Würste, Speck und Kaffee, am dritten Schwarzsauer, greise Buchweizenklöße und Schwarzbrot. Die junge Frau erschien am zweiten Tage in goldener oder silberner Mütze. Das Fest schloß am dritten Tage mit einem Brauch, der lebhaft an die uralte dreimalige Umführung der Frau um den Herd, den Mittelpunkt ihres Schaffens und der Familie, erinnert: die Hochzeitsgesellschaft, unter ihr die Braut, reichte sich die Hände und drehte sich tanzend in einem großen Kreise um den Herd und den Mittelpfosten der Großen Tür.

Die Frau trägt fortan den Namen ihres Mannes, außerdem aber den Namen des Hauses, in das sie hineingeheiratet ist. Jedes Haus hat nämlich seinen eigenen Namen; dieser bleibt für alle Zeiten, mögen die Besitzer noch so oft wechseln. Der Hausname ist in der Regel der Name desjenigen, der die Hofstelle gegründet und das Haus gebaut hat. Hieß der Erbauer Menck oder Mencke, so heißt das Haus für immer Menckens oder Minckens

---

[1]) Statt der Gabeln wurden aber in manchen Gegenden noch gespitzte Holzstäbchen (Spielen) oder Stricknadeln (Knütt-sticken) verwendet.

Hus,[1]) hieß er Lange, Langens Hus, hieß er Holst, Holsten oder Hulsten Hus, während der augenblickliche Inhaber vielleicht ein Meier, Cohrs oder Heins ist. Mit diesem Hausnamen[2]) wird fortan die Frau im täglichen Leben bezeichnet und angeredet: ist sie z. B. in Langens Haus geheiratet, so heißt sie fortan Langens Mudder,[3]) wie ihr Mann Langens Vader und ihre Kinder Langens Hans, Langens Trina; auch die etwa im Hause noch lebenden Geschwister des Mannes und das Gesinde werden nach dem Hause benannt.

Wenn der Bauer von seiner Frau sprach, sagte er gern unf' Mudder, sie ebenso unf' Vader; beides wurde von ihnen genau so auch in der Anrede gebraucht. Ebenso drückten sich die Kinder und das Gesinde aus; als ehrenvolle Anrede galt daneben das Ji (Ihr), stellenweise das He und Se. Für Va(de)r und Mudder hieß es in alter Zeit Voar (mit Zerdehnung aus Var) und Möhm (Muhme),[4]) später, wohl unter hochdeutschem Einfluß, Va(de)r und daneben Mudder. So versteht man es, daß in manchen Häusern Großvater und Großmutter als Voar und Möhm, Vater und Mutter als Va(de)r und Mudder bezeichnet wurden.

---

[1]) Richtiger würde man vielleicht umgekehrt sagen: Heißt ein Haus heute Minckens Hus, so darf man auf einen Menck oder Mencke als Erbauer schließen.

[2]) Auch die kleineren Besitzer (Anbauer, Abbauer, Brinksitzer) werden nach dem Hausnamen genannt, dagegen die Häuslinge nach dem Hause ihres Bauern, z. B. Minckens Hüssel Mudder (die Frau von Menckens Häusling.)

[3]) Ebenso giebt ein Mann, wenn er „einheiratet", den bisherigen Haus- namen gegen den Hausnamen seiner Frau auf.

[4]) So auch im Sprichwort: Rik Voar, rik Möhm, gaht bei' barft (gehen beide barfuß; von Leuten, die ohne Grund mit ihrer Herkunft prahlen).

Eignes Haus und eigner Herd, Altenteil und Tod.

Der Landmann baute lieber um als neu. Das Festhalten am Altgewohnten bestimmte ihn wohl am meisten dazu, außerdem kostete nach dem Sprüchwort Bauen Geld. Auch glaubte man, daß nach dem Bau eines neuen Hauses bald einer der Gatten sterben müsse. Neuere Verordnungen,[1] die für Neubauten Ziegeldächer vorschrieben, haben jene Neigung in dem sein Strohdach liebenden Bauer noch verstärkt.

Ein Neubau pflegte sich lange hinzuziehen, und mancher verlor die Geduld dabei. Dem rief man zu:

> Dat Hus ward noch ihr trecht,
> Ihr de Katt en Ei legt,

d. h. Habe nur Geduld, das Haus wird schon fertig werden, noch ehe ein Wunder geschieht. Das im Winter gehauene und von den Zimmerleuten verarbeitete Holz blieb bis zum zweiten Frühjahr zum Trocknen liegen. Erst dann ging es an die Auskellerung und die Aufstellung des Fachwerkes. Das Richten gestaltete sich zu einer besonderen Feier, de Hus-börn (mnd. hûs-boringe, wörtlich Hausaufrichtung). Die Knechte des Dorfes wurden zum Richten bestellt (ansegt), die verschiedenen Familien zur Richtfeier

---

[1] „In stadtähnlich zusammenhängend gebauten Orten dürfen die Dächer bei Neubauten oder völliger Erneuerung des Dachverbandes nicht mit Stroh, Schindeln oder ähnlichem leicht Feuer fangenden Material gedeckt, auch die Ziegeln nicht mit Stroh unterdockt werden" (Feuerordn. f. d. Fürst. Lüneb. vom 14. Nov. 1865 (Lüchow 1875), S. 15.)

eingeladen (to Husbörn nödigt); der Montag wurde als Richttag vermieden (Montag wird nicht wochenalt). Schon am Sonntag hatte der Geistliche auf Antrag in der Kirche des Baues gedacht und um gutes Gelingen gebetet. Auch der Meister sprach beim Beginn des Richtens entblößten Hauptes ein Gebet. Während die Zimmerleute und Knechte richteten, aßen und tanzten die anderen in einem Nachbarhause. Es ging wie bei einer Hochzeit zu. Am Nachmittag, wenn das Richten beendigt war, zog die Festgesellschaft zum Bau. Die Musik voran, dahinter im Schmucke kostbarer Hauben mehrere (gewöhnlich sechs) Kranzmädchen (Kranzdirns), Verwandte des Bauherrn, von denen zwei einen der Erntefestkrone ähnlichen Kranz an einer Stange trugen. Der Zimmermeister, der soeben am Giebel die von den Kranzmädchen geschenkten Pferdeköpfe[1]) befestigt hatte, stand mit den Gesellen den jungen Mädchen gegenüber, und die eine sprach:

> If bring den Meister un Gesellen en Kranz,
> Dorför hürt mi de irste Danz.
> He schall dormit de Trepp 'nupgahn
> Un[2]) grade an den Bo anslahn.

Nachdem die Stange mit dem Kranze befestigt war, erklang vom Giebel aus dem Munde des Meisters oder eines Gesellen eine Rede (Gebett). Dem Danke an Gott, „den Baumeister der ganzen Welt, ohne den kein Sperling vom Dache fällt", folgte die Bitte um Segen für das Haus und seine Bewohner:

> „Gott wolle diesen Bau bewahren
> Vor Feuer und vor Wassernot."

War seinerzeit beim ersten Axthieb Feuer aus dem Holz gesprungen, so galt das als Vorzeichen, daß das Haus bald abbrennen werde. Etwas gezwungen klang es dann vielleicht von oben:

> „Hochgeehrter Herr Bauherr, ich frage mit frohem Mut,
> Wie Euch der Bau gefallen tut",

aber der froh in die Zukunft schauende Besitzer antwortete mit

---

[1]) Daneben war eine Art Säule mit einem Morgenstern (Abbildung in Nieders. 9, 285) als Giebelzierde in Gebrauch. Stellenweise pflegte man auch gemalte Glasscheiben zu schenken, eine auch in anderen deutschen Gegenden (vgl. E. H. Meyer 22, 209) bekannte Sitte.

[2]) Viell. Em grade (ihn gerade)?

einem kräftigen „Sehr gut". In den Pausen ging unter den
Zimmerleuten, die während des Richtens auf geistige Getränke
hatten verzichten müssen, die Branntweinflasche herum; der Meister
hatte sie aus dem Kranze, in dem sie unter Dornen schalkhaft
versteckt gewesen war, vorsichtig herausgeholt. Auch das Lob der
Zimmermannskunst wurde von einem Gesellen in launiger Weise
gefeiert:

> Als ich noch ein junger Knabe war,
> Rechnen und schreiben gelernet zwar,
> Da gedachte ich in meinem Mut,
> Ein Handwerk zu lernen und fassen wär' wohl gut.
> Ich gedachte hin, ich gedachte her,
> Welches wohl das beste wär'.
> Zum Barbierer konnte ich mich nicht finden,
>
> — — — — — — — — — — — — — —.
>
> Das Schusterhandwerk konnte ich auch nicht lernen,
> Denn ich konnte nicht das Leder gerben
> Und den übeln Geruch vertragen,
> Denn der ging mir durch Kopf und Magen.
> Zum Backen hatt' ich auch kein Belieben,
> Hatte keine Lust, die Semmel in den Ofen zu schieben,
> Aber wenn ich sie sollte schieben ins Maul,
> Dann war ich hurtig und nicht faul.
> Endlich aber bekam ich Liebe und Gunst
> Zu der hocherhabenen Zimmermannskunst.
> Die ist mir gefallen ins Herz hinein
> Gleichwie der Anker in den Rhein.
> Dabei will ich nun bleiben
> Und die Zeit damit vertreiben. —

Ein geistliches Lied begleitete oder schloß die Feier. Die ge=
leerte Flasche wurde hinabgeworfen und zerschellt. Die Musik
blies die Schar zurück, hinter den Musikanten gingen mit den
Kranzmädchen der Meister und die Gesellen, die Hauptpersonen
des Festes. Der „großen Mahlzeit" folgte wieder Tanz. Der
Meister und die Gesellen, mit den im Kranze verborgen gewesenen
Geschenken (jener mit einem Halstuch, diese mit bunten Taschen=
tüchern) geschmückt, tanzten zunächst einige Ehrentänze mit den
Kranzmädchen. Beim Fortgehen gab jede Familie, ähnlich wie bei
der Hochzeit, ein Geldgeschenk.

Bald nachher wurde das Haus mit Zaunwänden versehen.

Auch hier half nachbarliche Freundlichkeit aus. Das ganze Dorf, selbst benachbarte Dörfer, wurden dazu angesagt: Männer und Frauen, Knechte und Mägde kamen, soweit sie abkömmlich waren. Die Männer besorgten vorzugsweise das Tünen (Zäunen); sie ließen in die quer liegenden Balken Staken oder Sleten und durchflochten diese dicht mit auseinandergerissenen Zweigen (Twäg'). Die Frauen machten sich mit dem Lehmen oder Klewen zu schaffen: sie klappten den von den Knechten zubereiteten und mit kurz geschnittenem Stroh zur besseren Bindung vermengten Lehm gegen das Zaunwerk und glätteten ihn. Auch der Lehmfußboden wurde an diesem Tage hergestellt; später erfolgte das sogenannte Wellern des Stuben- und Flettbodens mit strohumwickelten und in Lehm umgewälzten Holzstäben und die Herstellung der Brandmauer aus Back- oder Lehmsteinen. War die Arbeit getan, so folgte eine Bewirtung, die sich aber einfacher als bei der Husbörn gestaltete.

Das Haus der alten Zeit war etwa 80—90 Fuß lang und 40 Fuß breit. Der Vorplatz (dat Flett,[1]) vgl. bereits Fig. 31) war von der Großen Diele (Grote Del) nicht getrennt. Nur vereinzelt hatte man, wie der Ausdruck lautete, „abscheren lassen", d. h. eine brusthohe, oft oben vergitterte Holzwand mit einer Tür oder richtiger Pforte (Gadder-dör, Gattertür) in der Mitte zwischen Vorplatz und Diele gezogen. Eine solche Holzwand hieß ein Windfang; sie wehrte aber gleichzeitig den Hühnern, die sonst ungehindert von der Diele in das Flett kamen, zum Ärger der Frau auf die Börte flogen, den Kalkbewurf der Wand abhickten und sonstigen Unfug trieben. Von den Wohnräumen war der Vorplatz durch die Stubenwand (Dönzen-wand) getrennt. Auf beiden Seiten des Vorplatzes befand sich eine horizontal gebrochene Tür, die im Gegensatz zu der nach der Straße gelegenen „Großen Tür" Lütt Dör oder Blangendör[2]) (Seitentür) heißt. Der Vor-

---

[1]) Auch mnd. vlet war sächlich; neuerdings dringt, durch „Vorplatz" begünstigt, das männliche Geschlecht vor. Außer Flett sagt man Vör-dēl (Vordiele, als Gegensatz zur Großen Diele.)

[2]) Auch die Namen Swinhofs-dör und Kuhhofs-dör begegnen, nach dem Schweine- oder Kohlhof, die bei manchen Häusern vor den Seitentüren lagen. Im Süden der Heide heißt die Seitentür gewöhnlich Klingel-dör.

platz war mit kleinen, oft bestimmte Muster bildenden Feldsteinen
gepflastert. In seiner Mitte lag die große Feuerstätte (Für-stä),
von einem rahmenähnlichen Holzwerk, dem Rehmen,[1] überdeckt.

Der Rehmen (Fig. 28) bestand zunächst aus zwei Balken, die
von der Stubenwand her gleichlaufend 3—4 Meter vorstießen und
voneinander im lichten Raum etwa 30 Centimeter entfernt waren.
Sie bildeten mit den entsprechenden Stubenbalken ein Stück, lagen
auf der Kante und waren vorn durch mehrere aufrechte Riegel an
dem starken Balken befestigt, der, von zwei Höftständern getragen,
sich von der einen Seitentür zur anderen zog. Beide Balken liefen
in einen Pferdekopf oder, wie auf unserer Figur, in einen gekerbten
Stern[2] aus. Über diesen Balken ruhte vorn, etwa $\frac{1}{2}$ Meter von
den Pferdeköpfen oder Sternen entfernt und ebenfalls auf der
Kante liegend, ein Querbalken. Ein zweiter Querbalken, gewöhnlich
ein runder, war etwa über die Mitte gelegt. Dieser hatte in der
Mitte eine Kerbe, in der ein Ring lag; an dem Ringe hing der
verschiebbare eiserne Kesselhaken (Ketel-haken)[3] mit dem Kessel,
in dem für Menschen und Vieh gekocht wurde. Noch in der
Mitte des vorigen Jahrhunderts haftete dem Kesselhaken wenigstens
hier und da etwas von der Verehrung der uralten Zeit an; so
kannte man in der Raubkammer noch den Brauch, Kesselhaken als
Grenzmarken zu verwenden und sie auch bei einem Neubau nicht
von der Stelle zu rücken, und ebenso alt ist der in derselben Gegend
damals noch bekannte Glaube, daß das Herdfeuer niemals erlöschen
dürfe und sein Erlöschen ein Unglück bedeute.[4] Auf dem Gebälk

---

[1] Mnd. reme oder rame bedeutet eigentlich „Rahmen“ und ist dann
auf dieses rahmenartige Balkenwerk übertragen worden.

[2] Derselben Abwechslung begegneten wir bei der Giebelverzierung
(S. 186).

[3] Eigentlich bezieht sich die Bezeichnung nur auf den schräg herabhängenden Haken, der, wenn die von ihm umgebene senkrechte Zahnstange
höher oder tiefer geschoben werden soll, zuerst mit dem unteren Ende etwas
emporgehoben und dann wieder gegen die inzwischen verschobene Zahnstange
geschlagen wird. Daher erklärt sich der Ausdruck ênen (twê.) höger
flan = (den Haken) um einen Zahn (zwei Zähne) höher schlagen, höher
einstellen.

[4] Diese wertvollen Nachrichten finden sich in dem mehrfach benutzten
Aufsatz Beneckes (Lün. Anz. 10. 9. 1904). Der Kesselhaken begegnet als

Fig. 28. Flett mit Feuerstätte und Rehmen darüber. Rechts Strohkranz und Feuerstülper.
Aus Bockhorst (Kirchsp. Hollenstedt).

des Rehmens standen Säcke mit Bratbirnen und Zwetschen, auch eine Tonne Salz. In den Stirnbalken waren vorn gewöhnlich einige Zapfen eingelassen; an diesen hingen Eimer, Kartoffelkörbe, auch die naßgewordenen Kleider, Stiefel und Schuhe. Bei den Hochzeiten fegte wohl ein Spaßvogel nach den Ehrentänzen den Rehmen mit dem Besen rein und schrieb mit Kreide an, was das junge Paar den Eltern als Altenteil zu geben habe, etwa „Das beste Stück Fleisch" u. s. w. An einem in das Gebälk eingeschlagenen Nagel hing der Krüsel. Quer über den Längsbalken lagen oft Kienklötze, die zwischen dem Torfe gefunden waren und aus denen die zum Leuchten verwendeten Kienspäne geschnitzt wurden. In der Nähe des Herdes war auf dem Fußboden ein dicker Kranz aus Haferstroh (Fig. 28) festgebunden, auf den der schwere, heiße Kessel nach dem Aushaken gesetzt wurde; so blieben Kessel und Flett unbeschädigt. Der Boden oberhalb des Rehmens, de Für-boen (Feuerboden), war entweder, wie erwähnt, „unterwellert", oder die Bretter waren mit Hülfe von Nuten und entsprechenden Ausfüllungsteilen so fest zusammengeschlagen (in-sloept, eingeschleift), daß die stiebenden Funken und das Licht kein Unglück anrichten konnten.

Der Herd bestand aus Feldsteinen, die aufgehäuft waren und in der Mitte ein Loch für das Feuer freiließen. Späterhin wurde der Rand gern rund mit Lehm- oder Ziegelsteinen gemauert, um diese legte man einen alten Wagenreifen und gab so dem Ganzen festen Halt (Fig. 28). Nach der Mitte zu senkte sich der Herd trichterförmig, und in einiger Vertiefung war ein Rost angebracht. Hinter der Umfassung war ein schräg nach dem Rost führendes Loch (Aschen-lock) zum Zuführen des Zuges und zur Beseitigung der Asche gegraben; in dem Loch stand ein Aschen-putt, über ihm lag gewöhnlich ein Brett. Neben dem erwähnten großen Kessel hatten die Frauen mehrere kleinere, mit Füßen versehene Grapen, die zum Warmhalten der Speisen dienten und unmittelbar auf das Feuer gesetzt wurden, auch einen Teekessel, den sie gelegentlich statt

Grenzmarke im Lüneburgischen auch in Grimms Weistümern III S. 225, wo das Gaugericht in Salzhausen 1577 die Gaugrenze festsetzt: . . . von dar in Brauwels kesselhacken zu Garstede (heute Garstedt), von dar nach dem einen hoffe zum Vorstel in den kesselhacken.

des großen Kessels über das Feuer hängten. In anderen Häusern hingen ständig zwei große Kessel über der Feuerstätte.

An dieser Stelle, ünner den Rehmen, spielte sich vorzugsweise das häusliche Leben ab. Hier schaffte die Frau, gleichzeitig über Diele und Hof spähend und das Gesinde beaufsichtigend, hier spielten und lernten die Kinder, hier spannen und plauderten die Mägde, hier fanden sich nach dem Abendessen auch der Bauer und die Knechte ein, zumal im Winter, da der Stubenofen, wenn überhaupt einer vorhanden war, nur selten geheizt wurde, hier lauschte man im Rauch und beim Licht eines Kienspans, der in einem am Rehmen befestigten Stück Blech steckte, und später des Krüsels den Rätseln, Döntjen, Kriegs- und Spukgeschichten. Allmählich war dann das Feuer heruntergebrannt. Die Frau warf noch einen Torfsoden oder etwas losen Torf ins Feuerloch, berakte ihn mit Asche und deckte zum Schutz gegen Katzen und Hühner und gegen auffliegende Funken den großen trichterförmigen eisernen Stülper (Fig. 28) darüber. Für gewöhnlich glimmte am anderen Morgen das Feuer noch; andernfalls entnahm die Frau, der stets diese Arbeit zufiel, zum Feueranmachen der Zunderlade (Tunner-la) Stahl, Stein und Zunder; später kamen statt des Zunders die etwa 15 Centimeter langen, auf beiden Seiten mit Schwefel versehenen Swevelsticken auf.

Der Rauch zog durch die Seitentüren, die Große Tür oder die Giebellöcher (Ulen-löcker, Eulenlöcher) ab, je nach der Windrichtung. Schornsteine fehlten noch,[1] abgesehen von den nichtbäuerlichen Häusern, etwa den Lehrerhäusern. In diesen befand sich über dem offenen Herde nicht selten ein Rauchmantel, etwa von der Form eines kleinen schrägen Daches, der den Rauch nach Möglichkeit aufnehmen und dem Schornstein zuführen sollte. Gewöhnlich überließ man den Rauch sich selber; wurde er zu schlimm, so öffnete man die obere Hälfte[2] einer Seitentür. Der Rauch räucherte die Schinken, Speckseiten und Würste, die unter dem Flettboden an einem Stangengerüst (in 'n Wiemen) hingen, wärmte

---

[1] Ein schornsteinloses Haus wird besonders seit dem Aufkommen der Schornsteine als Rôk-hus (Rauchhaus) bezeichnet.

[2] De boewerste lütt Dör; die untere Hälfte hieß de nerste (nedberste) l. D.

das Vieh und schützte die Getreidevorräte, zu denen er durch die Luke und die Bodenritzen drang, daß sie nicht feucht (flummig) wurden. Er war zugleich Wetterprophet; sein Verweilen im Hause deutete auf Regen, ebenso sicher wie der vom Boden träufelnde Ruß (Sott) oder die gleich Nadelspitzen auf dem Ruß unten am Grapen sitzenden Funken. Er schwärzte das Stroh des Daches und gab dadurch im Winter den langen Eiszapfen (Is-joekels) ihr gelbbraunes Aussehen.

Etwa bis 1840 kannte man nur den runden Herd in der Mitte. Damals wurde in den meisten Häusern ein Feuerherd mit einem Kesselhaken daneben errichtet (vgl. Fig. 28). Er wurde an der Dönzenwand[1]) aufgemauert, und zwar immer so, daß das Loch des Stubenofens auf ihn mündete; der Ofen wurde vom Herde aus geheizt, eine eiserne Stehtür mit Gegenständer schloß das Loch, ein Abzugsloch oben im Ofen mündete nach dem Flett. Fortan wurde das Essen für die Familie auf dem Wandherd bereitet, während der große Kessel unter dem Rehmen für Viehfutter und Börnwasser, beim Schlachten und bei der Wäsche Benutzung fand. Auf dem Wandherde waren sehr häufig zwei Roste. Auf dem einen wurde dauernd das Feuer unterhalten; der zweite diente zur Aushülfe: Kohlen wurden vom ersten Rost fortgenommen und auf ihn gerührt, und man kochte dann auf einem Stribben (mnd. stribbe) oder Dre-fot, einem runden oder dreieckigen Untersatz.

Der Wandherd der größeren Häuser war gewöhnlich breit und offen; kleine Leute pflegten ihren Bedürfnissen entsprechend einen weniger breiten Wandherd zu haben, dafür ließen sie aber auf ihn nicht selten einen verschließbaren, Hühner und Katzen vom Feuer fernhaltenden Aufsatz mauern; auch größere Wandherde sind hier und da mit einem natürlich entsprechend größeren Aufsatz versehen worden. Ein solcher Aufsatz glich etwa einem Schranke. Ihn verschloß eine Tür, bei größeren Aufsätzen auch wohl eine Doppeltür oder eine Tür mit einem Scharnier zum Zurückklappen der einen Hälfte; die Tür war mit Vorliebe rotbraun angestrichen. Oben vereinigten sich die beiden Wände zu einem Schwibbogen, in dem einige Steine, etwa in der Form eines Kreuzes, ausgelassen waren,

---

[1]) Die Dönzenwand hieß davon auch Hird-wand.

um dem Rauch Abzug zu gewähren; aus demselben Grunde befand
sich auch wohl oben in der Tür eine herzförmige Öffnung. Ein
derartiger überwölbter Herd hieß ein Dingen;[1] den Schwibbogen

Fig. 28a. Herd mit Schwibbogen (Hagen bei Lüneburg).

nannte man Swî-bagen oder verstümmelt Swî-ba (mnd. swi-
boge), eine Bezeichnung, die auch für den gesamten Herd gebraucht

---

[1] Auch Dicken ist mir begegnet. Solche „Diggen" kannte man auch
in den Vierlanden, dem Alten Lande und im Schleswigschen, vgl. J. W. Voigt,
Korr. 25, 5. Voigt meint, man habe es für zweckmäßig erachtet, „die Seiten
des Herdes zum Schutze gegen Zugwind mit einem Seitenaufbau zu versehen

wurde. Stellenweise hatte man auch die Bezeichnung „Kamin" dafür. Fig. 28a zeigt einen derartigen Herd; die Tür fehlt, aber die beiden Stützhaken links und der Verschlußhaken rechts sind noch sichtbar.

Von 1840 etwa bis 1860 bestanden der Herd unter dem Rehmen und der Wandherd nebeneinander. Nur begann jener gleichzeitig mit dem Rehmen mehr und mehr zu verschwinden. An seine Stelle trat der eingemauerte Kessel (Mür-ketel), der bei der nach dem Hof führenden Seitentür oder neben dem Wandherd seinen Platz erhielt (vgl. Fig. 31). Schließlich schritt man zum Bau einer eigenen Küche mit einem Sparherd und einer Waschküche (Plabber-koet), in der auch der eingemauerte Kessel zu stehen kam.

Die eigentliche Arbeitsstelle der Frau war fortan die Küche. Bisher hatte sie bei der Arbeit vom Flett aus die Diele übersehen, und auch über die Brüstung, die sich hier und da fand, hatte ihr Blick beobachtend gleiten können. Jetzt aber baute man nicht nur eine besondere Küche, sondern errichtete obendrein zwischen Flett und Diele eine bis an die Decke reichende Wand mit Tür und Fenstern und zerriß damit den Zusammenhang zwischen der Arbeit der Frau und des Gesindes. Die Frau hatte aufgehört, im alten Sinne das Auge des Hauses zu sein.

An einigen Stellen ist bereits des Stubenofens gedacht worden. In Anknüpfung daran mögen hier auch einem anderen Wärme-mittel, der Für-kiek (mnd. kike Feuerstübchen zum Fußwärmen, auch vrouwen-kike), einige Worte gewidmet werden. Mit der Feuerkieke wärmte sich die Frau bei sitzender Arbeit, etwa dem Kartoffelschälen, die Füße, die Feuerkieke kam im strengen Winter (vgl. Fig. 1, S. 5) mit auf den Kirchwagen, ja sie wanderte auf den Tanzsaal mit. Sie ersetzte auch die Fußbank, denn eine be-sondere Fußbank kannte man im Bauerhause nicht. Die Feuer-kieke ist ein Kasten von etwa 20 cm Breite, Tiefe und Höhe. Die eine Seite ist aufklappbar zum Hineinsetzen eines kleinen irdenen Topfes (Für-putt) mit glühenden Torfkohlen; dieser hat rings-herum Zuglöcher und ist mit einem Handgriff versehen. Damit

---

und zu überwölben." C. Walther vermutet (Korr. 25, 7), daß das Wort ursprünglich das Aschenloch der ältesten, mitten auf dem Flett liegenden Feuerstätte bezeichnet habe.

sein Feuer nicht gefährlich wird, ist die Kieke inwendig mit Eisen=
blech ausgeschlagen. Auch die Seitenplatten haben je ein Zugloch.
Die obere Seite bildet ein Holzrahmen, in den mehrere Stäbe gitter=
artig eingelassen sind; durch die Zwischenräume dieser Stäbe entströmt
die Wärme. In dem Holzrahmen ist ein Eisendraht zum Tragen
der Kieke befestigt.

Für die Beleuchtung gilt, was für manche andere Gebiete
auch zutrifft. Bis ins 19. Jahrhundert finden wir Verhältnisse,
die bis in die älteste Zeit des Niedersachsentums zurückreichen,
dann folgt eine schnelle und immer schnellere Verdrängung des
Alten durch die erfindungsreiche Neuzeit. Beim Licht des oben
erwähnten Kienspans hat man sich schon von Arminius und den
Römern und noch von dem ersten Napoleon erzählt. Mit dem
Kienspan mußte auch der Hirte beim Füttern und Streuen leuchten;
er durfte dabei aber nur bis zur Grenze von Flett und Diele
gehen, niemals das Für=fack (mnd. vûr=vak, Feuerfach, d. h. das
Flett, als Raum des Herdfeuers und Kienlichtes) verlassen.

Dem Kienspan folgte der Krüsel.[1]) Der Krüsel, der, wie
erwähnt, im Rehmen an einem Nagel hing, bestand aus Eisen
(Fig. 29, 1a u. b): sein Hauptteil war eine kleine Pfanne, etwas
länger als breit (etwa 8 u. 7 cm); an sie setzte sich, aus demselben
Stück gearbeitet, ein aufrechter Anfasser, in dessen umgebogenem Ende
ein Haken (Krüsel=haken) angebracht war. Als Brennstoff diente
Tran, in diesem lagen mehrere abgezogene Binsen (Besen), die
man auch als Besen=perk (Binsenmark) bezeichnete. Gewöhnlich
wurden aber Tran und Binsen nicht in die Pfanne selbst, sondern,
vor allem wohl aus Gründen der Sauberkeit, in einen entsprechend
gearbeiteten Einsatz aus gewelltem Blech getan. Ein zweiter Krüsel

---

[1]) Nach Breusings Ansicht haben baskische Trantierjäger Wort und
Sache über die See nach Niederdeutschland gebracht. Später hat Andree
die Vermutung aufgestellt, der Name sei eine Weiterbildung des niederdeutschen
krôs (= Krug) und erkläre sich aus der annähernd krugförmigen Gestalt
des Gerätes. Gegen diese Deutung, die übrigens Andree selbst aufgegeben
zu haben scheint, spricht auch der Umstand, daß die krugförmige Gestalt nicht
die älteste gewesen ist. Neuerdings hat man den Ursprung des Wortes im
romanischen Sprachgebiet gesucht (altfranz. croisuel = Nachtlampe und
Schmelztiegel, neufranz. creuset = Schmelztiegel). Wegen des Näheren
verweise ich auf Andree S. 255, Korr. 22, 61, Grimms Wb. V 2096.

pflegte im Zimmer zu hängen: entweder an einer langen, schrägen, nach allen Seiten drehbaren Stange oder an zwei vom Boden herabhängenden, durch zwei Querriegel verbundenen und höher und niedriger zu schiebenden Hölzern. Allmählich wurden derartige Krüsel auch aus Messing hergestellt. Diese messingnen Krüsel hatten teilweise dieselbe Gestalt wie die geschilderten eisernen. Andere waren viereckig, jede Ecke hatte eine kleine, zum Hineinlegen von je einer Binse bestimmte Ausbuchtung (Fig. 29, 2a u. b). Auch

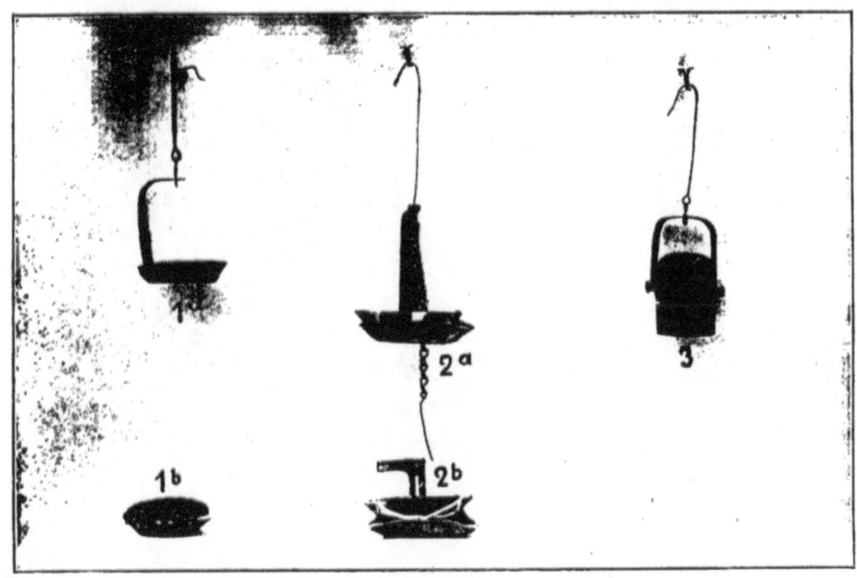

Fig. 29. Krüsel der Heide. Nach Exemplaren des Museums in Lüneburg.

hier diente der eine Krüsel als Untersatz, auf ihm kam ein entsprechender und ebenfalls aus Messing gearbeiteter Einsatz für Tran und Binsen zu stehen. An die Stelle dieser älteren Formen trat später der bekannte krugähnliche blecherne Krüsel, bei dem statt der Binsen ein baumwollener Docht und gewöhnlich statt des Tranes das sogenannte Brennöl (raffiniertes Rüböl) Verwendung fand (Fig. 29, 3). Sparsame Frauen lösten auch wohl ein altes Stück Barchent auf, um so Dochte zu gewinnen. Dieser Krüsel wurde auch mit einem breiten Fuß versehen; eine derartige Stehlampe hieß ein Tran-funzel; der Name erklärt sich wohl daher, daß nach alter Weise in diesen Krüseln zunächst noch Tran gebrannt worden ist, bis das Brennöl ihn verdrängt hatte. — Dann folgte die zunächst sehr einfache Laterne mit Brennöl, schließlich das Petroleum, dessen Verwendung etwa gleichzeitig mit dem Bau besonderer Küchen begann.

Auf dem Flett der meisten Häuser sah man die Rolle mit dem Handtuch an dem einen Höftständer, Koffer, Laden und Schränke, ein Schlafgelaß für Dienstboten und einige Börte an der Wand der Stubenseite, der Dönzenwand. In dem einen,

Fig. 30. Allerlei Hausrat (vgl. den Text).

höheren, oberhalb des Rehmens hinlaufenden Bört standen allerlei Zierrate, vorzugsweise Hochzeitsgeschenke, große irdene weiße Teller, mit gelben, grünen, blauen Blumen bemalt (irn Foet = irdene Gefäße), allerlei Zinngerät (tennen Foet), auch ein Bierkrug (Krôs) mit dem Sachsenroß. Ein anderes, gewöhnlich etwas tiefer hängendes Bört enthielt das täglich gebrauchte Geschirr. In anderen Häusern hatte man für derartige Gegenstände ein stehendes Bört, das auf einer Anrichte stand (Fig. 28, S. 190). Auf dem Flett gebrauchte man aber noch mancherlei anderen Hausrat, wie ihn Fig. 30 auf engem Raume vereinigt zur Anschauung

bringen soll. Das Bört (Schöttel-bürt) im Hintergrund (a)
diente zum Trocknen und Aufbewahren des Geschirrs; es bestand
in der Hauptsache aus Leisten, zwischen denen das Wasser abfloß;
oben standen die umgestülpten Milchschalen, die Kümpe und an
sie gelehnt die Teller, auf der tieferen Leistenlage Grapen und
Milcheimer. Das Löffelbrett (Lepel-brett, b) diente zum Hinein-
stecken von Löffeln. Der weidene Speck-anhinger (c) vertrat in
der alten Zeit den Bindfaden. Auf dem Teller-brett (d) lagen
die Schinkenteller. Der große Kochlöffel (Slef, e) war gleichzeitig
das Zeichen des weiblichen Regiments; wenn der Vater den Hof
an den Sohn abtrat, gab die Mutter, wie man sich ausdrückte,
den Schlef an die Schwiegertochter ab. Stöt-ammer (f) und
Stöter (g) werden uns beim Schlachten, Bobber-karrn (h) und
Bobber-sticken (i) beim Buttern, das Bük-hult (k) beim Waschen
und der Ketüffel-moser (l) beim Kochen begegnen.

Um die Lage des Kellers deutlicher bezeichnen zu können, ist
zunächst auf die Räumlichkeiten hinter der Dönzenwand einzu-
gehen (vgl. für die folgenden Seiten Fig. 31). Dort liegen in der
Regel zwei Stuben (Dönzen), die durch einen Zwischenraum
(Twischen-kommer) mit einander und durch je eine Tür mit dem
Flett verbunden sind. Die eine Stube heißt einfach de Dönz,
die andere de Blangen-dönz (Nebenstube); aber eine bestimmte
Regel über die Lage von Dönz und Blangendönz bestand nicht:
bald lag die Dönz auf der rechten Seite (vom Flett aus gerechnet)
und die Blangendönz auf der linken, bald war es umgekehrt.
Der Keller pflegte nun unter der Blangendönz[1]) angelegt zu
sein, vielleicht, um die vorzugsweise benutzte Dönz nicht unnötig
fußkalt zu machen; seine Klappe lag unmittelbar vor der Tür der
Blangendönz.

In der Mitte der Dönzenwand befand sich eine Tür. Hinter
ihr führte eine kleine Treppe zu dem Dönzen-boen[2]) empor, einem
Boden, der seinen Namen davon hatte, daß er sich über den beiden
Stuben ausdehnte. Bekanntlich ist nun die Höhe der Stuben verhältnismäßig gering; daraus erklärt es sich, daß der Boden, der

---

[1]) Daher heißt diese auch Keller-dönz.

[2]) Boen (mnd. bone, vgl. das hochd. Bühne) bedeutet das obere Stockwerk (so hier), dann die das obere und untere Stockwerk scheidende Bretterlage.

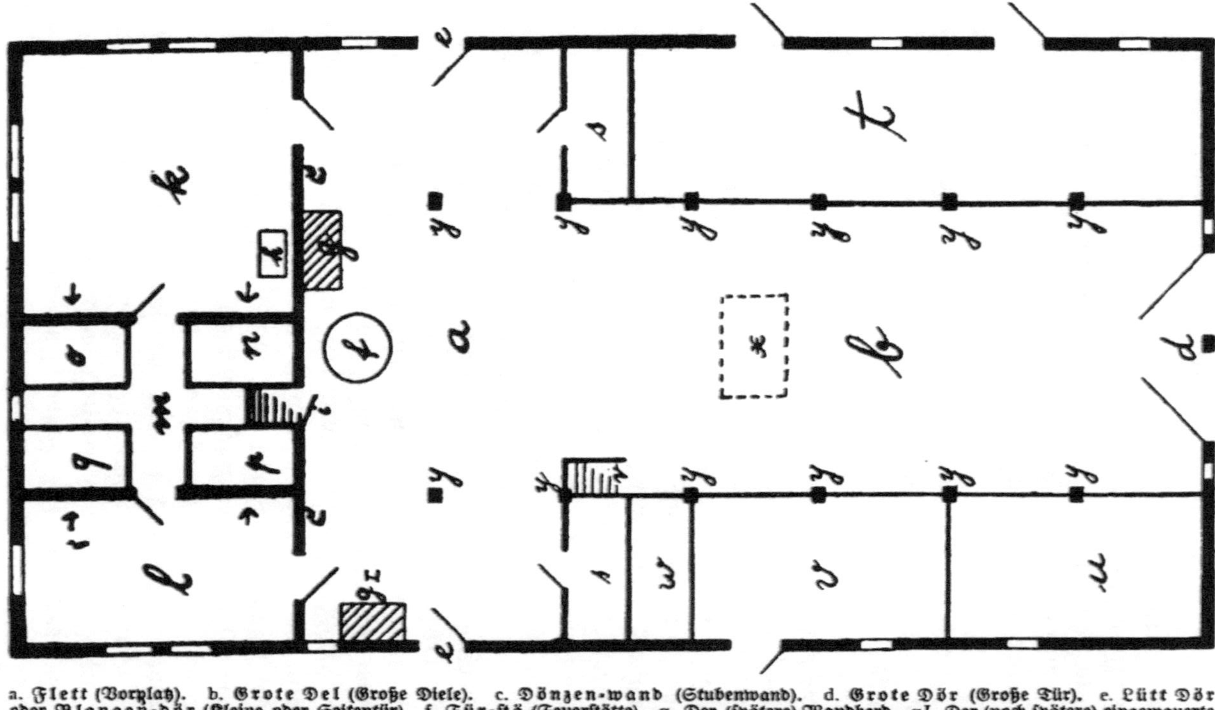

Fig. 31. Bauerhaus auf Höftständern gebaut.

a. Flett (Vorplatz). b. Grote Del (Große Diele). c. Dönzen-wand (Stubenwand). d. Grote Dör (Große Tür). e. Lütt Dör oder Blangen-dör (Kleine oder Seitentür). f. Für-stä (Feuerstätte). g. Der (spätere) Wandherd. gI. Der (noch spätere) eingemauerte Kessel. h. Stubenofen. i. Tür und Treppe zum Dönzen- oder Kurn-boen. k. Dönz. l. Blangen-Dönz (Seitenstube). m. Twischen-kommer. n.—q. Schlafräume (Butzen). r. Treppe auf den Hau-boen. s. Kammern (Butzen, Vorratsräume). t. Kuhstall. u. Pferde-stall. v. Stall für Kälber und Jungvieh. w. Schweinestall. x. Luke. y. Höft-stinner (Hauptständer).

über der Großen Diele und dem Flett in gleicher Höhe läuft, bei der Dönzenwand sich der Stubenhöhe entsprechend senkt. Auf dem Dönzenboen bewahrte die Hausfrau das fertig geräucherte Fleisch, das teils an einem Gestell hing, teils in einer Lade lag; dort lagerten auch — trocken über den Wohnräumen — in den „Kornkümpen" (vgl. S. 79) das ausgedroschene Getreide, daher hieß dieser Boden auch Kurn-boen.

Über ihm lag noch ein anderer Boden, zu dem man aber nicht von dem Kurnboen, sondern von der Großen Diele her gelangte. Man mußte dort zunächst auf den Boden steigen und sich durch die über dem Flett lagernden Heuvorräte hindurcharbeiten: dann stand man vor dem Bodenraum, der über dem Kurnboen lag; dieser Raum wurde auf beiden Seiten von der Schrägung des Daches und hinten von einem Stück der Giebelwand mit dem Eulenloch begrenzt. Der Raum war nur niedrig, doch um ihn nicht unbenutzt zu lassen, stapelte man auch dort Heu auf. Gewöhnlich konnte man sich nur kriechend in ihm bewegen, und daher hieß dieser Boden der Kroepel, eigentlich wohl Kroepel-boen (von kroepeln = ein Krüppel sein, kriechen).

Nehmen wir die Dönz auf der rechten Seite an! Durch eine kleine Tür mit einer Klinke und einem länglichrunden Fenster trat man in einen vielleicht acht Fuß hohen viereckigen Raum. Die Lehmdiele war mit dem Reisig- oder Ginsterbesen (Ris- oder Brâm-bessen) sauber ausgefegt worden und mit weißem Sand bestreut. Rechts von der Tür stand vielleicht ein kleiner Tisch mit einem Stuhl, in der Ecke stand oder hing die Wanduhr (Klock). An der rechten Längsseite waren zwei Fach niedriger Fenster in Bleifassung mit blauen Papierrouleaux (Pepier-rullosen) angebracht, an der Wand lief eine Bank mit durchbrochener Lehne[1] hin. Auch vor den beiden Fenstern der dem Eingang gegenüberliegenden Seite stand eine Bank, als Fortsetzung der vorher genannten; sie ließ aber in der Ecke links Platz für die „Schatolle" (dat Schetull, Fig. 32). In dem oberen Teile des Schetulls standen buntfarbige Tassen, eine Zuckerdose, ein Milchtopf, Kannen

---

[1] Bisweilen war der untere Teil der Bank als Lade zum Aufbewahren des Tischtuches und anderer Gegenstände hergerichtet; der Sitz ließ sich dann aufklappen. Die Lehne pflegte bei solchen Bänken zu fehlen.

und Leuchter, alles Hochzeitsgeschenke der Brautjungfern, in den Schubladen lagen Leinensachen, der mittlere, durch eine Klappe geschlossene Teil war der Geldschrank des Bauern. Zwischen den Fenstern der rechten Längs-seite hing der beim Einkauf der Aussteuer vom Kaufmann zugegebene Spiegel; er war gewöhnlich schräg angebracht, und der Platz zwischen ihm und der Wand diente zur Aufnahme von Zeitungen und allerlei Schriftstücken, soweit sie dem Auge anderer nicht entzogen werden sollten; un-angenehme Mitteilungen fan-den anderwärts ihren Platz, und von solchen hieß es des-halb: dat warb he wol nich achtern Speigel steken. Hatten die Frau und die Mägde sich im Flett gewaschen und abgetrocknet, so gingen sie in die Stube, um sich vor dem Spiegel das Haar zu machen (de Müt upto-setten, S. 99). Die Kämme steckten in dem selbstgefertig-ten Kammfutteral (Kamm-futter), das unter dem Spiegel hing. Dieses war ein Stück Pappe, an das mehrere kleine Pappstücke als Taschen

Fig. 32. Schetull (Schatulle.)

schräg mit starkem Zwirn genäht worden waren. Darauf war die Pappe mit buntem Papier und Rauschgold beklebt worden.

Die Wand zur Linken war mit Brettern verschalt, die ebenso wie die Tür, die Fenster und die Bänke einen blauen (graublauen, gelben) Anstrich zeigten. An dieser Wand befanden sich zwei

Schlafstätten (Butzen), zwischen denen eine Tür nach der Twischen-kommer führte. In der einen schliefen die bejahrten Eltern, in der anderen das junge Ehepaar (de jungen Lü'). Diese Verschläge befanden sich so hoch über dem Fußboden, daß die Benutzer hin-aufsteigen mußten (Fig. 33). Vor der Butze war eine Schiebetür

Fig. 33. Butze (Schlafraum) mit Kartoffellager darunter.

(Schüwer). Die Decke und Seiten waren geweißt, wie die Stube. Der Raum unter den Brettern ward in manchen Häusern, besonders im Winter, in eigenartiger Weise ausgenutzt: hinter einer Klappe lagerte dort immer ein Haufen Eßkartoffeln, der Hausfrau für den täglichen Gebrauch bequem zur Hand und vor dem Verfrieren geschützt. Die Butzen waren nicht lüftbar. An das Aufmachen des Bettes dachte man gewöhnlich erst in der Abenddämmerung, da fand sich noch am ehesten die Zeit dazu: die Stücke wurden auf Stühle gepackt ('raf kregen) und das Stroh mit dem in der Ecke stehenden, unten zugespitzten Bett-stock aufgeschüttelt; dann kamen jene wieder hinauf (würen wedder 'nupmakt). Einmal im Jahre wurde die Butze gelegentlich einer Wäsche gründlich gereinigt; man seifte die Bretter mit der bei dieser benutzten Buchenlauge und erneuerte Anstrich und Stroh. Ebenso „schlichtete" man einmal die älteren Betten im hellen Sonnenscheine, d. h. man bürstete die Inletts außen und innen mit einem aus Weizen- oder feinem Roggenmehl hergestellten Kleister; die Überzüge wurden dadurch widerstandsfähiger und ließen keine Federn durch. Hatte gerade eine Kuh gekalbt, so bürstete man statt mit Kleister mit der ersten Milch, der Best-melk. Allmählich traten an die Stelle der Schiebetüren Türen, die bis auf den Fußboden reichten; man nannte solchen Schlafraum Alkawen nach dem Alkoven der höheren Stände. In Wirklichkeit war aber beim Alkawen alles — bis auf die Tür — beim Alten geblieben; erst eine spätere Zeit brachte eine wesentliche Verbesserung, die Vergrößerung des Schlafraumes und die frei hinter der Tür stehenden Bettstellen, wie sie heute die Regel sind.

Links von der Stubentür stand gewöhnlich der eine Lehnstuhl, dann folgte der auf Eichenklötzen stehende Ofen, unter und in dem gern das Fußzeug und die Wäsche getrocknet wurden, hinter dem Ofen der andere Lehnstuhl: hier saßen die Frau als Wöchnerin und erkrankte Hausgenossen, hier war der Lieblingsplatz der Großmutter. Vor der benachbarten Butze stand eine pritschenartige Ruhebank (Rauh-bank), auf der der Bauer seine Mittagsruhe hielt, eine rohgearbeitete, mit Vorliebe rotbraun angestrichene Holzbank, deren schräges Kopfende dem zweiten Lehnstuhl zugewandt war. In anderen Häusern stand die Ruhbank so, daß die Füße des Ruhenden unmittelbar den Ofen berührten; daher bedeutete he warmt sik de Tön (wärmt sich die Zehen) so viel, wie „er liegt auf der Ruhebank". Hier und da diente die Ruhebank, wie wir das oben bei der Sitzbank sahen, gleichzeitig als Lade.

Über der dem Ofen näheren Butze war in der Wand ein Milchschrank (Melk-schapp) angebracht. Da die Balken unter der Decke lagen, hatte man weitere Börte dadurch hergestellt, daß man überstehende Latten unter die Balken nagelte und mit Brettern belegte; die betreffende Milch stand allerdings frei und war arg dem Staube ausgesetzt. In anderen Häusern hatte man auch stehende Milchschränke, deren Türen hier und da sogar mit Schnitzwerk versehen waren. Unter einem der Balken war der Krüsel befestigt. An der Decke hingen aus Eiern zurechtgemachte Vögel, wie wir sie vom Erntefeste kennen.

Über der anderen Butze, auch wohl über dem Schetull und in den Ecken, hing allerlei Wandschmuck (Schilleratsen, d. h. Schildereien, Malereien), Darstellungen der Jahreszeiten, Frauenköpfe, eingerahmte Einsegnungsverse, biblische Darstellungen, neuerdings auch Photographien. Haussegen, denen man heute hier und da in den Bauerhäusern begegnet, waren noch nicht bekannt, wohl aber besaßen manche in Abschrift einen sogenannten Haus- und Schutzbrief oder Himmelsbrief, der vor allen Gefahren, Dieben, Mördern, feindlichen Geschossen und Gefangenschaft feite und den die ausziehenden Krieger zu ihrem Schutz mit ins Feld nahmen. „Vom Himmel gesandt ist dieser Brief, im Holsteinischen ist er gefunden worden 1724. Er war in goldenen Buchstaben geschrieben und schwebte zu Radagina (in einer anderen Abschrift Biatagier) über der Taufe. Wer ihn ergreifen wollte, dem wich er zurück, bis 1791 einer sich den Gedanken machte, ihn abzuschreiben und der Welt mitzuteilen, zu dem neigte sich der Brief." Auch als Bilderbogen wurden ähnliche Schutzmittel verbreitet; so befindet sich in meinem Besitz ein „Haus- und Schutzbrief vom Jahre 1724" mit Waffen und Geschossen, Sprüchen und Gebeten.

Vor den Bänken stand der große viereckige Eßtisch aus Eichenholz. Seine vier Füße waren etwa in der Höhe von 4—5 Zoll durch Leisten verbunden: diese gaben dem Tisch festeren Halt, dienten zum Messerschärfen und besonders zum Aufsetzen der Füße (daher der Name Fot=listen). Eine besondere Fußbank war, wie früher (S. 195) erwähnt worden, nicht bekannt. Sonnabends wurde der Tisch mit Sand gescheuert, wodurch er im Laufe der Zeit eine ganz weiße Farbe erhielt. Auf den Bänken (achtern Disch) saßen die Dienstboten, auf Lehnstühlen (vörn Disch) der Bauer und seine Frau, die Kinder auf Stühlen, in Familien mit viel Kindern und wenig Dienstboten auch auf den Bänken. Es leuchtet ein, daß hier die uralte Sitte fortlebte, nach der auf dem Hochsitz der Herrscher und auf den Bänken das Gefolge seinen Platz hatte. Auch der Gast mußte sich auf einem Stuhle niederlassen. In den bäuerlichen Gastwirtschaften wird noch heute jeder, dem eine gewisse Ehrerbietung erwiesen werden soll, ausdrücklich gebeten, sich auf einen Stuhl zu setzen: sett Di doch nich up de Bank, sett Di doch up 'n Stohl! Die Eindrücke, die man auf alten Tischen sieht, stammen aus der Zeit der dreifüßigen Pfanne; diese stand gewöhnlich auf Torfkohlen und wurde dann unmittelbar auf den Tisch gesetzt. Die Magd pflegte zwar vorher mit den heißen Pfannenfüßen einigemal auf dem sandigen Fußboden hin und her zu streichen, aber jene waren doch nicht immer hinreichend abge=kühlt. Als nach der Einführung der Sparherde die Füße fortfielen und die „glatte“ Pfanne aufkam, legte man ein Stück Holz oder einen eisernen Ring unter. In der Ecke, auch zwischen den Fenstern, waren Streifen von Leder angebracht: durch diese steckte das Ge=sinde[1]) nach der Mahlzeit den abgeleckten und im Tischtuch abge=trockneten Löffel. Jeder hatte seinen eigenen, durch eine Kerbe oder ein sonstiges Zeichen kenntlich gemachten Löffel; überall gab es Leute, die aus Ahorn (Alhurn) mit dem eigenartig gekrümmten Löffel=messer (Lepel=mest) Löffel zu schnitzen verstanden und verkauften. Auch die oder, wie man sagte, „der“ Gabel (Gawel) hatte dort ihren Platz; aber es dauerte lange, bis sie zur allgemeinen Ein=führung gelangte (vgl. S. 183). Ein Messer trug jeder in' der Tasche (ebd.), selbst die Dienstmädchen, die es noch heute ebenso wie die Knechte zum Zerschneiden der Speisen mit aufs Feld nehmen.

Wir gehen jetzt durch die mit alten Laden und Schränken be=setzte Twischenkommer und werfen einen Blick in die Blangen=dönz: Koffer und Laden, für die Dienstmädchen bestimmte Butzen, die denen der Stube zugekehrt liegen, das Ganze macht den Ein=druck einer Rumpelkammer.[2]) Nur wo die Altenteiler ein besonderes Zimmer für sich verlangten, ging man vielleicht an eine würdigere Ausstattung dieses Raumes.

---

[1]) Löffel und Gabel der engeren Familie pflegte die Hausfrau mit einem nassen Tuch abzuwischen und nachzutrocknen und in die Schublade (Schuf) des Tisches zu legen.

[2]) Diese Stube wurde denn auch oft nur „Kammer“ genannt.

Zum Guten den Glanz und den Schimmer zu fügen, das verstand die Bauerfrau nicht. Vor den Fenstern der Stuben sah es meistens öde aus. Kein Blumenschmuck, höchstens ein Teller mit einem Vergißmeinnichtkranz (S. 21) und ein Topf mit Hauslauch (Hûs-lô), dessen Blätter und Saft gegen Brandwunden, Warzen und Geschwüre Verwendung fanden; andere hatten dort einen „Brandbaum" stehen, ein Zwiebelgewächs mit dicken, fleischigen Blättern, die, ebenso wie der Hauslauch, durchgeschnitten und mit der Innenseite aufgelegt, Brandwunden heilten. Auf dem Dach über der kleinen Tür befand sich eine Schale mit Donnerkraut, die nach vorne zu durch breite Stäbe oder Stöcker fest und gerade gehalten wurde und über die das Gewächs nach allen Seiten weit hinausgewuchert war. Dieses Donnerkraut auf dem Dache (auch Dack-lô genannt) schirmte das Haus vor Blitz; außerdem lasen bei schwerem Gewitter alle Hausgenossen im Gesangbuch: eine eigenartige Verquickung heidnischen und christlichen Denkens.

Blumenzucht wurde nur in bescheidenen Grenzen getrieben. In den ersten Monaten des Jahres zogen Männer aus dem lüneburgischen Bardowieck, die mit kleinen Beuteln gefüllte Kiepe auf dem Nacken, von Dorf zu Dorf und verkauften die Wirtschaftssämereien, Runkel-, Steckrüben- und Kohlsamen. War gut eingekauft worden, so gaben sie för de Kinner en beten Blomensaat to, und lediglich, um diesen eine Freude zu machen, legten die Eltern, etwa vor den Fenstern der Dönz, ein Blumenbeet (Blomen-bleck, von mnd. blek = Platz, Stelle) an. Dort wuchsen denn bald die mannigfachsten „Rosen", womit, wie in anderen Teilen Deutschlands, alle rosenähnlichen Blumen und überhaupt Gartenblumen bezeichnet wurden. Dort blühten Reseda und Goldlack, die Päonie (Pings-rof', Pfingstrose) mit ihren handgroßen Blüten, die riesige Sonnenblume (Sünn-rof'), der Mohn (Mahnrof') und die nelkenartigen Klûster-negel mit den im Klûster oder Klumpen stehenden Köpfchen. Die Kinder rochen an dem scharfen Rüke-busch, zogen lachend ihre gelbgefärbten Näschen aus den Feuerlilien, den Gelen Nesen, zurück, betrachteten behutsam am giftigen Eisenhut oder Venuswagen (Blauge Schoh) die schuhförmigen Blütenblätter und in den Blüten das Wägelchen mit den beiden Täubchen und naschten von dem dazwischen gepflanzten

Stachelbeerstrauch (Stickbeern-wrît). Auch der Salbei (Salwei) stand dort, dessen Blätter die Mutter dem Hausmittelschatze einverleibte.

Die Baumzucht fand bessere Pflege. An Stelle einer gefällten Eiche wurde sofort eine neue gepflanzt; so blieb die Zahl der Eichen stets dieselbe, oder sie vergrößerte sich gar, während heute die kurzsichtigen Enkel den langsam wachsenden und spät nutzbaren Baum zu wenig nachpflanzen und so das niedersächsische Landschaftsbild eines schönen Reizes mehr und mehr verlustig geht. Die Eichen waren der Stolz und die Freude des Landmanns, und mancher besaß einen besonderen „Eichhof“; ein alter Bauer meiner Heimat, wegen seines Baumreichtums weit und breit der Eichenkönig genannt, lehnte einmal die Zumutung, seine Eichen zu fällen und das Geld auf die Sparkasse zu tun, mit den Worten ab: Dat Gild kann ik nich sehn, awers de Eken kann ik alle Dag’ sehn. Der „Grashof“ stand voll Obstbäume,[1] unter denen im Sommer oft die Gössel weideten. Neben den Eichen umgaben Obstbäume, Schatten spendend, das Wohnhaus. Auch der Hollunderstrauch war auf vielen Höfen zu finden, und hier und da lebte noch der Glaube, daß unter seinen Wurzeln die Zwerge, die guden Holden, wie sie anderwärts hießen, sicher aber auch in der Heide einst genannt wurden,[2] ihre Wohnung hätten und das Abhauen des Strauches Unglück für das Haus heraufbeschwöre.

Von der Großen Diele (vgl. Fig. 31, S. 200) führte eine Treppe auf den Boden (Boen), auf dem vorzugsweise das Heu (daher der Name Hau-boen), daneben ein Teil des Getreides aufgestapelt war. Die Treppe lag der Bequemlichkeit wegen stets in der Nähe des Vorplatzes. Oft war neben ihr in der Wand ein Verschlag zum Schlafen angebracht. Die Diele entlang stand das Vieh. Schon Tacitus (Germ. 5) erzählt von den Germanen,

---

[1] „Obst“ drückte man durch Appel un Beren, also nach den häufigsten Obstsorten, aus, oder man gebrauchte Aft (mnd. avet), das aber jetzt durch „Obst“ mehr und mehr verdrängt wird.

[2] Ich habe Jahrb. 23, 55 f. den Nachweis zu führen versucht, daß durch den Nordwesten der Heide sich eine noch heute in den Ortsnamen wahrnehmbare Spur alter Holdenverehrung ziehe (Hollen-stedt, Hol-linde, Hol-vede, Hol-torf und das schon im Stadischen liegende Hollen-beck).

daß die Rinder ihr „alleiniger und liebster Besitz“ (solae et gratissimae opes) seien: dem entspricht es, wenn in der Heide das Vieh, besonders das Rindvieh, dat Got, das Gut, genannt wird. Und wenn Tacitus an derselben Stelle sagt, die Germanen hätten vor allem an der „Zahl“ der Rinder ihre Freude (numero gaudent), so stimmt hierzu genau, daß der Heidebauer mit Vorliebe von seinem Veh-stapel spricht, denn Stapel bezeichnet den aufgeschichteten Haufen, die Menge. Die Kühe waren mit der Halskette an einen Ring gefesselt, der um den bis an den Boden reichenden Stallbaum auf und nieder lief und so dem Kopfe freie Bewegung gestattete. Häufig lagen auf der einen Seite die Ställe für die Kühe, ein Stall für Kälber und Jungvieh, ein anderer für einen Teil der Schweine (soweit diese nicht in der Scheune untergebracht waren, also etwa für eine Muttersau mit ihren Ferken) und der Pferdestall. Wohl ausnahmslos hatte der Pferdestall unten auf der Diele bei der Großen Tür seine Stelle, damit die Pferde beim Hinaus- und Hineingehen möglichst wenig die Diele beschädigten. Nicht selten war auch besonders in der Nähe des Fletts diese und jene „Kammer“ zur Aufbewahrung von landwirtschaftlichen Geräten oder als Vorratskammer oder Schlafgelaß abgeschoren. Unmittelbar vor den Köpfen der Tiere standen sogenannte Höft-stinner, paarweise, durch das ganze Haus verteilte Ständer, von denen etwa 5—6 Paar auf ein Bauerhaus kamen. Jeder Ständer hielt 18 Zoll ins Geviert, war kantig beschnitten und bestand aus Eichenholz. Als Beispiel für die Haltbarkeit dieses Holzes sei angeführt, daß ein von einem mir bekannten Zimmermann vor einiger Zeit herausgenommener, „noch ganz kerniger und gesunder“ Höftständer die Inschrift „Anno 1590“ gehabt hat. Auf beiden Seiten der Diele, unmittelbar vor den Viehställen, lag ein auf Feldsteinen ruhender eichener Lagebalken (de Leg’), in dem die Ständer standen (Fig. 34). Diese Balken waren von der gleich hohen Diele verdeckt; sie bildeten gleichzeitig die Bordschwelle der 1—2 Fuß tiefer liegenden Viehställe. Die beiden Höftständer des Fletts standen nicht in einer Lege, sondern hatten ihre besondere Basis. Über den Höftständern jeder Seite liefen Längsbalken; je zwei starke, mit Zapfen eingelassene Kopfstreben hielten einen Höftständer mit dem Längsbalken zusammen. Auf den Längsbalken,

ben Luchten,[1]) lagen, Diele und Flett überspannend, Quer=
balken, die ihrerseits die Bretter des Bodens trugen. Jeder Höft=
ständer war nun aber auch mit dem betreffenden Querbalken durch
eine Strebe verbunden. Die drei genannten Kopfstreben hießen

Fig. 34. Konstruktion des Gebälks.

a. Höftständer (Höft=stinner). b. Lagebalken (Leg'). c. Längsbalken (Lucht). d. Quer=
balken. e.—g. Kopfstreben (dat Band=hult). h. Hauptsparren (Sporen). i. Aufläufer
(Up=löper). k. Riegel (In=tog). l. Oberster Balken der Außenwand (Mur=platen).

zusammen dat Band=hult (Verbindungsholz). Die Querbalken
ragten auf jeder Seite etwas über; an ihrem Ende waren die

---

[1]) Lucht hängt sicher mit mnd. luchten aufheben zusammen und be=
zeichnet die Längsbalken als die Emporheber oder Träger der Querbalken
und des gesamten Bodens.

Hauptsparren (Sporen) befestigt. So ruhte denn (vgl. Fig. 35) die Hauptlast des Gebäudes auf den Höftständern, und hieraus erklärt sich auch ihr Name; denn Höft ist das mnd. hôft und bedeutet das „Haupt", also Höft-stinker sind die Hauptständer. Bei dieser Bauart, bei der, wie man sagte, das Haus „auf Höft-ständern gebaut" war, reichte denn auch für den unteren Teil des Daches leichter gearbeitetes Sparrenwerk aus, sogenannte Slêten, einmal durchschnittenes Tannenholz; diese begannen ein gutes Stück unterhalb des Mur-platens (der Mauer-platte), d. h. des oberen

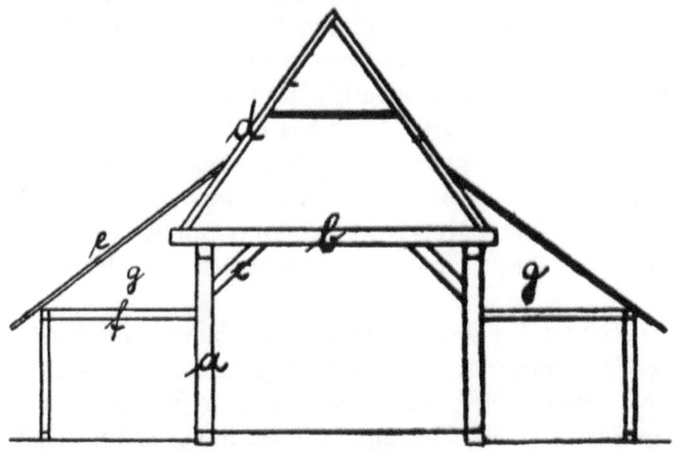

Fig. 35. Querschnitt des Bauerhauses.

a. Höftständer. b. Querbalken. c. Kopfstrebe. d. Hauptsparren. e. Aufläufer. f. Jntog. g. Sille.

Balkens der Außenwand, denn das Dach pflegte weit hinabzu-reichen, so weit, daß ein zwölfjähriges Kind bequem hinanreichen konnte; mit den Hauptsparren wurden die Schleten nicht schon in der Höhe der Querbalken verbunden, sondern erst an einem höheren Punkte; sie liefen zuerst noch eine Strecke überher, näherten sich mehr und mehr und liefen schließlich gleichsam auf die Hauptsparren auf, daher wurden sie Up-löpers (Aufläufer) genannt. Die Haupt-sparren und die Aufläufer waren die Unterlage für die Latten, die mit Weiden festgebunden wurden und dann ihrerseits wieder die Unterlage für das Strohdach bildeten. Die Hauptsparren ließ man so, wie der liebe Gott sie hatte wachsen lassen, nur die obere

14*

Seite, auf der die Latten zu liegen kamen, wurde gerade zugehauen; auch die Längs- und die Querbalken behieb man nur, soweit es nötig war.

Mit dem oberen Rand der Außenwand verband jeden Höftständer ein sogenannter Riegel, der an Stärke etwa einem viertel Balken entsprach. Dieser Riegel hieß der In-tog, da er die Außenwand vor dem Ausweichen nach außen bewahrte, sie gleichsam nach innen zog (vgl. Fig. 34 u. 35). Quer über diesem Riegel lagen Schleten, die die Decke der Viehställe und gleichzeitig den Boden der Hille bildeten. Nämlich der Raum auf beiden Seiten der Diele oberhalb der Ställe, den seitwärts ein Teil des Daches und oben das Ende der Querbalken begrenzte, hieß de Hill (mnd. hilde). Hier, up de Hill, stand das geschüttete Dachstroh, lagen Heideplaggen mit Moorerde (Schuppen), die, getrocknet, ein gutes Feuer gaben, und für die Milchkühe bestimmtes Heu, hier hockten auf Sitzstangen, dem Wiemen, die Hühner; an den Balken standen und hingen Strohnester und alte Bienenkörbe, in die die Hühner legten.

Die Bretter des Bodens waren gewöhnlich recht dünn gelegt, und Heu und Getreide lugte neugierig durch; auf diese Weise sparte der Bauer Geld und gewährte dem so dienlichen Rauch leichteren Zutritt zu den Vorräten. Etwa in der Mitte befindet sich die zum Hinauf- und Hinabschaffen des Heues und des Getreides dienende Luke (Luk').

Der Diele gewähren die beiden in der Höhe der Großen Tür angebrachten und ein Fach füllenden Fenster (vgl. Fig. 1) und die Fenster des Fletts ein sehr spärliches Licht, aber die Große Tür steht, zumal im Sommer, fast den ganzen Tag offen. Sobald Wagen durch die Große Tür fahren sollen, müssen zuvor der Mittelständer (be oder dat Döffel, mnd. dorftel) der Tür und ihr Lagebalken (de Dör-leg') fortgenommen werden.

Werfen wir nunmehr einen Blick auf den Raum zwischen dem Hause und der steinernen Hofmauer oder dem aus kreuzweis stehendem Eichenspaltholz gefertigten Zaun! Hinter einer der Kleinen Türen, oft in bedenklicher Nähe des Viehstalles, lag der Ziehbrunnen (Sot, von mnd. sêden = sieden, kochen, aufwallen, also eigentlich die Quelle, Fig. 36). Hier stand die Frau oder die

Magd, drückte die am Querbalken (Sot=swinger, d. h. Brunnen=
schwengel) durch ein Kettenglied befestigte Stange nicht ohne An=
strengung hinab, bis der Schöpfeimer sich füllte, ließ Stange und

Fig. 36.   Der Sot (Ziehbrunnen).

Eimer durch die Wucht des hinten durch einen Grapen und Steine
beschwerten Querbalkens, der in der Gabel eines eingegrabenen
starken Stammes um einen eisernen Bolzen sich bewegte, leicht
emporgleiten[1]) und goß dann das Wasser in die mitgebrachten Eimer.

____

[1]) Die kleinen Leute, soweit sie einen eigenen Brunnen besaßen und
nicht den eines Bauern mitbenutzten, hatten oft keinen Sotswinger, sondern

Oder sie füllte den neben dem Sot-geslink,[1] dem unteren viereckigen Brunnenrahmen aus Eichenbalken, stehenden langen Börn-
trog, damit die von der Weide kommenden Tiere ihren Durst
stillen konnten. Auf jenem Rahmen erhoben sich vier gleiche senkrechte Balken, rings mit eichenen Brettern benagelt und oben in
halber Manneshöhe mit halbbicken Ständern umgeben. Unter
diesem Rande befestigte die Wasserträgerin nach getaner Arbeit
den Schöpfeimer und kehrte, indem sie die Eimer mit der um die
Schulter gelegten Dracht[2] (oder Dracht-hult) trug, trockenen
Fußes — dank dem Feldsteinpflaster an der Ausgußseite des
Brunnens — ins Haus zurück.

Bekanntlich lag die Große Tür gewöhnlich nach der Straße
zu, also im Vör-hus, während das eigentliche Wohnhaus hinten
lag, weshalb es auch dat Achter-hus hieß.[3] Man darf nun diese
Anordnung der Wohnräume nicht, wie es wohl geschieht, als eine
Folge des in sich gekehrten und sich von der Welt abschließenden
niedersächsischen Sinnes hinstellen. Das Maßgebende war die Lage
der Großen Diele und der Großen Tür: beide sollten naturgemäß
so liegen, daß die Dung- und Erntewagen möglichst bequem die
Straße erreichten.[4] So erklärt sich die obige Anordnung zunächst
aus wirtschaftlichen Gründen; ethische Rücksichten haben dabei keine
ausschlaggebende Rolle gespielt.

Vor der Großen Tür lag auf der einen Seite, stellenweise
auf beiden Seiten, der Misthaufe (Meß-hümpel, Meß-miet).[5]

---

zogen den Eimer mit einer in einen Haken auslaufenden Stange empor;
diese lag gewöhnlich quer über dem Geländer.

[1] = Brunnenschlund (vgl. mnd. slunk = Schlund).

[2] Eigentlich die Vorrichtung zum Tragen (mnd. dragen).

[3] Lag das Haus weiter von der Straße ab, so baute man auch anders.
Die bequeme Anfahrt (vgl. im folgenden) war in diesem Fall auf dem
großen Hofraum ja bei verschiedener Bauart möglich.

[4] Aus demselben Grunde liegt in der Elbmarsch (z. B. in Ober- und
Nieder-Marschacht und Umgegend) die Große Tür nach der Feldseite zu,
so daß ein bequemer Koppelweg unmittelbar von den Feldern zu ihr führt;
die Wohnräume sind dort infolgedessen nach der hinter den Häusern laufenden
Hauptverkehrsstraße, dem Deiche, gewandt.

[5] Wenn in manchen Dörfern die Große Tür als Missen-bör bezeichnet
wird, so liegt dieser Bezeichnung wohl die Sitte, den Dünger aus dem Stalle
in eine Grube zu werfen (mnd. miste Düngergrube), zugrunde.

Der Heidhaufe (Heid-hümpel) hatte gewöhnlich auf dem Hofe unter einem Baume seinen Platz; im Winter waren zum Schutze Bretter herumgesetzt. Besondere Schuppen zur Aufbewahrung der Heide (Heid-schur) sind wohl erst in neuerer Zeit errichtet worden. Das Gleiche gilt von den Holz- und Torfschauern (Hult-, Törf-schur). Manche besitzen auch einen gemeinsamen Schuppen für Holz, Torf und Heide.

Holz wurde früher fast nur zum Backen verwendet (Backer-hult). Man packte es dahin, wo gerade Platz war, ebenso wie den Torf. Eine bestimmte Menge Holz wurde den Mitbesitzern einer Waldung unentgeltlich geliefert; den Bedarf an Torf deckte die eigene Wirt-schaft. Arme Frauen lasen mit ihren Kindern im Holze die Wind-brüche auf; de Hult-sökers nannte man sie.

An Nebengebäuden werden in einem Weistum der Reforma-tionszeit[1]) die Scheune und das Backhaus genannt, und in dieser Hin-sicht ist es bis ins 19. Jahrhundert im ganzen beim Alten geblieben. In der Scheune (Schün) hat sich die uralte Banse (Bans'), der Aufbewahrungsort für Getreide neben der Tenne, bis heute erhalten.[2]) Der Fußboden der Banse wurde und wird an manchen Orten mit kleinen Steinen gepflastert oder mit gutem Lehmstrich überzogen; auf ihn kam zunächst eine Lage Stroh, um die Körner vor der Bodenfeuchtigkeit zu schützen. Auf dieser Unterlage wurde dann das Getreide regelrecht aufgeschichtet (banst). Gewöhnlich wurde zuerst aus der Banse gedroschen, und zwar auf der ebenfalls mit festem Lehm versehenen Tenne, so mit Vorliebe zur Saat im Herbst; das Getreide war dort zur Hand, man brauchte es nicht erst vom Boden des Wohnhauses herunterzuwerfen. In manchen Scheunen war auch, zumal, wenn die Räume neben der Hausdiele nicht reichten, ein Verschlag für die Schweine (Swin-kawen) ge-macht. Besondere Häuser für die Schweine (neben Wohnhaus und Scheune) waren in der alten Zeit unbekannt oder jedenfalls

---

[1]) In dem von mir veröffentlichten Weistum der Holzmark Hollenstedt, das 1533—44 der Pastor Heinrich Lange im Einverständnis mit den damaligen Bauern niedergeschrieben hat. In diesem heißt es (Jahrb. 23, 54 ff., § 6): wol (wer) holt houwet ... thom huse, schune efft backhuse.

[2]) Vgl. meine Mitteilungen Korr. 23, 85. 86, die ich beim Folgenden zugrunde lege.

felten; erft neuerdings hat jeder beffergeftellte Bauer ein Swin-
hus, das bald einfacher, bald beffer (mit Futterküche) ausgeftattet
ift. Hier und da errichtete man auch Speicher zur Aufbewahrung
des gedrofchenen Getreides (Spiker, Kurn-fpiker). Wohl auf
keinem Hofe fehlte in der alten Zeit der Bienenzaun (Immen-
tun, in der Südheide auch Lie, f.,¹) doch war die Anzahl der
Stöcke fehr verfchieden und richtete fich im ganzen nach dem übrigen
Befitze; der eine hatte en grote Lag' (Schicht) Immen, der
andere en lütte. Aborte find auch in diefen Gegenden erft in den
letzten Jahrzehnten gebaut worden; man ging ins Freie²) oder
benutzte, durch Krankheit an das Bett gefeffelt, den Eimer.

In dem erwähnten Weistum gefchieht auch des „Backhaufes"
Erwähnung, und an einer anderen Stelle fpricht es von den
„in Backhäufern wohnenden" Leuten (de yn Backhufen woneth,
§ 16). Diefe Backhäufer, die Häuslingshäufer des 16. Jahrhunderts,
in denen der Häusling mit feiner Familie wohnte und zugleich der
Backtrog und der Backofen des Bauern³) ftanden, find bis in das
19. Jahrhundert in der gleichen Weife benutzt worden. Außer
Backhausbewohnern kennt das Weistum nur Höfner und Kötner
(hovener, koter), und zwar hatte der Kötner in jeder Beziehung
die halben Rechte des Höfners.

Die fpätere landbautreibende Bevölkerung gliederte fich mannigfacher: die Höfner fchieden fich in Voll- und Halbhöfner, die Kötner
in Groß- und Kleinkötner. Die Kötner (Koeter) pflegten in alter
Zeit den Herren nur Handdienfte zu leiften; ein Teil von ihnen
verbefferte aber feine Verhältniffe und begann dann Spanndienfte
zu leiften; diefe aus der Zahl der übrigen hervorragenden Kötner
waren die Großkötner oder, wie man ftellenweife (z. B. in Fintel)

---

¹) Über die Herkunft des eigenartigen Wortes (eigentlich Hütte, dann
Schutz, Schutzhütte) verweife ich auf meine Ausführungen Korr. 24, 21 f.

²) Auf manchen Höfen waren hinter der Scheune zwei Pfähle ein-
gerammt, und darüber lag ein Knüppel; hier (oewer'n Knüppel) verrichtete
das ganze Haus feine Notdurft.

³) Das Brot des Häuslings wurde unentgeltlich mitgebacken. Stellen-
weife fcheint es auch ein öffentliches Backhaus gegeben zu haben; fo beftand
in dem Flecken Toftedt früher ein „Bauernbackhaus" (Bur-backhus);
über derartige öffentliche Backhäufer vgl. Heyne, Hausaltert. I 195, 297,
III 268.

sagte, Pflugkötner (Plôg-koeter). Seit der Verkoppelung, also der Mitte des 19. Jahrhunderts,[1] umfaßte ein Vollhof (Vull-hoff) mit Ackerland, Wiesen, Weide und Heide etwa 360—400 Morgen, ein Halbhof 180, das Besitztum (Kat, Kat-stä') eines Großkötners 90, eines Kötners 45. Diese Zahlen können aber nur einen ganz allgemeinen Anhalt geben. Im großen und ganzen wünschte jeder auf der Stufe, der er einmal angehörte, zu verbleiben, eine zunächst auffällige Erscheinung, deren Erklärung darin liegt, daß nach der obigen Gliederung sich die Höhe der Kirchensteuern richtete. Zu diesen Gruppen traten noch die den Dorfrand, den Brink, besiedelnden Brinksitzer, stellenweise, z. B. in Fintel, Neubauern (Nê-bôern) genannt, mit etwa 25 Morgen, die Anbauer, die sich außerhalb des Dorfes einige Morgen kauften und darauf anbauten, und die Abbauer, die sich im Dorfe auf einem von einem Hofe abgetrennten Stücke niederließen.[2] Neben diesen überwiegend neuen Gruppen dauerte die der Häuslinge fort.

Kehren wir nunmehr zum Backhaus der Heide zurück! Eine Vorstellung von diesen alten Häuslingshäusern gewinnt man aus Fig. 37. Das Haus, dessen Grundriß hier geboten wird und das dem Vollhöfner Peter Prigge in Hollenstedt gehört, ist 1801 gebaut worden, es darf aber ohne Zweifel als Typus des alten Backhauses gelten. Die Länge des Hauses beträgt etwa 8 1/2 m. So ist denn auch der Wohnraum sehr beschränkt; „wir wohnen hier

---

[1] In der Zeit, wo Heide und Weide sich noch im gemeinsamen Besitz befanden, waren die Zahlen natürlich entsprechend kleiner. So giebt H. Dehning in einem Artikel der Harb. Anz. u. Nachr. (2. 8. 1898 „Aus d. Lün. Heide") für die alte Zeit, und zwar zunächst wohl für die Südheide, 4 Hufen zu je 30 Morgen als Besitz des Vollhöfners an.

[2] In der Südheide begegnen zum Teil andere Benennungen. Der Vollhöfner heißt dort auch Bull-meier oder Bull-spänner, da er sein Besitztum mit einem „vollen Spann" (vier Pferden) beackern läßt, der Halbhöfner auch Halbmeier oder Halbspänner. Kötner, Brinksitzer und Anbauer gehören auch der südlichen Heide an. Daneben kommen einige Sattelhöfe und Schriftsassengüter vor. Jene haben, wie es scheint, lange einen Mann im Sattel zu unterhalten gehabt; sie waren von Herrendiensten befreit. Die Schriftsassengüter hatten hinsichtlich ihres Gerichtsstandes besondere Vorrechte. Gering war die Zahl der nach Lehnsrecht besessenen und vererbten Bauerlehne (nach dem in der vorigen Anmerkung genannten Artikel).

in einer Hütte, gerade wie Abraham", meinte einst ein Backhaus-
bewohner, als ich ihm einen Besuch machte.

Andere Backhäuser dehnten sich mehr der Länge nach aus.
Auf der einen Langseite lagen die verschiedenen abgeschorenen
Räume, als letzter die Wohnstube. An der Wohnstubenwand
befand sich der Herd, dicht dabei, an der anstoßenden schmalen
Seite des Hauses, der Backofen. Auf der anderen Langseite blieb
nichts als ein verhältnismäßig schmaler Gang über. [1]

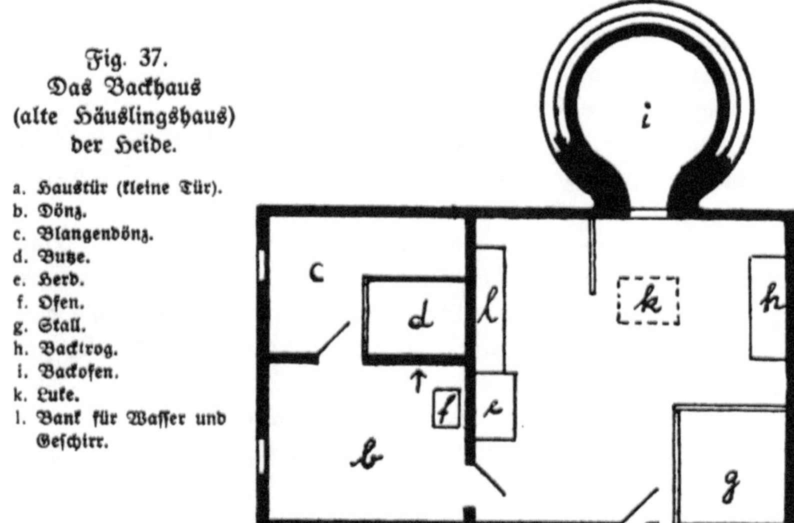

Fig. 37.
Das Backhaus
(alte Häuslingshaus)
der Heide.

a. Haustür (kleine Tür).
b. Dönz.
c. Blangendönz.
d. Butze.
e. Herd.
f. Ofen.
g. Stall.
h. Backtrog.
i. Backofen.
k. Luke.
l. Bank für Wasser und
   Geschirr.

Das Häuslingshaus hieß Hüssel-hûs (von Hüssel Häusling), daneben Lütt-hûs (das kleine Haus); so hieß es: ik will
mal na unsen Lütten Hus. Danach nannte man den Häusling
auch Lüttenhüser, z. B. Minckens Lüttenhüser. War das
betreffende Häuslingshaus ein Backhaus, [2] so hieß der Häusling

[1] Später sind diese Häuser gewöhnlich verbreitert und dann mit einer
Großen Tür versehen worden. Damit näherten sie sich demjenigen Häuslingshaus, das nur als Wohn-, nicht auch als Backhaus gebaut war und von
dem hernach noch zu sprechen sein wird.

[2] Daß dieses nicht immer der Fall war, wird unten näher erörtert
werden; vgl. bereits Anm. 1.

auch Backhüser, und man sprach von Backhüsers Vader, Backhüsers Mudder, Backhüsers Fritz, auch in verkürzter Form von Backers Vader.

Wenn auch im 16. Jahrhundert jedes Häuslingshaus gleichzeitig Backhaus gewesen zu sein scheint, so war das jedenfalls in der Zeit, der unsere Darstellung gewidmet ist, nicht mehr der Fall. Neben dem Backhaus begegnet noch ein anderes Häuslingshaus, das den landwirtschaftlichen Bedürfnissen der Bewohner

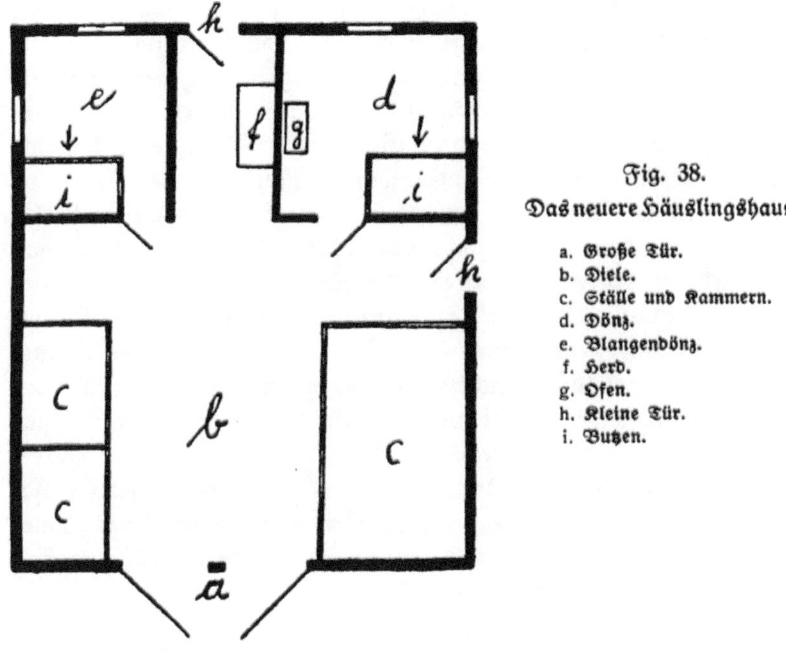

Fig. 38.
Das neuere Häuslingshaus.

a. Große Tür.
b. Diele.
c. Ställe und Kammern.
d. Dönz.
e. Blangenbönz.
f. Herd.
g. Ofen.
h. Kleine Tür.
i. Butzen.

besser entsprach und im ganzen sich als ein verkleinertes Abbild des Bauerhauses darstellt. Dieses Häuslingshaus hatte im Gegensatz zu dem Backhaus, in das nur eine Kleine Tür führte, wie das Bauerhaus auch eine Große Tür (Fig. 38); durch diese trat man auf eine verhältnismäßig geräumige Diele, auf deren Seiten Ställe und sonstige Räume sich befanden; im Hintergrunde lag rechts und links eine Dönz, und zwischen den Wänden der Dönzen, an der Wohnstubenwand, stand der Herd. Ein Bauer, der seinem

Häusling ein derartiges Haus gebaut hatte, besaß zum Backen einen besonderen Ofen im Freien auf seinem Hofe. Andere hatten ihren Backofen auf dem Flett, entweder unter oder neben dem Wandherd. Dem im Freien liegenden Backofen gegenüber ergab sich hier der Vorteil, daß der Rauch nicht nutzlos entwich, sondern wie der Herdrauch zum Räuchern und anderen nützlichen Dingen diente. Wenn so der Bauer des 19. Jahrhunderts mehr und mehr aufhörte, im Häuslingshaus zu backen, so pflegte er doch das Brot nach wie vor in diesem aufmachen zu lassen; dazu diente in vielen Häuslingshäusern ein besonderer Raum, die Backkammer, die an manchen Stellen sogar ihren eigenen Eingang vom Hofraum her hatte.

Vor etwa 30 Jahren ging nun die Regierung gegen die Backhäuser vor, da durch die Luke oder die dünngelegten Bretter des Bodens leicht Funken mit dem Getreide in Berührung kommen konnten. Wollte man die Bodenräume hinfort benutzen, so mußte das Backen im Backhause aufhören; wer aber dort weiter backen wollte, mußte den Boden unbenutzt lassen. Die Folge war, daß die Backöfen der meisten alten Backhäuser abgerissen und gleichzeitig — vermutlich auf das Drängen der Bewohner — die Häuser zweckmäßig umgebaut wurden (vgl. S. 218, Anm. 1). Die Besitzer dieser Häuslingshäuser errichteten nunmehr vielfach in der Nähe des Hauses ein besonderes Gebäude, in dem der Ofen und der Backtrog standen. Andere ließen das Brot fortan vom Bäcker backen. So ist das alte Backhaus der Heide neuen Verhältnissen zum Opfer gefallen. Aber noch heute giebt es Dörfer, in denen jedes Häuslingshaus, auch wenn niemals in ihm ein Backofen gestanden hat, als „Backhaus" bezeichnet wird.

Wir haben den Rahmen kennen gelernt, in dem Mann und Frau ihre Kräfte zu bewähren hatten. Von Haus und Hof, auch vom Häuslingshaus ist gesprochen worden. Von dem einzelnen Hauswesen haben wir den Blick auf die Gliederung der ländlichen Bevölkerung gelenkt. Nunmehr gilt es, den Rahmen auszufüllen und zu fragen: welche Pflichten traten im eigenen Haus an den Mann und vor allem an die Frau heran? Denn darüber kann kein Zweifel sein, daß die Frau den eigentlichen Mittelpunkt des

Bauerhauses und seiner Arbeit bildete. Gewiß, das Mädchen, das von dem Anerben eines Hofes geheiratet worden war, hatte sein höchstes Ziel erreicht: es war Bauerfrau geworden, aus einer Dienenden eine Herrin. Gleichwohl war das Leben der Frau nur eine Fortsetzung des mühevollen Mädchenlebens, und der beste Teil ihrer Mitgift war ihre Arbeitskraft. Die Arbeit wurde noch schwerer und vielseitiger, dazu trat die große Verantwortung. Sie sollte sparsam wirtschaften (allens to Rat holen), ihre Sorge war es zum großen Teil, das vom Manne Erworbene zu Gelde zu machen (to Giln to maken); sie beaufsichtigte das Füttern oder besorgte es selbst (S. 76), sie mästete, sie sorgte für Milch und Butter, Hühner und Gänse, Spinnen und Weben, und war teilweise auch in der Landwirtschaft mit tätig. Dazu kamen die Sorgen des Haushaltes. Sie sollte keinen riwen (verschwenderischen) Haushalt führen; einer der schlimmsten Vorwürfe war es, wenn von einer Frau gesagt wurde: Dat is en ullen Katenverterer (Hausverzehrer). Sie sollte nicht nur arbeiten, sondern vor allem etwas beschicken; sonst hieß es leicht: Se kummt nich wider as von'n Puttstirt na'n Pann'stirt. Das laute Herumarbeiten (Ramenten) war verpönt; eine viel und laut scheltende Frau hieß ein Höllenbrand. — Für gewöhnlich fand die Frau sich leicht in die ihr seit der Jugend vertraute Arbeit; ihr war die Arbeit, selbst die schmutzige, keine Last, sondern eine Ehre: De mi nich ankiekt, wenn ik in den Kohbreck klei, den kiek ik nich an, wenn ik na Kark gah (im Sonntagsstaate). Ihre Arbeit wurde aber auch anerkannt. Es hieß zwar: Frogenslüd' hebbt lange Hoor un kotten Verstand oder Den Burn geiht got, wenn de Köh staht (trächtig werden) un de Frogens starwt, aber der Bauer hielt es im Ernst mit einem anderen Wort: Wot en düchdige Burfro is, de is dusend Daler wirt.

Ein großer Teil ihrer Arbeit wiederholte sich tagtäglich. Um 4 Uhr (im Winter um 5) stand die Frau auf, trug die Asche hinaus und schürte das Feuer. Während der Bauer die Arbeit der Dienstboten beaufsichtigte und jedem seine Arbeit für den Tag sagte (Du schast von Dag' . . . .), bereitete jene die „Morgenzeit" (Morden-tît). Sie kochte Milch auf und briet Kartoffeln, denen oft etwas Binsenlauch (Bes-luck) zugesetzt wurde; hierauf schnitt

sie in eine große irdene Schale (irn Fatt) Brot,[1]) zu dem kochen=
des Wasser, etwas Salz und schließlich die kochende Milch getan
wurden. Schüllt wot eten! damit wurde zum Essen gerufen,
doch pflegte der Tisch nur zum Teil besetzt zu sein: die Mägde
waren oft mit der Arbeit noch nicht fertig und aßen nach, die
Altenteiler ruhten noch. An vielen Stellen war ein Morgengebet
oder eine Morgenandacht üblich. In der Mitte des mit einem
„dickdrahtschen“ Laken (S. 122) gedeckten[2]) Tisches stand die Schale
mit der Lepel=kost (Löffelspeise, Suppe). Man aß gemeinsam
aus ihr, ebenso wie aus der dann auf den Tisch kommenden Pfanne
mit Bratkartoffeln. Der noch nicht Gesättigte schmierte sich zum
Abschluß ein Butterbrot (Bodder). Nunmehr ging es aufs Feld.
Die Knechte und Mägde trugen das Frühstück[3]) im Eßtuch (Etel=
dok), die Knechte waren mit Schnaps, die Mädchen mit schwarzem
Kaffee oder „Brotwasser“ (Wasser mit geröstetem Brot) versehen.
War das Haus leer und, wie es oft geschah, auch die Kleinmagd
sofort mitgegangen, blieb der Hausfrau nichts anderes übrig, als
selbst Stube und Vorplatz zu fegen und das Geschirr abzutragen
(von’n Disch to maken) und aufzuwaschen.

Dann galt es bald, den Grapen „zu Feuer zu setzen“. Ein
Stück Rauchfleisch, schon am Abend vorher in Wasser gelegt, damit
das Salzige und Räucherige herausziehe, wurde gekocht, Reis und
Suppenkraut daran getan; das war die „Löffelkost“ für den Mittag.
Um 12 Uhr, wenn die Betglocke (daher scherzhaft de Klüten=
klock genannt) schlug, mußte das Essen fertig sein. Etwa eine
halbe Stunde vorher wurden die Kartoffeln gekocht und dann in
einer verdeckten Schale hingestellt. Einige Schaumkellen voll Kar=
toffeln tat die Frau in die kleine, zum Klößeanrühren bestimmte
Mulde; diese wurden mit dem Ketüffel=moser (Fig. 30,1, S. 198)
gequetscht (môst) und etwas von dem salzigen Kartoffelwasser dazu=

---

[1]) Zur Abwechslung gab es Buchweizengrütze, auch Hafergrütze, in
Wasser und Milch gekocht; beide Suppen wurden in den kälteren Jahres=
zeiten auch zum Abendessen gegeben.

[2]) Für die drei Hauptmahlzeiten pflegte ein Laken aufgelegt zu werden,
nicht aber für die Zwischenmahlzeiten.

[3]) Das zweite Frühstück hieß im Gegensatz zur Mordentit Fröh=
tit (we wüllt F. holen = frühstücken).

gesetzt; dann rührte sie mit dem hölzernen Kloßmesser (Klüten-
mest) greises Buchweizenmehl dazu und kochte die Klöße im Kartoffelwasser gar. Das Fett vom Rauchfleisch wurde abgefüllt, um als

Fig. 39. Beim Mittagessen.

Tunke (Stippels) zu dienen. Zuerst kam die irdene Schale mit
der Suppe auf den Tisch (Fig. 39). Der Bauer oder einer aus
dem männlichen Gesinde betete; erst wenn der Bauer den Löffel zum

Munde geführt hatte, begannen die übrigen zu essen. Nun wurden die Tunke, die Schale mit Kartoffeln und das Stück Rauchfleisch aufgesetzt. Während jeder auf einem besonderen Holzteller sich das Fleisch schnitt, kam die Frau mit dem Grapen voll heißer Buchweizenklöße (Bokweten-klüten, auch Bur-jungens[1]) genannt) und füllte von Zeit zu Zeit eine Anzahl auf die Kartoffeln oder in eine besondere Schale; inzwischen stand der dreibeinige Grapen auf dem Boden, von dem Hunde sehnsüchtig umlauert. Besonders die Klöße sollten sättigen; man schlachtete damals weit weniger ein als jetzt, vielleicht den vierten Teil, und kaufte frisches Fleisch höchstens für Festtage; daher hieß es auch: Flêsch wat (Fleisch nur etwas), Klüten satt!

Bald nach dem Essen ging das „Volk" mit Kaffee und mit einem Butterbrot zum Vesper[2]) wieder hinaus, aber auch die Arbeit der Frau nahm ihren Fortgang. Auf alles erstreckte sich ihre Fürsorge. Sie übernahm an eiligen Tagen sogar das Füttern des Hundes, füllte den Napf (Treier)[3]) der Katzen und fütterte die Hühner. Sie hatte schon vormittags Kartoffeln „aus dem Hof" geholt, Blätter für die Schweine gebrochen (gebladet), zwischendurch das Jüngste gesäugt und gewartet, einige frischmelkende und deshalb zurückgebliebene Kühe gemelkt und vielleicht, damit der Stall mittags in Ordnung war, sogar gestreut. Vor dem Wiederaustrieb ging sie nun den Stall entlang und scheuchte die Kühe auf, damit ihr Dung dem Stall nicht verloren ging. Sie benutzte nicht selten einen Teil des Nachmittags zum Buttern, für das am Vormittag keine Zeit geblieben war. Sie schnitt den Kindern, die sie mit dem „Mudder, gif mi'n Bodder!" umlagerten, ein Butterbrot und mit derselben Hand Gras und Disteln für das Vieh und half dann und wann auch ein Fuder mit abbringen oder ging in der Heuzeit nicht selten selber mit auf die Wiesen.

---

[1]) Die zweite Benennung z. B. in der Gegend der Raubkammer, vgl. Lün. Anz. 10. 9. 1904.

[2]) Vesper ist sächlichen Geschlechts, daneben sagt man Vesper-tit, als Zeitwort vespern.

[3]) Unter einem Treier versteht man einen aus einem Stück gefertigten, ausgehöhlten, viereckigen, unten abgerundeten Napf (Katten-treier, Höhner-treier; auch Immen-treier giebt es). Im Braunschweigischen heißen solche kleinen Tröge Trüel, vgl. Andree 262.

Zur Abendmahlzeit (Awend-tît)[1] gab es gewöhnlich mehrere Schalen dicker Milch, in eine große zusammengegossen, mit geröstetem Schwarzbrot darin und darübergegossener süßer Milch,[2] hinterher in einer irdenen Schale Quetschkartoffeln mit ausgebratenem Speck, die mit Wasser seimig gerührt waren und zu denen jeder ein Stück trockenen Brotes aß; auch gab es statt der dicken Milch kalt über die Muskartoffeln gegossene Buttermilch. Vor dem Schlafengehen pflegte das ganze Haus nochmals zusammenzukommen, um mit einer Andacht das Tagewerk zu beschließen.

Kaffee wurde regelmäßig nur nachmittags getrunken.[3] Man kochte ihn im Teekessel; der gemahlene Kaffee wurde in das Wasser gegeben und stark Cichorien (Ciguren) zugesetzt. Die Cichorien baute man selber; die Wurzeln wurden in Stücke geschnitten, diese im Kaffeebrenner gebrannt und auf der Kaffeemühle gemahlen. Der Einfachheit wegen kam der Teekessel, schwarz wie er war, auf den Tisch. Als Untersatz diente ein rundes Brett oder ein runder Strohkranz, auch ein besonderes Gerät (Wippel), bei dem das Brett sich um ein mitten darunter befindliches Gestell drehte, so daß der Kessel, ohne aufgehoben zu werden, niedergedrückt und aus ihm eingeschenkt werden konnte. War Besuch da, so fand die Messingkanne Verwendung. Aus dem in der Tasse umherschwimmenden gemahlenen Kaffee machte man sich nichts. Lat man, sagte der Bauer, wenn die Frau etwa den Satz ausspülen wollte, dat Dicke hett das meiste Gild köst. Die umgestülpte Tasse war das Zeichen, daß der Betreffende „nicht mehr mochte.“

Am Sonntag traten an die Stelle der Buchweizenklöße kleine Weizenklöße (Weten-klüten) und als Zugabe getrocknete Zwetschen, Birnen oder Äpfel, auch dicker Reis; das Wasser, in dem das Obst gekocht war, verstand man nicht zu verwerten, sondern goß es unbenutzt fort.

---

[1] Stellenweise hieß die Abendmahlzeit Nacht-vesper, während die vorangehende Mahlzeit Awend-vesper genannt wurde, so in der Gegend der Raubkammer, Lün. Anz. 24. 9. 04.

[2] Auch als Mittagssuppe im heißen Sommer viel gegessen. Ein großer Teil der Dickmilch, auch die Reste, fand bekanntlich als Schweinefutter Verwendung.

[3] Von den Altenteilern auch wohl morgens, vgl. später.

Die Tunke wurde auch aus kochendem Wasser, ausgebratenem Speck und einem tüchtigen Schuß Essig (Sur) bereitet, auch aus Milch, Mehl, Speck und Binsenlauch. Von Zeit zu Zeit schlachtete man ein Schaf, und dann gab es statt des Rauchfleisches Schaffleisch. Bei Fleischmangel halfen ausgebratene Grieben, auch leicht angebratener Speck aus. Pellkartoffeln (Slû-ketüffeln, d. h. Kartoffeln mit der Slû, der Schale) wurden nach alter, auch in den besseren ländlichen Kreisen nicht unbekannter Sitte auf das Tischtuch geschüttet und so gegessen. Als Eierspeisen sind, von gekochten Eiern abgesehen, Spiegeleier (Eier in de Pann') und Rührei zu nennen; dieses, das gewöhnlich mit Speck (statt Butter) und einem Zusatz von Mehl hergerichtet wurde, hatte den Namen Rühr- oder Eier-bodder, weil es oft wie Butter aufs Brot gestrichen und so gegessen wurde.

Oft erschien der Buchweizenpfannkuchen (Bokweten-pann-koken) auf dem Tisch.[1]) Jede Frau hatte einen sogenannten Pannkokens-putt im Gange, einen Topf mit backfertigem Teig, zu dessen nicht ausreichendem Rest immer neuer Teig zugerührt wurde. Den Teig rührte man aus Dick- oder Buttermilch und Buchweizenmehl mit etwas warmem Wasser und Salz an. Der Topf erhielt seine Stelle auf dem Herde in der Nähe des Feuers und wurde durch mehrfaches Umdrehen gleichmäßig in 1—2 Stunden angewärmt. Hierauf buk man die Pfannkuchen in Talg und aufgelegten dünnen Speckscheiben. Wurde der Pfannkuchen nur mit lauwarmem Wasser und Salz, ohne Milch, angerührt, so wurde Bärme (Gest) oder, wenn diese nicht zu erhalten war, etwas Sauerteig zugesetzt, und das Aufgehen dauerte länger. In der Ernte wurde der Pfannkuchen oft am Abend angerührt und am Morgen zum Mitnehmen gebacken.

Während man in den südlicheren Gegenden Preißelbeeren (Krons-beren) zum Buchweizenpfannkuchen ißt, stippte und stippt man ihn im Nordwesten beim Mittagsessen in eine aus Syrup, Essig und Wasser zusammengerührte Tunke, die in einer kleinen, flachen irdenen Schüssel mitten auf dem Tische stand; an eiligen Tagen

---

[1]) Stellenweise wurde er auch Puffer genannt, so in der Gegend der Raubkammer, wo er mit der Buchweizengrütze die „Morgenzeit" bildete, vgl. Lün. Anz. 24. 9. 04.

wurde auch einfach Syrup zum Aufstreichen hingesetzt. Jedenfalls darf der Buchweizenpfannkuchen in gewissem Sinne als das Nationalgericht der Heide[1]) gelten. Als 1810, wie Friedrich Freudenthal erzählt, zwei hannöversche Jungen aus der Lüneburger Heide bei der spanischen Legion dienen, blicken sie eines Abends, in Heimatsgedanken versunken, zum südlichen Himmel auf. Der eine denkt seufzend an die Liebste daheim und vermutet den Freund auf ähnlichen Gedankenpfaden, doch dieser erwidert: O — ne —, ik dach, wenn ik hier doch man mal so 'n Bokwetenpannkoken harr, as min Mudder se jümmer to backen pleg.

Die oben erwähnte Tunke, gelegentlich noch mit fein geschnittenem, ausgebratenem Speck, fand auch zu Salat (Slat, Schlat) Verwendung, der gemeinsam aus einer großen, flachen irdenen Schale gegessen wurde.

Im Sommer wurde ferner oft kalte Buttermilch mit eingebrocktem Brod gegessen. Als Mittagsvorspeise[2]) war auch Bobbermelks=warmbeer beliebt; während das „Warmbier" (S. 83) eine Biersuppe und das „Wasserwarmbier" (S. 2) eine Wassersuppe war, hat man unter dem „Buttermilchwarmbier" eine Buttermilchsuppe zu verstehen. In der Buttermilch kochte Brot entzwei; etwas Salz und Syrup wurde daran getan. Auch kannte man Bobbermelks=ris, eine Buttermilchsuppe mit Reis. Weitere Abwechslung in der Suppe brachte die Erbsenzeit: nach dem Abziehen der Fasern wurden die Schoten (Palen) mitten durchgeschnitten und so gekocht; dazu kam etwas Speck und Kartoffeln, das Ganze wurde als Suppe gegessen. Auch Suppen aus frischen Bohnen, ebenso aus getrockneten Erbsen und Bohnen waren bekannt; ein Topf Bohnen pflegte auch eingemacht zu werden. In der Schlachtzeit kam die Wurstsuppe an die Reihe. Ferner wurde in dem Stoßeimer (Stöt=ammer, Fig. 30, f, S. 198), dem Vorläufer der Hackmaschine, der zum Stoßen des Wurstfleisches diente, mit

---

[1]) Der Buchweizen hat übrigens seine Bezeichnung Heidekorn nicht, wie man gelegentlich liest, von der Heide, sondern Heidekorn, richtiger Heidenkorn, bezieht sich auf die Herkunft der Getreideart aus heidnischen, genauer türkischen Gegenden (frz. blé sarrasin); vgl. die Wörterbücher.

[2]) Auch zur „Morgenzeit" wurde sie gelegentlich gegessen.

dem Stoßeisen[1] (Stöter, Fig. 30, g) grüner Kohl gestoßen[2] und mit etwas Hafergrütze in der Brühe des Wurstfleisches (Jüchen,[3] mnd. juche) gekocht. Von dieser „Kohlsuppe" bereitete man einen ganzen Kessel voll und aß etwa eine Woche lang davon. Der grüne Kohl (Sprossenkohl) war auch am Grünen Donnerstag, der schon im Mittelalter als Tag der grünen Gerichte (dies viridium) gefeiert wurde, stehendes Gericht. Sonstige Gemüse waren besonders Steckrüben und Wurzeln, die mit einem Stück Fleisch oder Speck darin gekocht wurden.

Das Schlachten begann gewöhnlich im November. Erst vom Gallustage (16. Oktober) an hielt sich, wie man glaubte, das Pökelfleisch. Zuerst wurde ein Schwein, später ein Jungtier geschlachtet, dann vielleicht noch ein Schwein und zum Schluß die Mastkuh. Beim Schlachten half nach alter Sitte der Nachbar dem Nachbarn das Schwein oder die Kuh an 'n Haken, und am Abend fanden sich die Nachbarn und einige Verwandte, gewöhnlich nur die Männer, zum Schlachtschmaus (Slachtel-köst, Slacht-köst) ein. War ein Schwein geschlachtet worden, so aß man Buchweizengrützsuppe (S. 222, Anm. 1) und hinterher Beutelwurst (daher auch die Bezeichnung Bü(de)lwust-awend), beim Rinderschlachten „Fleischsuppe" und gebratene Fleischwurst.[4]

Dem frohen Abend ging aber ein saurer Tag vorher. Schlachter und Mägde, Frau und Bauer hatten auf dem rauchenden Flett alle Hände voll zu tun. Das schnitt und stampfte und knetete und klopfte und stopfte den ganzen Tag. Vom Schweine wurden folgende Arten Wurst hergestellt:

Mettwurst (Mett-wust). Das magere Fleisch (Mett, Mettflesch) wurde geschnitten und, mit etwas Speck vermengt, im Stoßeimer durchgestoßen. Dann knetete man die Masse in einer Mulde mit Salz und feinem schwarzen Pfeffer (heten Peper), auch einigen heilen Körnern, durch. Die Stäbchen zum Zusammenstecken

---

[1] Es ist ein Stiel mit einem Sförmigen Eisen unten; der Stößer dient außerdem zum Zerkleinern der Rüben und des Grünfutters.

[2] Daher hieß der Eimer auch Kohl-ammer.

[3] Auch die Brühe, in der Rindfleisch gekocht war, wurde als Jüchen bezeichnet; jede andere Brühe hieß Supp.

[4] Über die Würste vgl. unten.

der Wurstenden (Wuſt-proekel, Wuſt-ſpielen) wurden gewöhnlich aus dem Holz des Spindelbaumes (Spill-bom, Evonymus L.) geſchnitzt, als Wurſtbänder fanden die uns früher beim Weben begegneten Enden des Aufzuges Verwendung.

Fleiſchwurſt (Fleſch-wuſt). Das dazu beſtimmte Fleiſch wurde fein geſtoßen und Salz, ausgebratenes Zwiebelfett und feiner Nelkenpfeffer (groten Peper) hinzugetan. Daran ſchloß ſich das Kochen.

Grützwurſt (Grütt-wuſt). Man nahm einen Topf voll von der Brühe des Wurſtfleiſches und weichte darin Hafergrütze auf. Dann kochte man die Leber und rieb ſie auf der Reibe, tat ſie zu der Grütze, mengte Reſte von Fleiſch, Salz und Pfeffer dazu, ſtopfte die Wurſt und kochte ſie.

Beutelwurſt (Büdel-wuſt, auch Bül-wuſt). Eingeweichte Grütze, die letzten Fleiſchreſte, die Schwarte, Zwiebeln, etwas Blut, Salz und Roggenmehl wurde in einen genähten leinenen Beutel geſtopft und mehrere Stunden gekocht. Dieſe Wurſt brieten die Frauen ſcheibenweiſe zum Mittags- und Abendeſſen in der Pfanne (hüt gift' en Pann' vull Büdelwuſt).

Über die Herſtellung der Blutwurſt (Rot-wuſt) iſt nichts Bemerkenswertes zu ſagen, nur verdient Erwähnung, daß früher auch etwas Weizen- oder Roggenmehl bei ihr Verwendung fand. Auch die Herſtellung der Sülze (Preß-ſülten) erfolgte in der bekannten Weiſe.

Vom Rinde ſtellte man Kopfwurſt (Kopp-wuſt), Fleiſch- und Grützwurſt her. Die Kopfwurſt wurde aus dem Kopffleiſch des Rindes gemacht und war die beſte; ſie ward nach dem Stopfen gekocht, aber kalt gegeſſen. Die Grützwurſt, die ebenſoviel Grütze wie Fleiſch enthielt, hitzte man auf dem Roſte über Kohlen an; ſie kam ohne Fett auf den Tiſch und war ſo hart, daß ſie abgebrochen werden mußte.

Von dem übrig gebliebenen Schweine-, aber auch dem Rinderblut wurde Schwarzſauer (Swatt-ſur) gekocht. Das Fleiſch wurde zu Feuer geſetzt, etwas Pfeffer und einige Zwiebeln (Zippeln) daran getan. Nachdem die Brühe etwaiger Knochen wegen durchgeſiebt war, kochte man ſie mit Eſſig auf. Dann wurde das in einem großen Steintopf aufbewahrte Blut mit etwas Eſſig durchgerührt und langsam unter fortwährendem Rühren zu der Brühe gegeben; sobald die Brühe rundlich wurde, nahm man sie ab und goß sie über das Fleisch.

In derselben Weise, aber ohne Blut, wurde Weißsauer (Witt= sur) gekocht. Zum Dickwerden setzte man zuletzt etwas Mehl mit Essig zu.

Wenn das Fleisch in der Salzbrühe (Pekel) gelegen hatte, Schweinefleisch drei Wochen, Rindfleisch zehn Tage, kam es in den Wiemen. War das Rindfleisch durchgeräuchert (rökert Flesch = Rauchfleisch), so wurde es auf den Kornboden (S. 201) zu den ge= räucherten Mettwürsten gehängt oder in eine Lade gelegt. Auch die Speckseiten wurden von manchen mit der Zeit auf den Korn= boden gebracht. Dagegen blieben die Schinken im Rauche hängen und trugen vom April an wegen der Brummerfliegen einen Über= zug (Schinken-büdel), bis der Kuckuck rief und die Gaffel einen Schinken nach dem anderen herunterholte.

Zu den Pflichten der Hausfrau gehörte auch das Brauen des Braunbieres (Brun=ber). In dem mehrfach erwähnten Hollen= stedter Weistum der Reformationszeit begegnet als Strafe die Lieferung von „rotem" und „Hamburger Bier" (schal breken, soll als Strafe zahlen, 1 tunne Hamborger beers, straff 1 tunne rodes beers u. dgl. Jahrb. 23, 60). Während das Hamburger Bier[1] offenbar ein Weißbier gewesen ist, dürfte das „rote" Bier dem einheimischen Braunbier entsprochen haben, wie es bis ins 19. Jahrhundert in jedem Hause gebraut wurde. Zu= nächst[2] brannte die Frau Gerste im Kaffeebrenner und mahlte sie. Dann kochte sie Wasser und goß dieses, sobald es etwas abgekühlt (lauwarm) war, auf die gemahlene Gerste. Außerdem kam Hopfen dazu, der vorher in der Sonne getrocknet war. Hatte die Mischung

---

[1] Auch in Lüneburg war dieses beliebt; um 1566 schenkte man es dort in drei Wirtshäusern (Korr. 24, 47).

[2] Das folgende Rezept stammt aus der Umgegend von Soltau. Soltauer Bier ist auch früh schon zum Handelsartikel geworden: 1324 begegnet am Hofe Herzogs Otto von Braunschweig und Lüneburg „cervisia Soltw.", und 1381 trinkt Albrecht, Herzog zu Sachsen und zu Lüneburg, in Soltau ynne= browen ber (Hausbier), Sudendorf, Urkundenbuch I S. 220, V 229.

eine halbe Stunde gekocht und war abgekühlt, kam etwas Bärme (Geſt) dazu (auf 10 Liter Bier für 2 Pfennig). Dann mußte ſie 24 Stunden gären und wurde durch ein leinenes Tuch geſeiht. Das fertige Bier kam in feſt verkorkten Flaſchen in den luftigen Keller.

Auch die Bereitung des Mets (Mä oder Honnig-ber) lag in der Hand der Frau. Wenn im Herbſt die beſten Scheiben des Heidehonigs aus den Körben genommen waren, machte man aus den halben Scheiben und dem Buchweizenhonig den ſogenannten Seimhonig (Sem-honnig), indem man alles preßte und dann (wegen der kleinen Wachsſtücke, die ſich vielleicht noch in der Maſſe befanden) durch ein Sieb lecken ließ. Aus den Rückſtänden bereitete man das Honigbier. Man goß die Maſſe zunächſt, damit ſie ſich etwas löſte, in kaltes[1]) Waſſer und klärte ſie dann durch einen leinenen Beutel. Dieſes Honigwaſſer mußte ohne jeden Zuſatz 3—4 Stunden kochen und wurde dann abgeſchäumt und auf Flaſchen getan. Den Met trank man ebenſo wie das Braunbier aus den früher erwähnten Kröſen. Daneben fand der Met zum Süßen von Suppen, z. B. des Warmbieres (S. 83), Verwendung. Die Güte des Mets, von dem manche Bauerhäuſer „200, ja 300 Liter“ jährlich herſtellten, war ſehr verſchieden:[2]) „man konnte in dem einen Hauſe einen wahren Göttertrank finden, und im Nachbarhauſe war labberiges Zeug im Metkrauſe.“[3]) Als Beweis für das hohe Alter des Mets in dieſen Gegenden ſei angeführt, daß Herzog Magnus als Schutzherr der Amtsvogtei Soltau (ſeit 1069) in jedem Jahre einmal bei ſeinem Kommen dorthin unter anderem 50 Kannen Met geliefert erhielt.[4])

Das Wachs wurde an die Kaufleute verkauft; gewöhnlich erhielt es derſelbe Kaufmann, dem der Bauer ſeine Wolle überließ. Nur einige Stücke behielt die Frau zurück, beſonders zum Wächſen des Zwirnes, der dadurch haltbarer wurde. So pflegte

---

[1]) In heißem Waſſer würde ſich das Wachs aufgelöſt haben und mit durch den Beutel gefloſſen ſein.

[2]) Der Met wurde z. B. um ſo beſſer, je mehr Honig bei der Herſtellung des Seimhonigs zurückgelaſſen wurde.

[3]) Niederſ. 9, Nr. 7.

[4]) Ebenda.

man auch, wenn ein neues Bett zur Aussteuer gestopft werden
sollte, sämtliche Inlette inwendig zu wächsen, dann drangen die
Federn nicht durch.

Beim Backen fiel die Hauptarbeit den anderen Hausgenossen
zu. Nachdem am Abend — gewöhnlich im Häuslingshaus —
angesäuert war (süren), wurde etwa um 4 Uhr nachts mit Backer-
hult geheizt. Beide Knechte, die Häuslingsfrau und ein Mädchen
kneteten aus (knērn, ut-knērn), während das andere Mädchen
melkte und fütterte. Dann folgte das Gnistern[1]) oder Bräunen,
wodurch das Brot gehaltvoller und glatter wurde. Etwa 6 Bröte
wurden auf ein Brett gelegt und auf der oberen Seite mit einem
in einen Eimer voll Wasser getauchten leinenen Tuch übergewischt.
Hierauf „rakte“ man die glühenden Holzkohlen des Ofens mit
der Kruck (einem Brett mit langem Stile, vgl. S. 62) nach
beiden Seiten des Ofens und schob das Brett mit den Bröten
dazwischen ein. War nach einigen Minuten die obere Seite braun,
so wurden sie herausgezogen und gewendet. In der gleichen Weise
wurde die untere Seite gebräunt. Dann folgte das Gnistern der
übrigen Bröte. Nach dem Gnistern wurde das Feuer heraus-
genommen und der Ofen mit einem langen angefeuchteten Besen
gefegt. Inzwischen war der Tag herangekommen. Der Bauer
schob sämtliche Bröte auf dem Schüssel (vgl. S. 50, Anm. 2) zum
Backen ein und setzte die Tür vor, das Gesinde ging an die Arbeit,
und die Frau überwachte das weitere. Mit Hilfe eines Mädchens
nahm sie die Bröte heraus, die im Backtrog oder in den beiden
Backtrögen aufbewahrt wurden. Das in Gebrauch genommene Brot
lag auf der Bank neben dem Großknecht, und zwar stets auf der
flachen Seite (die umgekehrte Lage bedeutete Krankheit für das
Haus); der Großknecht hatte die Pflicht, für den ganzen Tisch
Brot zu schneiden, und das selbstverständliche Recht, am Schluß

---

[1]) Gnistern (= knistern) ist wohl von dem Knistern der neben den
Bröten liegenden Kohlen auf den ganzen Vorgang übertragen worden (zunächst sagte man de Koehlen gnistert, dann als terminus technicus we
moet nu gnistern, schließlich transitiv dat Brôt gnistern). Der mnd.
Ausdruck gasseln, der sich auf das Bestreichen des Brotes bezog, ist stellenweise auch noch im Gebrauch, ebenso die Zusammensetzung dat Gassel-brett.

der Mahlzeit ein besonders großes Stück für seine Pferde mitgehen zu heißen.

Die Anzahl der gebackenen Bröte war auf den einzelnen Höfen und zu den verschiedenen Zeiten natürlich nicht dieselbe, schon wegen der verschieden großen Backöfen. Gewöhnlich wurden früher 4 Himten Roggen (= 200 Pfund) jedes Mal verbacken, das nannte man ein Backels;[1] in diesem Sinne wird das Wort noch heute als Rechnungseinheit gebraucht: so schenkten 1903 einige Bauern abgebrannten Leuten zu Appel (Kirchsp. Hollenstedt) ein „Backels Brot“ (d. h. 4 Himten Roggen in natura). Man backte von einem Backels etwa 20 bis 25 grobe Bröte (Grawe Brö, Einheit Grof-brot oder Swatt-brot) aus grobem Roggenmehl (Ruggen-grofmehl). Nur ein Brot wurde von der Frau selbst für die Familie aus feinem Roggenmehl (Ruggen-finmehl), aus dem die Kleie beseitigt worden war, hergestellt; dieses Fein-brot (Finbrot) schob der Bauer zuletzt in den Ofen, da es früher als die übrigen Bröte gar wurde.

Weizen- und überhaupt besseres Gebäck wurde im Hause selten hergestellt. Weizenbrot backte man eigentlich nur bei Hochzeiten. Dagegen war es in der Südheide Sitte, in der Erntezeit flache Bröte aus Roggen- und Weizenmehl (Luffen) zu backen. Die Topfkuchen hießen, wenigstens im Nordwesten, Puffer; man benutzte keine Form, sondern eine Schale und zerschnitt die Kuchen nicht stück-, sondern scheibenweise. Daneben kamen noch, besonders als Festkuchen, die auf Eisenplatten aufgemachten Butterkuchen (Bodder-koken) in Betracht. Im übrigen kaufte man beim Bäcker oder bei der von ihm herumgesandten Stuten-mudder; da gab es größere Semmel (Stuten), die langen, knusperigen Zuckerbröte, die weichen, runden Hedwige (eigentlich heiße Wecken, von heter Weck), die der Berliner Schrippe entsprechenden Rundstücke, die schmalen, länglichen Klöwen, die beim Verkaufen und Essen erst auseinandergerissen (klöwt, eigentlich gespaltet) werden mußten, die quadratischen, reichverzuckerten Maulschellen (Mulschellen) und die Zuckerkrengel (Kringel).

---

[1] So schon mnd. backels „soviel als man zu einer Zeit backt, in den Ofen schiebt.“

An das Backen möge sich eine kurze Darstellung der Milch- und Käsewirtschaft schließen. Das Einseihen der Milch in die Schalen geschah durch ein Seihtuch (Seh-dok), ein Stück ganz losen, selbstgefertigten[1]) Leinens, das um den Milcheimer gelegt und an den Seiten zusammengedreht wurde. Für den Rahm (Rohm) hatte die Hausfrau einen Rahmtopf von der Größe, wie er für ihre Verhältnisse paßte; durchweg wurde nicht so viel gebuttert wie heute, da die Kühe nicht so gut im Stande und Äcker und Wiesen weniger ergiebig waren, ferner große Töpfe des gerngegessenen Schmalzes von den selbstgeschlachteten Schweinen zur Aushilfe bereit standen. Der Rahm wurde mit dem Rohm-lepel abgeschöpft;[2]) von Zeit zu Zeit hieß es dann: we moet ok bobbern, de Putt is vull. Im Sommer, wo die Mägde draußen zu tun hatten, besorgte die Frau das Buttern, im Winter mehr die Mädchen. Das vom Küfer gefertigte Butterfaß (Bobber-karrn, mnd. karne = Gefäß, Fig. 30, h, S. 198) wurde aus dem Keller geholt und, nachdem es durch Wasser gekühlt oder (im Winter) angewärmt worden war, der dicke saure Rahm hineingegossen. Nun galt es, die Butterstange (Bobber-sticken, Fig. 30, i) mit ihrer durchlöcherten, die Buttermilch durchlassenden runden Scheibe auf und nieder zu bewegen. Spritzte es durch den Deckel, so wurde ein leinenes Tuch um diesen gelegt. Etwa nach einer Viertelstunde zeigten sich die ersten Butterteilchen um die Butterstange: dat bobbert all!

War die Butter fertig, so wurde zunächst die Buttermulde (Bobber-mull) gekühlt, dann der Deckel des Butterfasses schräg gesetzt und alles, was an Butterstückchen an ihm saß, mit dem kalten Wasser der Mulde in das Faß gespült. Nach dem Herausheben des Stickens tat man die Butterstücke in die Mulde und

---

[1]) Seltener kaufte man sogenanntes russisches Leinen zu dem Zweck. Heute handeln die Kaufleute mit fertigen Seihtüchern, die zum zweiten Durchseihen, also nach dem Durchgeben durch den modernen Siebeimer, benutzt werden.

[2]) Das Abnehmen des Rahmes hieß röhmen; de Melk röhmt slecht (oder dat r. s.) = die Rahmbildung geht ungenügend vor sich. Ein derbes Sprüchwort sagte: De mit'n Mund röhmt, de mit'n O. bobbert, d. h. wer den süßen Rahm austrinkt oder den sauren zur Bereitung der Speisen verwendet, hat nichts mehr, womit er buttern kann.

füllte auch die kleinen, noch auf der Buttermilch schwimmenden Stückchen ab. Dies Abfüllen geschah mit dem hölzernen Butter= löffel (Bobber=slef), der auch bei der erwähnten Abspülung der Deckelstückchen Verwendung fand. Etwa dreimaliges Waschen mit kaltem Wasser und Durchkneten mit dem Butterlöffel beseitigte den Rest der Buttermilch. War die Butter gesalzen und durch= geknetet, so wurde sie bis zum folgenden Tage in den Keller ge= stellt. Dann beseitigte ein nochmaliges Durchkneten die Salzlake, und nun konnte die Butter auf dem Butterteller aufgemacht (up't Bobber=fatt kregen) werden. Wer viel Butter hatte, schlug auch wohl für längere Aufbewahrung einige Pfund in einen Stein= topf. Der feststehende Preis für ein Pfund Butter betrug 8 Schilling, in der ersten Hälfte des Jahrhunderts vielfach nur einen Doppelschilling (12$^1/_2$ Pfennig). Das Butterfaß kam, wenn es ausgespült und mit der Heidbürste geschruppt worden war, für einen Tag über den Zaun und dann wieder in den Keller.

Von der Verwendung der Dick= und der Buttermilch ist schon gesprochen worden (S. 225). In manchen Häusern wurde ein Teil der dicken Milch auch abgekäst, d. h. warm gestellt, um Wasser und Milch zu scheiden. War durch einen Durchschlag das letzte Wasser beseitigt, so tat man den Käse in eine Schale und setzte Salz und Kümmel zu, auch süße Milch, wenn die Masse noch zu dick war. Das Ganze wurde tüchtig durchgerührt und als Käsebutter (Kes= bobber, vgl. mnd. kesebotter „eine Art Schmierkäse von ge= trockneter, saurer Milch, auch pot=kese") statt der Butter auf das Brot gestrichen.[1]

Die große Bedeutung der Milchwirtschaft für das Leben der Landbevölkerung macht begreiflich, daß dieses Gebiet mehrfach zum bildlichen Schmuck der Sprache beigesteuert und auch den Sprüch= wörterschatz bereichert hat. He is afmelkt, sagt man von einem, bei dem nichts mehr zu holen ist. Um das Buttern ist es bekannt= lich ein eigen Ding; man hängt dabei vom Wetter und anderen Zufälligkeiten ab, und so ist es zum Bild des glücklichen Erfolges geworden: bi den hett dat bobbert = der hat Glück gehabt.

---

[1] Der richtige Kümmelkäse war wenigstens in den schlichteren bäuer= lichen Haushaltungen noch unbekannt.

Der Mürrische, Verdrießliche makt en Gesicht as sure Bobdermelk. Vom trägen Töffel heißt es: Wenn't Bobdermelk
regent, kihrt he sin Näpp (Napf) üm,[1] von dem sich über-
eifrig Vordrängenden: He is de irste Mann an't Bobder-
fatt. Der Verlegene, klein Beigebende steht da as Bobder
an be Sünn.

Die Gesundheitspflege vollzog sich auf dem flachen Lande vorwiegend noch im Rahmen alter Volksüberlieferung und lag begreiflicherweise besonders in den Händen der Frauen. Höchstens größere
Kirchdörfer (Flecken) hatten vereinzelt bereits einen Arzt, die kleineren
hier und da einen ausgedienten Fild-scher (Feldscherer), der zur
Aber ließ, Schröpfköpfe setzte, Zähne zog, aber gewöhnlich nur bei
bedenklichen Krankheiten, wie der Halsbräune (Hals-brei), gerufen wurde.

Für besonders gefährlich hielt und hält das Volk das 7., 14., 21.
und so jedes weitere siebente Lebensjahr; alle soewen Johr ännert
sik de Natur. Besonders der Beginn der sehr gefürchteten Brust-
krankheiten[2] fällt in diese kritischen Jahre, und der Verdacht verstärkt sich bei trockenem Husten, wenn der Mensch aufhört, „feucht"
zu sein;[3] hol Di fuchdig ist geradezu zum Abschiedsgruß geworden (halt Dich gesund); offenbar haben wir hier ein Nachbleibsel
jener alten Auffassung, die in dem Menschen eine gewisse natürliche,
lebenerhaltende und das Temperament bestimmende Feuchtigkeit
annahm.[4] Gegen schwache Brust half außer ausgebratenem Hunde-
fett eine Roggenbreikur. In einen kleinen, dreifüßigen Stieltopf
(Stert-putt) wurden einige Löffel groben Roggenmehles getan
und mit kaltem Wasser angerührt. Darauf goß man kochendes
Wasser, und nun brodelte der auf glühenden Torfkohlen stehende
Brei langsam unter beständigem Rühren gar. Der bräunliche Brei

---

[1] Daneben aber auch, an die durch Goethe geläufige Fassung anklingend:
Wenn't Bre regent, hett he kenen Lepel.

[2] So sagt man auch, wenn man ausdrücken will, daß man etwas durchaus nicht vertragen kann: dat kann ik in de Bost nich verdregen.

[3] So auch bei dem Westfalen Karl Prümer (Dähnhardt I 142): Dat
schad nix, so lange Du noch spiggst, büst Du noch fucht.

[4] Vgl. die Wörterbücher unter feucht, Feuchte, Feuchtigkeit.

mußte mit der darüber gegoffenen frifchen Milch unmittelbar aus
dem Topfe gegeffen werden. Daneben kam als Mittel gegen Hals-
und Bruftleiden der Flieder (Flêder, Flibder, auch Elhurn,
sambucus) in Betracht. Von den getrockneten Blüten wurde Tee,[1]
aus dem Saft der Beeren (Fleder-faft) Mus oder mit Zucker
und kochendem Waffer Grog bereitet. Die Blumen pflückte man
um Johannis, trocknete fie, auf Bindfaden gezogen, auf der Sonnen-
feite des Haufes und hängte fie zum Nachtrocknen auf den Dönzen-
boen; zuletzt wurden fie in einen Beutel gefteckt, der ebendort neben
anderen Kräutern feinen Platz fand.

Durch Erkältung verurfachte Anfchwellungen faßte man als
ein Anwachfen, Feftwachfen der betreffenden Stelle auf; he is
anwoffen, lautete der Ausbruck. Bei Halsfchwellungen wurde
Bungeltee (vom Ehrenpreis, = mnd. punge?) gegeben; die Pflanze
war im Johannismonat zu pflücken. Die Anfchwellung des Zäpfchens
(Hûk) wurde als ein Verfinken oder Niederfchießen des Gliedes
aufgefaßt (de Huk is mi balfchaten, balfackt, verfackt), eine
richtige Beobachtung, da die mit der Schwellung oft verbundenen
Schluckbefchwerden durch die Verlängerung des Zäpfchens hervor-
gerufen werden. Man ging dann zu einer Frau, die fich mit derartigen Dingen abgab, und ließ fich de Huk uptehn. Diefes mit
kleineren Abweichungen weithin über Niederdeutfchland und Holland
verbreitete[2] Aufziehen gefchah in der Heide fo: Die Frau zog
dreimal drei gewiffe Haare des Wirbels (in 'n Dwardel); wenn
es beim dritten Male knackte oder klappte, war de Huk wedder
hoch. Andernfalls mußte der Vorgang jeden dritten Tag wiederholt werden. Gegen Anwachfung des Rückens, wenn zwifchen den
Schulterblättern erbfengroße Klümpchen zu fühlen waren, wurden
Einreibungen mit Fett oder Schmalz angewendet, ebenfo gegen das
oft damit verbundene Hattfpann, die Schwellung und Spannung
der Herz- und Magengegend; auch legte man weichgezupfte und
angewärmte weiße Schafwolle auf Herz und Rücken.

Dem Magen wird befondere Bedeutung für die Gefundheit

---

[1] Daher die Bezeichnung Tee-blomen für die Fliederblüten. Auch
trank man von Zeit zu Zeit, ohne krank zu fein, lediglich zum Schweißtreiben,
Fliedertee (mit Milch).

[2] Vgl. Korr. 22, 44. 57. 61.

beigelegt. Ausdrücke wie he hett en bannigen Magen, he hett en Magen as en Perd oder as en Slachterhund bezeichnen überhaupt die denkbar beste Gesundheit. Als stopfende Mittel verwandte man bei Menschen und Schweinen den Tee der Schafgarbe (Rölken)[1] und des Katzenpfötchens (rode oder ruge Heinerich, ruge Jungens,[2] grise Katten, Stopp-ors, Gnaphalium dioicum L.). Der Tee der zuletzt genannten Pflanze (kurz griser Tee) wirkte auch bei Mastdarmaustritt kleiner Kinder; sie mußte um Bartholomäi (24. August) gepflückt werden. Auch der gegen Magenschmerzen getrunkene Wermut (Wörm, Wörmk) soll in der Frühe des Bartholomäustages geschnitten werden. Ein geschätztes Mittel gegen Kolik bei Menschen, Pferden und Kühen war der Tee des Rainfarn (Rain-fan, mnd. reine-vane), gegen schneidendes Wasser der Tee der Glockenblume.

Bei Masern (Masseln) wurde als schweißtreibendes Mittel Schafmist, der durch einen leinenen Lappen ausgepreßt war, dem Kranken ohne sein Vorwissen in gekochter Milch gereicht. Das Wasser, mit dem das geschlachtete Schwein abgebrüht worden ist (Brüh-water), heilt, so lange es noch heiß ist, hineingehaltene Frosthände. Nüchterner Speichel beseitigt Hühneraugen (Kraihnogen). Gegen Augenleiden wurde außer dem Osterwasser (S. 38) der Saft der Birke angewendet.

Der von einem tollen Hund Gebissene aß von der noch heute weithin verschickten Tollhundsbutter (Dullhunns-bodder) der Goldbecker Mühle (jenseit der lüneburg-stadischen Grenze). Nach Sonnenuntergang am 23. Juni, am Vorabend des heilkräftigen Johannistages, wird der aus dem ganzen Dorf zusammengeholte saure Rahm von einer Reihe Mädchen auf dem Flett der Mühle gebuttert. Um 12 Uhr nachts muß die Butter fertig sein. Nach dem Kneten wird sie in einem großen Kessel den ganzen 24. Juni bis Mitternacht gekocht. Zu der kochenden Butter kommen zweierlei frischgepflückte Kräuter, von denen das eine Tausendgüldenkraut

---

[1] Andere tranken Rölkentee bei Brustleiden, noch andere gebrauchten ihn als Universalmittel (he wür allerwegen got för).

[2] Unter einem rugen Jungen versteht man eigentlich einen durchtriebenen Schlingel, einen „ruppigen" Jungen, wie der Berliner sagt. Hier bezieht sich der Ausdruck ebenso wie die grisen Katten auf die Samen.

(Dullhunns-krut) sein soll; dieses gedeiht üppig im Garten der Mühle selbst und wächst fast zum Fenster hinein, während das zweite ein kleines Beet des Gartens füllt und dort sorgfältig ge= hütet und gepflegt wird. Schließlich wird die Butter, die durch die entzwei kochenden Kräuter ein grünes Aussehen erhalten hat, in Steintöpfe getan und im Keller verwahrt. Der Sage nach sind zu der Zeit, da es noch keine Wirtshäuser gab, eines Tages zwei Männer durch die Gegend gekommen. Sie treten zu dem Müller, der auf dem Felde arbeitet, und fragen, wo sie wohl zu essen be= kämen. Da ladet der Müller sie in sein Haus und speist und beherbergt sie. Auf ihre Frage, was sie schuldig seien, antwortet der Müller: nichts. Da haben ihn die beiden Männer, die in Wirklichkeit Engel waren, aus Dankbarkeit das Mittel gelehrt und hinzugesetzt, es solle an der Goldbecker Mühle bleiben, so lang' as de Hahn kreiht un de Wind weiht.[1]

Im großen Umfang wurden sympathetische Kuren angewendet. Der Hexenglaube war noch lebendig, und man glaubt hier und da auch heute noch an Hexen; ich entsinne mich noch deutlich, wie in der Mitte der siebziger Jahre sich eines Tages wie ein Lauffeuer in meinem Heimatsort das Gerücht verbreitete, in einem bestimmten Garten habe sich eine Hexe gezeigt. Glaubte nun der Bauer, daß das Vieh behext wäre, so wurde ein pulverartiges Mittel aus der Vendestorfer Mühle bei Hittfeld geholt. Man streute es auf eine Schaufel voll glühender Torfkohlen und beräucherte das Tier. Dann tat man ein Beutelchen, vermutlich auch mit Pulver gefüllt, in den Lagebalken der Stalltür, nachdem vorher ein Stückchen Holz herausgemeißelt war, und keilte das Loch wieder zu. Nach einigen Tagen war der Schaden beseitigt. Auch kleinen Kindern, die in= folge eines bösen Blickes oder aus anderen Gründen nicht gedeihen wollten, half dieselbe Mühle.

Auch die frühere Papiermühle zu Starsbeck (Kirchspiel Hollen= stedt) war im dauernden Besitz eines Mittels, dem weit und breit

---

[1] Die hier gemachten Mitteilungen entstammen mündlicher Auskunft. Vgl. auch Niederf. 8, 123 und die dort genannte ältere Literatur über den Gegenstand. Der obige Reim ist übrigens eine schon sehr alte Formel, vergl. Brem. Wb. V 164.

eine Heilwirkung bei Fallsucht zugeschrieben wurde. Am Johannis-
tage[1]) gesammelter Bärlappsamen (vgl. S. 9) wurde mit abge-
schabten Teilchen einer Elentierklaue, einigen Körnern Erbsilbers
und drei Körnchen Salz vermengt und das Ganze als Pulver ein-
genommen. Der Preis des Mittels (acht Schilling) stand fest;
zwei Nonnen sollen es in alter Zeit der Mühle zum Geschenk
gemacht haben. Erbsilber wird noch heute als heilkräftig angesehen;
Fallsüchtige bitten in den Häusern darum und lassen sich aus ihm
ein Kreuz anfertigen.

Beim Besprechen der Rose, das dreimal geschehen mußte,
war Stille erforderlich; nur die Frau flüsterte, kreuzweise mit einem
Messer über die Stelle streichend, einige Worte. Geld wurde von
ihr nicht genommen, ein nachträgliches Geschenk aber nicht zurück-
gewiesen.

Auch Feuer und Blut wurden besprochen. So hieß es in
Moisburg:

<blockquote>
Feuer, ich gebiete dir,
Daß du sollst stille stehn
Und nicht weiter gehn.
</blockquote>

Selbst ein Prediger, der Träger eines bekannten hannoverschen
Namens, stand bei seiner Gemeinde in dem Ruf, das Feuer besprechen zu können. Augenzeugen haben mir erzählt, sie hätten
ihn wiederholt beobachtet, wie er, die Besprechung murmelnd, das
brennende Feuer umschritten hätte. Das Blut wurde auch durch
Zunder oder Spinngewebe gestillt; auch ließ man, wenn es nicht
stehen wollte, einige Tropfen auf einen kleinen Keil lecken und
schlug diesen in die Wand. Ein Tropfen Blut, in einer Frucht
von jemand ohne sein Wissen genossen, hatte nach einem im Kirchspiel Moisburg herrschenden Glauben zur Folge, daß dieser
dem anderen, von dem das Blut stammte, auf Schritt und Tritt
folgen mußte.

Mit dem früher erwähnten Glauben von der Übertragbarkeit
einer Krankheit auf einen Baum oder Strauch (S. 8 u. Anm. 2)
berührt sich die noch heute nicht ganz ausgestorbene Sitte,[2]) daß

---

[1]) Man vgl. die mnd. Bezeichnung der Fallsucht als St. Johannis
ovel.

[2]) Beispielsweise lebt sie noch in Regesbostel (Kirchspiel Hollenstedt).

Gichtkranke am Johannismorgen vor Sonnenaufgang einen Strauch schwarzer Johannisbeeren (Jicht-beren) pflanzten; nur erfolgte hier die Heilung nicht beim Ausgehen, sondern beim Angehen des Strauches.

Eigentümlich ist der Glaube, daß das Nesselfieber aufhört, wenn der Kranke die Hühner durch sein Hemd füttert. Einen vom kalten Fieber Befallenen entreißt man den Unnererdschen (schon mnd. de undererdischen die Zwerge, Gnomen), indem man den Frost afschriwen[1]) läßt. Der Schreiber schreibt in drei Nächten an einsamer Stätte Namen, Geburtsort und Geburtsjahr des Kranken nieder; in Frage kommen nur die drei Nächte, die zwischen zwei „Tagen" liegen, also die zwischen Sonntag und Montag, zwischen Montag und Dienstag und zwischen Donnerstag und Freitag. Warzen und blinde Beulen, auch Magenkrämpfe verschwinden, sobald man mit einer Totenhand darüber streicht; Warzen entstehen, wenn man die Warzen eines anderen zählt. Gegen Warzen und sonstige Auswüchse, z. B. am Ohr, erwies sich auch das Regenwasser, das sich in den Höhlungen großer Feldsteine sammelte, als heilkräftig; man mußte es nach einem Regen mit der hohlen Hand schöpfen und über die Stelle streichen und zwar an drei Tagen. Oder man bestrich die Warzen mit einer Speckschwarte und warf diese unter eine Dachtraufe; mit der Schwarte vergingen die Warzen. Im Kirchspiel Moisburg sah man den zunehmenden Mond an und sprach, indem man dreimal kreuzweise über die Warzen strich:

> Wat it anseh, dat gewinn',
> Wat it wasch, dat verswinn',

oder man kniff die Warzen mit dem Finger ab und sprach:

> Wat it knip, vergeiht,
> Un wat it seh, dat bliwt.

Rückwärts über den Kopf geworfene Zähne wachsen bald wieder. Ausgekämmte Haare soll man nicht aus dem Fenster werfen, denn sobald die Vögel sie forttragen, geht dem Betreffenden das Haar aus. Hat eine Kuh das laufende Feuer (dat löpen Für), wobei

---

[1]) So in der Gegend der Raubkammer, nach Benecke in der mehrfach angeführten Aufsatzreihe (Lün. Anz. 10. 11. 04).

die Panze wie eine Trommel aufschwillt, so wird ihr ein Strohseil in das Maul gelegt und im Nacken zusammengebunden.[1] Kühen, besonders Stärken, die gekalbt haben, legt man stillschweigend einen Bindfaden um Bauch und Rücken und läßt ihn sitzen; dann verhält sich die Kuh beim Melken vollkommen ruhig und schlägt nicht aus. Sollen die Kühe bei Tage kalben, so muß man sie zuletzt an einem Sonntag melken. Kocht die Milch ins Feuer über, so droht Gefahr, daß die Kühe die Milch verlieren; dem wird vorgebeugt, wenn man stillschweigend etwas Salz, das nach uraltem Glauben jedem Zauber wehrt, ins Feuer wirft. Der Mahr (dat Unhür),[2] der durchs Schlüsselloch kommt, kann dem Menschen nichts anhaben, wenn die Schuhe so vor dem Bett stehen, daß dem Mahr die Spitzen zugewandt sind. Die Pferde dürfen nie im Schweinestall oder überhaupt auf Schweinemist stehen, sonst reitet sie der Mahr und flicht ihnen das Haar ein, daß es „kraus durcheinander" ist.[3]

Die Fähigkeit der Hellseherei geht auf denjenigen über, der einem Spök-kieker im Augenblicke eines Vörlats über die Schulter sieht.[4] Auch Hunde besitzen nach dem Glauben des Volkes diese Fähigkeit; so setzen sie sich, wenn sie einen Leichenzug voraussehen, nieder und beginnen zu heulen; wer einem Hund in einem solchen Augenblick durch die Ohren blickt, wird ebenfalls zum Hellseher. Der Glaube an Vorgesichte ist bei Männern und Frauen gleich verbreitet. Die Hellseher sehen oder hören das Bevorstehende entweder selbst (einen Toten im Sarge, einen Leichenzug, ein brennendes Haus oder Dorf, eine mit Kistenwagen angefüllte Diele, das

---

[1] Man kann zweifeln, ob das Mittel als ein sympathetisches zu betrachten ist; durch das dauernd geöffnete Maul sollen nämlich die Darmgase verhältnismäßig leicht entweichen und damit Erleichterung und Genesung eintreten.

[2] Vgl. mnd. de un(ge)huren die bösen Geister, Unholden, spök-ungehure Spukungeheuer.

[3] Der Ausdruck Weichselzopf ist nicht bekannt; in mnd. Zeit sagte man elf-klatte (Albenzopf); das Brem. Wb. IV 749 hat die Bezeichnung Sellken-steert, vermutlich Seelchen-zopf, wie ich in meinen Beiträgen S. 15 f. nachzuweisen versucht habe.

[4] Vgl. auch Germania 37, 117 f.

Läuten der Sturmglocke) oder ein Zeichen: Ein Licht[1]) zeigt sich in der Ferne (dor hett en Licht gahn), ein Anzeichen, daß an der Stelle ein Unglück geschehen wird. Der Tischler hört in der Werkstatt nachts die Sägen klingen oder die Haustür gehen, jemand die Treppe hinaufschleichen und oben zwischen dem Sargholz suchen: am anderen Morgen wird jemand kommen und einen Sarg bestellen. [Die Symbolik, die sich an manche Vorzeichen knüpft, etwa an den bekleideten Zaun und den hinausfahrenden Düngerwagen in den Zwölften, das beim ersten Axthieb aus dem Balken springende Feuer, das Spinngewebe[2]) (S. 44, 186, 156), ist sinnreich, und mit dem Grübelsinn, der alle möglichen Geschehnisse als göttliche Vorausverkündigungen betrachtet, paart sich ein gutes Stück dichterischer Anschauung. — Ein Vörlat, das frühmorgens sich zeigt, geht bald in Erfüllung, ein gegen Abend gesehenes erst später. Ein angekündigtes Unglück glaubt man unter Umständen durch kirchliche Fürbitte abwenden zu können; so wird noch heute in der Hollenstedter Kirche jeden Sonntag um Beschützung der Dorfschaft Everstorf vor Feuersgefahr gebetet; vor Zeiten hat jemand den Ort im Feuer stehen sehen, da sind die geängstigten Bauern um jene stehende Fürbitte eingekommen und lassen sich die Sache sogar jährlich eine Anzahl Fuder Torf kosten. Auch ein Hofbesitzer im benachbarten Halvesboftel, dem ein Vörlat sein Haus im Feuer gezeigt hatte, ließ für ein halbes Fuder Holz jährlich an jedem Sonntag für sich beten; als aber eines Tages sein Backhaus Feuer gefangen hatte, wollte er nicht mehr.

---

[1]) Von einem derartigen Licht (Irb-licht Erblicht) sind die Irrlichter (mnd. irren = hindern, stören, auch Glümm-lichter genannt) wohl zu unterscheiden. Diese setzen sich in moorigen Gegenden auf die Augenwimpern und hindern am Sehen; je mehr man scheuert, je mehr werden ihrer. Auch auf den Mähnen der Pferde zeigen sie sich. Sie verschwinden an windigen Stellen, auch bei scharfem Atmen und, wie ein Bauer behauptete, bei kräftigem Fluchen.

[2]) Auch der Glaube, daß, wenn sich jemand unversehens mit Fett begießt, dieses ein großes Glück bedeutet, geht wohl auf die alte figürliche Bedeutung „reich", die neben anderen Bedeutungen dem mnd. vet eigentümlich war, zurück. Der Glaube, daß viele Haselnüsse in einem Jahr viele Zwillingskinder bedeuten, erklärt sich daraus, daß gewöhnlich zwei Haselnüsse zusammensitzen.

Wir gingen von der Gesundheitspflege aus, haben aber im Laufe dieses Kapitels den festen Boden der bäuerlichen Wirtschaft und der Pflichten, die sie besonders an die Frau stellte, etwas unter den Füßen verloren. Die Hausfrau hatte für Menschen und Tiere zu sorgen; ihr unterstand auch das Volk der Hühner und der Gänse. Die Hühner, etwa 70—80 auf einem Hofe, hatten früher über den Viehställen ihren Platz (S. 212); erst allmählich legte man, gewöhnlich in der Nähe der Großen Tür, einen besonderen Hühnerstall (Höhner-kawen) an. Die Küken unter dem Kükenkorb erhielten von der Frau eigenhändig im Napfe Buchweizengrütze und dicke Milch, später Brotkrumen, Kartoffeln und Gras. Um den Hühnerschnupfen (Pipp) zu beseitigen, gab man dem Tier einige Pfefferkörner in Butter ein. Oder man ließ die kleine Haut unter der Zunge abschaben und die vergrößerte Drüse am Schwanz abschneiden: beides wurde in ungesalzene Butter getan und dem Huhn zu fressen gegeben. — Das Huhn spielt auch im Aberglauben eine Rolle: wenn der Hahn besonders früh kräht, so stirbt in wenigen Tagen eine Henne; wenn ein Huhn einen Strohhalm auf dem Schwanze trägt, so stirbt in wenigen Tagen eine Henne, oder es giebt bald Trauer in der Familie. Sonderbarerweise pflegt man jede Art von Aberglauben als Höhner-glowen[1]) zu bezeichnen; der Ungläubige drückt sich dann gern so aus: Dat is 'n Höhner-glowen, dor hett de Hahn nix von affkregen. Im Mittelalter nannte man einen falschen Glauben einen kukukes-love, nach dem Kuckuck, dem Symbol des Teufels; was meint aber der „Hühnerglaube?" Sollte nicht volkstümliche Umdeutung eines älteren „Hünenglaube" (= heidnischer Glaube) vorliegen? Um so durchsichtiger ist der Beitrag, den das Huhn zum heimischen Sprüchwörterschatz geliefert hat: Höhner kleiht achterut (hintenaus) sagt man von Leuten, die ihr Geld auf die Straße werfen.

Zwölf alte Gänse pflegte die Bäuerin durch den Winter zu füttern.[2]) Von diesen wurden 6 gesetzt, jede bekam 14 Eier unter.

---

[1]) So auch der Hamburger Heinrich Jürs (bei Regenhardt 141): Dat's Heunergloben.

[2]) Eine Verjüngung dieses Bestandes erzielte man dadurch, daß ab und zu diese und jene alte Gans zu den Mastgänsen (Mêst-gös) getan und die Lücken durch jüngere Gänse ausgefüllt wurden.

Die Gössel wurden früh von den kleinen Mädchen in den Grashof oder auf den Anger getrieben, später, soweit sie nicht zum
Verkauf kamen, mit den alten Gänsen zusammen aufgezogen. Das
Hüten der Gänse erfolgte immer nur hof-, nicht dorfweise. Hatte
man frühe Gössel, so konnten sie gegen Johannis zum ersten Mal
gepflückt werden, zum zweiten Mal gegen Michaelis, zuletzt nach
dem Schlachten, also um Martini. Durch eifriges Füttern brachten
Frauen es bei alten Gänsen nicht selten zu einem fünfmaligen
Pflücken; etwa im Anfang Mai, wenn die Gänse „abgelegt" (af-
legt), d. h. mit dem Eierlegen aufgehört hatten, wurde bei ihnen
mit dem Pflücken begonnen. Das Pflücken bei lebendigem Leibe
war eine schwere Arbeit; erst von 4 Gänsen erhielt man ein Pfund
Federn und Daunen. Die von den lebenden Gänsen gewonnenen
und für wertvoller geltenden Federn (S. 170) wurden in besonderen
Säcken auf dem Dönzen-boen aufbewahrt. Zum Schlachten der
Gänse und dem darauf folgenden Pflücken lud die Frau die Verwandten ein und bewirtete sie, de Gös-plückers, in angemessener
Weise. Fünf bestimmte Federn unter jedem Flügel, die sogenannten
Strit-feddern, durften in kein Bett gestopft werden, wenn nicht
ein Streit entstehen sollte.

Auch andere Pfleglinge stellten sich ein, vom Herrenhofe.
Die Herrschaft des Gutsherrn lastete schwer. Die Höfner hatten
wöchentlich bestimmte Spann-, die kleineren Besitzer Handdienste
zu leisten. Dem Abligen gehörte der Zehnte von allem Getreide,
und kein Fuder durfte eingefahren werden, bevor jener den Zehnten
genommen (tegt) hatte. Dazu kamen in dem Meiervertrage näher
festgesetzte Geldabgaben und allerlei Einschränkungen: so durfte der
Bauer keinen Baum ohne Genehmigung hauen, und für den gefällten, mochte er „beindick oder armdünn" sein, war eine Abgabe[1]
zu zahlen. Auch die Frau bekam die Last der Hörigkeit teilweise
persönlich zu fühlen. Junge Kapaune wurden ihr vom Gute ins
Haus geschickt, die fett zurückzuliefern waren. Auf manchen Höfen
in der näheren Umgebung des Gutshofes ruhte die Verpflichtung,
die Jagdhunde zu füttern; oft bekamen sie ihr Recht, aber in Ab-
wesenheit des Dieners wurden sie auch wohl von den erbitterten

---

[1] z. B. für die Eiche 36 Schilling.

Leuten hungrig oder halbsatt mit der Peitsche vom Hofe gejagt. Eins der Hühner war als Rôk-hôhn (mnd. rôk-hôn) von jedem Besitzer eines „eigenen Rauches", einer eigenen Herdstelle, abzuliefern. Das persönliche Verhältnis zwischen Abligen und Bauern war sehr verschieden: stellenweise haben Ablige in übermütiger Laune sogar um die Abgaben und Ländereien ihrer Meier, ja um diese selbst gespielt, andererseits zeugen alte Briefschaften, wie man sie hier und da in den Häusern aufbewahrt, von einem durch Menschenalter fortgepflanzten, im guten Sinne patriarchalischen Verhältnis.

Der Erlös für die Hühner- und Gänseeier, die Küken und Gössel,[1]) auch die Butter blieb in den Händen der Frau. Es war ihr Haushaltsgeld, mit dem sie allerlei Bedürfnisse der Wirtschaft bestritt. Der Mann, der jene Dinge kaufte, hieß der Kiepenbauer (Kiepen-bur, Kiepen-kirbel). Die hohe Kiepe auf dem Rücken, einen langen, unten mit Eisenhaken und -spitze versehenen Schaft (Pêt) in der Hand, zogen die Kiepenbauern von Haus zu Haus und verkauften dann ihre Sachen in Hamburg; nach dem Zollanschluß Hamburgs brachten sie vielfach Haushaltsbedürfnisse aus Hamburg mit und bezahlten den Frauen zum Teil mit diesen, wodurch sie den ländlichen Kaufleuten mancherlei Abbruch taten. Sie waren die vergnügtesten Leute der Gegend, und „lustig" ('n lustigen Kiepenbur) war ihr stehendes Beiwort. Noch heute heißt eine grüne, länglich-runde Branntweinflasche, die 3—4 Liter faßt, ein Kiepenkirbels-buddel. Besonders ausgelassen ging es auf dem Rückwege zu, den die Kiepenträger einer Gegend, die Tasche mit dem „guten" Hamburger Gelde[2]) gefüllt, zu ihrer Sicherheit immer gemeinsam (up'n Köppel, haufenweise) zurücklegten; der ehrwürdige Karlstein beim Forsthaus Rosengarten im Stuvenwalde weiß von ihren Tänzen um die Kiepen und ihren Gelagen manch lustiges Stück zu erzählen.

---

[1]) Für 50—60 Hühnereier, im Winter etwa für 40, wurde 1 Mk. gezahlt. Der Durchschnittspreis eines Kükens betrug 1 Groschen, der eines Gössels 1 Mk.; an Gösseln verkaufte manche Frau jährlich 50—60 Stück.

[2]) Das Hamburger Geld hieß dat gode Gild, da der Taler dort 40 Schilling, im Hannoverschen aber 48 Schilling hatte, also 5 Taler Hamburger Geld 6 Talern in hannoverschem Gelde entsprachen.

Auch andere Männer kamen von Zeit zu Zeit ins Haus. Der Siebmacher und seine Frau fragten an, ob etwas zu flicken sei; da gab es oft Zank und Streit, das Schelten der Siebmacherin war geradezu sprüchwörtlich (se schimpt as en Sewenbinnersch). Der Viehhändler schloß einen Handel ab; vel Glück mit de Koh und vel Glück mit dat Gild hieß es dann von hüben und drüben, indem ein Handschlag den Kauf besiegelte und die Großmagd sich auf die 4 Schilling Trinkgeld (Stirt=gild)[1] freute. Ein wandernder Handwerksbursche (Reisender) erschien bettelnd auf der Schwelle. Der Schneider nnd die Schneiderin wurden für eine längere Zeit auf Tagelohn ins Haus genommen; ebenso der Schuster und sein Geselle, um aus den vom Bauer selbst gelieferten Kuh= und Pferdehäuten das Fußzeug für Familie und Gesinde herzustellen. Der auf die Dörfer gehende einheimische Kaufmann und der mit seinen Sachen das ganze Land bereisende fremde Händler sprachen vor. Der Kaufmann pflegte als langjähriger Bekannter Vertrauen zu genießen; er mußte bei Krankheitsfällen in der Familie und über die verschriebene Arznei, die der Landmann ebenfalls Ware (Wor, auch Dokter=wor) nannte, sein Urteil abgeben, er wurde als Vertrauensmann bei den verschiedensten Angelegenheiten zugezogen. Weniger freundlich dachte das Volk über die fremden Händler: es kam immer wieder vor, daß Frauen hinter dem Rücken ihrer Männer mit ihnen überflüssige und wenig vorteilhafte Geschäfte machten und für die verhältnismäßig wertlosen Sachen allerlei Wirtschaftserzeugnisse, Butter, Eier und Rauchfleisch, daneben auch bares Geld leichtfertig hingaben. Die Bevölkerung nannte das kütbüten (mnd. kuten und buten = tauschen, wechseln, Mi kütbüten Durchstecherei treiben, Kütbüteri Betrügerei); se kütbüt't sik noch von Hus un Hof. Auch als kunkeln wurde dieses heimliche Handeln der Frauen bezeichnet; damit hängt wieder Kunkel=tasch und Kunkel=fiek (Geheimniskrämerin) und Kunkelitschen (Durchstechereien)[2] zusammen.

---

[1] Ähnlich erhielt der Großknecht beim Verkauf eines Pferdes ein Halftergeld (Halter=gild).

[2] Unser „Kinkerlitzen". Ich habe diese Deutung in meinen Beiträgen S. 22 gegeben und dort ausführlich begründet.

Bei der Bewillkommnung männlicher Gäste spielte der Branntwein (Koem, mnd. komen, eigentlich Kümmel) die Hauptrolle.
„We müllt irst en Lütten nehmen." Der Bauer trank einen
Schnaps vor und schenkte dann dem Gaste ein. Trank man herum,
so schenkte der Bauer zunächst sich ein und trank, dann schob er
mit dem neugefüllten Glas die Flasche (den Buddel) dem Zweiten
hin, dieser schenkte für den Folgenden ein und so fort. Ein Besuch kündigt sich oft durch einen am Boden liegenden Strohhalm
an; ist eine Ähre daran, so deutet dieses auf männlichen Besuch,¹)
der bloße Halm auf weiblichen. Auch eine beim Niederfallen im
Boden stecken bleibende Feder weist auf Besuch hin.

Will sich jemand mit einem anderen aus derselben Schale
waschen, so spuckt er in das Wasser, da er sonst einen Streit bekommen würde. Bei der großen Hauswäsche brauchte man das
weniger zu besorgen, da war alles zu launigen Scherzen aufgelegt.
Du kriegst en versapenen Kirbel, rief man dem Mädchen zu,
das sich beim Waschen „bepladderte", und, wagte ein Vorbeigehender
den neckenden Zuruf „Drögwaschers!" (Trockenwäscherinnen), so
bespritzten ihn die Geneckten und schlugen ihm zum Gegenbeweis
die nassen Wäschestücke um die Ohren. In einer Hinsicht waren
sie eigensinnig. Sie wollten die Hemden während der Wäsche nicht
gern auf die unrechte Seite ziehen, sondern pflegten sie gleich um-
gezogen einzustecken. Ik will anner Lü' ehr Unglück nich an
mi hemm'n, lautete die Begründung.

Die schon am Tage vorher in kaltes Wasser gesteckte Wäsche
wurde zunächst ausgewrungen und etwa eine halbe Stunde im
großen Kessel in einer Buchenlauge gekocht. In jedem Hause
sammelte man zu diesem Zwecke die Buchenasche in einer Tonne;
auch Eichenasche fand hier und da Verwendung. Dann wusch und
stieß man die Stücke mit der Hand in der Balje, bei größeren
Schmutzstellen half grüne Seife nach. Nunmehr wurde die Wäsche
in einen Zuber (Tubben) geschüttet und ein Kessel voll kochenden
Wassers (Brenn-water) darüber gegossen. Nach einiger Zeit

---

¹) So in Hittfeld. Man sagt dort, es käme ein „Kerl mit einem Hute"
(die Ähre ist das Vörlat des Hutes).

wurde die Wäsche ausgewrungen und konnte nun zum Spülen und „Büken“ nach dem Dorfteiche geschoben werden. Während sie unter dem „Brennwasser“ stand, wurden Strümpfe, Schürzen und Shirtingjacken in dem schmutzigen Seifenwasser gewaschen, später in dem gebrauchten Brennwasser nachgewaschen, dann gespült und über die Reckstangen (Ricken) oder die Hecke (den Hagen) gehängt.

Der Dorfteich bildete bei seinem Ausfluß einen kleinen Wasserfall; neben diesem stand eine Bank. Man legte nun das Zeug unter das herabfallende Wasser[1]) und ließ es sich vollsaugen. Dann wurde Stück für Stück auf der Bank ausgebreitet und „gebükt“,[2]) d. h. die letzte Lauge und Seife wurde mit den beiden Bükhölzern entfernt. Klipp, klapp! klang es im Takte, indem ein Mädchen mit beiden Hölzern oder zwei mit je einem schlugen. Ein solches Bük-holt war ein schaufelförmiges, mit einem Griff versehenes Holz (Fig. 30, k, S. 198). Die Hölzer waren das Hochzeitsgeschenk der beiden Naslans-mudders, die wir bei der Trauung kennen gelernt haben (S. 178).

Das gebükte Zeug hängte man zum Trocknen auf; nach dem Trocknen wurden die Hemden über die Stuhllehnen gezogen und so schier makt. Wer Mangelzeug (Mangel-brett und Mangelhult) hatte, bediente sich seiner zum Glätten. Die Kragen, die Striche der Hauben, das weiße Taschentuch für das Gesangbuch wurden der Mützennäherin zum Waschen übergeben.

Gewöhnlich an jedem zweiten Sonntag fuhren oder gingen der Bauer und die Frau zur Kirche (es war jüm ehr Karkensünndag), während an den dazwischenliegenden Sonntagen immer ein Knecht und ein Mädchen den Gottesdienst besuchten. Auf Bretter-, Stuhl- und auch Strohsitzen fuhr man mit Bekannten zum Kirchdorf, bei kaltem Wetter der Mann und die Frau eine Schenilje (S. 170) umgehängt, die Häuslingsfrau einen Beiderwandsrock um den Hals gebunden. Erst wenn im Wirtshause die

---

[1]) Wo diese Vorrichtung fehlte, gingen die Mägde mit aufgekrempelten Röcken in den Teich und legten die Wäsche hinein.

[2]) Im Mnd. bedeutete buken etwas anderes: „Wäsche in Buchenlauge (buke) legen“. Dem Bük-hult entspricht mnd. wasch(e)-holt, wasch(e)-spôn, wasch(e)-botel.

Frauen die Kopftücher abbanden, kam der Kopfputz zum Vor-
schein: die Knüppels-, Blank- und Brokatmützen.

Unterdessen sitzen die Männer bei einem Glase Branntwein
in der Wirtsstube; manches Scherzwort fällt. Plötzlich, als das
Geläute beginnt, nehmen sie andächtig den Hut für einen Augenblick zu einem stillen Gebet ab, ähnlich wie der bayrische Bauer
in demselben Falle seinen Maßkrug hinsetzt und ein Ave Maria
betet — eine auffallende Übereinstimmung kirchlicher Volkssitte, die
in die vorreformatorische Zeit zurückreichen wird. Dann wurde
ausgetrunken und bedächtigen Schrittes aufgebrochen; die Männer
und die Frauen gingen für sich, wie sie auch nach alter Sitte in
der Kirche getrennt saßen.

Nach dem Gottesdienst fanden sich die Bauern in der Nähe
der Kirche zusammen. Da verlas der im Kirchdorf ansässige Voigt
mit wichtiger Amtsmiene, was ihnen zu wissen frommte. Neue
Bestimmungen der Regierung wurden bekanntgegeben; diesem war
eine Kuh genommen worden, die verkauft werden sollte; andere
hatte der Feldhüter (Fild-panner) wieder einmal wegen uner-
laubten Weidens auf fremden Grundstücken gepfändet, was der
gestrenge Voigt zum Anlaß nahm, die betreffenden Verordnungen
einzuschärfen; jenem sollte Haus und Hof verkauft werden. Selbst
ein ganzes, aus mehreren Höfen bestehendes Dorf des Kirchspiels
Hollenstedt wurde einst bei solcher Gelegenheit ausgeboten: Gans
Grauen (so hieß das Dorf) will ik jo för twehunnert Daler
gewen, erscholl es, aber die Bauern kratzten sich hinter den Ohren,
die Zeiten waren schlecht, es fehlte am Baren.

Eine feierliche Stille umfing am Nachmittag das Dorf. Im
blinkenden Sonnenschein spielten die Kinder; die Bauersöhne und
Knechte standen auf der Straße und tauschten Bemerkungen aus,
auf dem Flett nähten die Mägde an ihrem Zeuge, und Bauer
und Bäuerin gingen durchs Feld: we wüllt dat Kurn beten
nadriwen. Die Frau besuchte auch wohl Verwandte, die Mägde
der verschiedenen Häuser kamen zueinander mit dem Nähzeug, bis
gegen Abend die Arbeit wieder rief. Der Bauer spielte ein
Stündchen Solo oder ging, wenn vom Vorsteher (Bur-mester)
der Knüppel, das uralte Berufungszeichen, herumgeschickt oder ins
Kuhhorn gestoßen worden war, zu dem Bur-mal (oder der Bur-

bank, der Bank), der Gemeindeversammlung. Nach dem Abendessen, während von der Straße die Weisen der Knechte und Mägde
klangen, die Kinder schon schliefen und der Mann bei einem
Pfeifchen in der aus dem Kirchdorf mitgebrachten neuesten Nummer
des Hermannsburger Missions- oder des Hannoverschen Sonntags-
blattes „lernte", flickte die Frau noch die Kleider der Ihrigen, und
scherzend meinte sie wohl, wenn sie wieder einmal ihrem Jungen,
diesem Riten-spliter,[1] die Schulhose in Stand setzte:

Harr mi min Mudder de Bür nich flickt,
Harr mi de Krei dat Fell twei hickt (gehackt).

Zweimal im Jahre gingen Bauer, Frau und Gesinde zum
Abendmahl (to Bicht), die konfirmierten Kinder in dem Jahre
nach der Konfirmation viermal; die größten Abendmahle fielen in
die Osterzeit und auf die Sonntage nach Michaelis, wenn die Ernte
eingebracht worden war. Der Nachmittag und Abend eines solchen
Tages waren noch der stillen Selbsteinkehr gewidmet; selbst die
Nadel ruhte, die Mannsleute trugen außerhalb des Hauses den
ganzen Tag den hohen Filzhut und nahmen ebensowenig wie die zum
Abendmahl gewesenen Frauen und Mädchen an irgend einem Ver-
gnügen teil: Nä, ik hew von Dag' (heute) mit den Pesturn
snackt oder auch mit den Pesturn spist oder Nä, de Pestur
hett mi von Dag' wot gewen lautete ihre Entschuldigung.

Um Michaelis fuhren nacheinander Pfarrer und Küster, nicht
selten mit Frau und Kindern, auf die Dörfer und machten den
Bauern ihren Besuch. Er galt der Abholung der ihnen zustehenden
Abgaben, der Plicht, in der Südheide der Proewen (Mehrheit
von mnd. provene, f., später auch proven, m., die Präbende,
das Einkommen eines Pfarrers). Man nannte dies de Plicht-
tour, up Plicht föern, de Plicht halen und sprach in der
Südheide von Proewen-halen, Proewen-dag und Proewen-
recht (Niederf. 8,7). Die Abgaben waren nach den Kirchspielen
verschieden. In Hollenstedt z. B. zahlten die „Vollpflichtigen"
(Höfner) an den Pfarrer 2 Spint Roggen und nach heutiger
Währung 2,75 Mk., an den Küster 2 Spint Roggen, 12 Garben

---

[1] Ein Riten-spliter ist, wer sich alles Zeug zerreißt (mnd. spliten,
ebenso wie riten = zerreißen).

und 29 Pf., an die Pfarrwitwe 1 Spint und 5 Garben, die „Pflugpflichtigen" (vermutlich dasselbe wie Pflugkötner, S. 217) an den Pfarrer 2 Spint und 2,38 Mk., an den Küster und die Pfarrwitwe dasselbe wie die Vollpflichtigen; die kleinen Leute gaben 22, 8 und 5 Garben. [1] In bestimmten Dörfern und bestimmten Häusern wurde aufgetischt; die Hausfrau machte sich eine Ehre daraus, so hohen Besuch zu bewirten.

Dem Landmann stellt der Dichter den Bewohner der Stadt gegenüber und meint von dieser:

„Näher gerückt ist der Mensch an den Menschen."

Äußerlich genommen, gewiß, auch sofern die Erreichung höherer Ziele durch gemeinsame Kräfte in Frage kommt, aber ebenso gewiß ist, daß in rein menschlicher Beziehung die Städter sich fremder gegenüberstehen, als die Bewohner eines Dorfes. Der eingepferchte Städter kennt oft nicht einmal seinen Nachbar, auf dem Dorfe aber lebte und lebt bei aller Abgeschlossenheit ein ziemlich reges Gemeinsamkeitsgefühl, trotz der Zäune, trotz der Steinmauern, die die Höfe um- und abschließen. Das Dorf war durch das viele Ineinanderheiraten bis zu einem gewissen Grade tatsächlich eine erweiterte Familie, und man war sich dieser Übereinstimmung deutlich bewußt. We bei' (wir beide) kunnen ut ênen Dörp wen, sagte wohl ein Dorfbewohner zu einem Auswärtigen, mit dem er besonders gut überein konnte. Aus diesem Dorfsinn entsprang die gegenseitige Hilfsbereitschaft, durch die sich das Familienereignis oft zum Dorfereignis gestaltete. Beim Zäunen des neugebauten Hauses, beim Braken und Schlachten, bei der Taufe und der Hochzeit sind uns Beispiele begegnet. Besonders schön aber bewährte sich der Dorfsinn in der Zeit der Not, vor allem nach einem Brande. Der Unterstützung mit Brotkorn ist schon gedacht worden. Die Baumaterialien wurden dem Betroffenen unentgeltlich herangeschafft, das nannte man to Bä (auf Bitte hin, mnd. bede) föern. Eine Frau desselben Dorfes, etwa die Nachbarin, ging mit der

---

[1] Daneben stand dem Küster noch eine Osterpflicht zu, 10 Eier und 14 Pfg. von den ersten beiden Klassen, 5 Eier und 4 Pfg. von der dritten.

unglücklichen Abgebrannten,[1] für sie bittend, von Haus zu Haus, von Dorf zu Dorf, selbst außerhalb des Kirchspiels. Düsse Fro is afbrennt, se sammelt wot in den Wucken: so sprach die Begleiterin, steckte die geschenkten Knocken Flachs und Hanf in eine von ihr getragene Kissenbühre und nahm in den Häusern, die kein Spindelwerk hatten, auch Geldspenden entgegen.[2]

Trotz dieses ausgeprägten dörflichen Gemeingefühls war der Geselligkeitstrieb verhältnismäßig gering entwickelt. Jeder war durch seine Arbeit und seine Familie hinlänglich in Anspruch genommen; die geselligen Bedürfnisse wurden in der Hauptsache durch die Familienfeiern und Tanzlustbarkeiten befriedigt. Soweit ein „freundschaftlicher" Verkehr vorhanden war, bewegte er sich vorzugsweise auf der Grundlage der „Freundschaft," d. h. Verwandtschaft. Die mit einander verwandten Frauen des Dorfes besuchten sich von Zeit zu Zeit mit dem Spinnrad, ohne besondere Gastereien. Die gesamte Verwandtschaft, die einheimische und auswärtige, traf besonders bei den Kindtaufen zusammen. Erging einmal ohne diese Veranlassung eine Einladung, so nannte man das en güst Kinnerbêr,[3] eine Kindtaufe ohne Kind, mit scherzhafter Übertragung von den güsten, d. h. trocken stehenden Kühen. Für eine derartige Bewirtung wählte man stets den Sonntag. Wiederholt wurde der Tisch gedeckt, und die Frau nötigte ohne Aufhören; zwischendurch spielten die Männer Karten; Hof und Feld wurde besehen, und die Nachbarn sagten: Meiers hebbt en grot Revue (bei M. ist große Besichtigung). Erhielt einmal die Freundschaft zweier Familien einen Riß, so wurde bei der

---

[1] Stellenweise mußte diese sich durch eine amtliche Bescheinigung ausweisen, daß sie abgebrannt war. Eine derartige Bescheinigung hieß ein Brand-brêf. Beiläufig ist dies der Ursprung des studentischen „Brandbriefes", bei dem der Student — sich selbst bescheinigt, daß er — abgebrannt ist.

[2] Eine bemerkenswerte Übereinstimmung zeigt sich in einem Hochzeitsbrauch des Kreises Kiel: die Braut mit einem Kissenüberzug und eine alte Frau des Dorfes gingen herum (auf Brutschopp) und luden ein; dabei bat die Braut um Geld und Federn, die Alte um Grütze und Mehl (Niederf. 8, 257).

[3] Mit Bezug auf die eingeladenen Verwandten brauchte man auch den Ausdruck gesterêrn (Gäste sein).

ausgedehnten Verwandtſchaft natürlich leicht der größte Teil des Dorfes in den Streit mit hineingezogen; dann ſpotteten die Unbeteiligten: wenn dat grot Ei (dieſes große Ei) kaput geiht, ſtinkt dat oewer't ganze Dörp.

Die Zeit geht im Kreislauf der Ernten dahin, die Kinder wachſen heran. Neben der Frau ſchafft ſtetig der Mann. Sein Tun gehört in erſter Linie der Landwirtſchaft; er muß „hinaus", und „drinnen waltet die züchtige Hausfrau", das gilt nicht nur vom bürgerlichen, ſondern auch vom bäuerlichen Hauſe. Da von der Verteilung der eigentlichen landwirtſchaftlichen Arbeit und den Aufgaben des Bauern in dieſer Hinſicht ſchon früher geſprochen worden iſt, mußte er in dieſem, der Arbeit am Herd und im Hauſe gewidmeten Abſchnitt zurücktreten. Aber eins muß mit Nachdruck hervorgehoben werden, daß der Bauer der Heide ſtets ſelbſt mitarbeitete; die Arbeit war ihm zur zweiten Natur geworden; ohne ſein beſtändiges Mitarbeiten hätte der Hof bei den Verhältniſſen der Heide überhaupt nicht beſtehen können.

War der Älteſte heiratsfähig, ſo pflegte der Vater, wie wir ſchon ſahen (S. 159), am Tage der Heirat an dieſen abzugeben; weit ſeltener war der Fall, daß er dat Innehment un dat Utgewent noch behielt, d. h. die Wirtſchaft noch ſelbſt weiterführte. Er zog ſich mit ſeiner Frau auf den Altenteil (dat Olen=del)¹) zurück und hieß nun Ol=vader und ſie Ol=mudder. Man ſagte auch von den beiden: ſe ſit't nu up den Proem, wobei Proem, eigentlich das Einkommen eines Pfarrers (S. 251), die den Altenteilern zuſtehenden Anſprüche meinte. Große Forderungen wurden von ihnen nicht erhoben, das unterblieb ſchon mit Rückſicht auf den Beſtand des Hofes (S. 159). Daß der Altenteil bei der Übergabe des Hofes, alſo gewöhnlich bei der Verheiratung des älteſten Sohnes, vereinbart wurde, haben wir früher geſehen. Einen Begriff von dem, was die ſich zur Ruhe ſetzenden Alten verlangten, vermag die abgedruckte Eheſtiftung (S. 162f.) zu geben. Wie hier, bedangen ſie ſich oft die kleine Stube aus für den Fall, daß ſie ſich „mit den jungen Leuten an einem Tiſche nicht vertragen konnten", ſeltener

---

¹) Im Mnd. lif-tucht, lif-gebinge.

wurde für diesen Fall das Häuslingshaus als Wohnsitz, frêen Set (Sitz) in'n Hüſſelhus, beansprucht. Zum Beſtreiten kleinerer Ausgaben ließen ſie ſich in der Regel kein bares Geld zuſichern, ſondern eine beſtimmte Ausſaat in Hafer oder Buchweizen. Wurde aber einmal eine beſondere Forderung[1]) aufgeſtellt, ſo wurde ſie unter Umſtänden mit der bekannten niederſächſiſchen Zähigkeit aufrecht erhalten und führte vielleicht zu ernſten Zerwürfniſſen. So haben in einem Falle die Alten bei der Übergabe des Hofes für ſich beſonders wöchentlich ein Pfund Butter und jährlich ein Schaf ausbedungen, und über dem Pfund Butter und dem Schaf iſt die ganze Verlobung zurückgegangen.

Der Lebensabend der Altenteiler war oft wenig glücklich. We ward nich eſtemêrt (geachtet) oder Dat Beſte is, wenn de Olen afgewen hebbt, ſe ward in Swattſur kakt, das waren gewöhnliche Klagen. Und doch machten ſich die beiden noch nach Kräften nützlich. Freilich an der „Morgenzeit" pflegten ſie noch nicht teilzunehmen, ſie ſtanden erſt ſpäter auf und tranken dann Kaffee, den das Mütterchen bereitete. Aber den übrigen ganzen Tag arbeiteten ſie mit. Die Großmutter wartete die Enkelkinder und wiegte und ſang ſie tagaus tagein in den Schlaf, bis ſich ihr ſelbſt die Augen zum letzten Schlafe ſchloſſen, und Großvater arbeitete draußen in Kniehoſe und Zipfelmütze, bis ihm der Tod das Beil oder die Heideſichel aus der Hand nahm.

Langſam nähert ſich, indem ein Nachbar das eine Pferd am Zaume führt, der ſchmuckloſe Leiterwagen mit dem Sarge dem Kirchdorf. Für den Gruß der Begegnenden danken vom Wagen die verweinten Geſichter mehrerer Frauen, die auf Strohbunden ſitzen, während der mit einem weißen Laken (Lîk-laken, d. h. Sarglaken, von dat Lîk der Sarg) bedeckte Sarg auf Strohwiepen ruht.

---

[1]) Dahin gehört auch die Ausbedingung einer „eiſernen Kuh", d. h. einer melkenden und nötigenfalls durch eine andere zu erſetzenden Kuh. Sitte und Ausdruck waren weit verbreitet, vgl. die îſerne Kau in Oſtpreußen (bei Friſchbier I 441).

Die Frauen sind dicht in weiße Laken (Not-laken,[1]) auch Doben-laken, witte Laken, Fig. 40) gehüllt, und während ein Windstoß die Laken lüftet, wird ein weißes Tuch (Bost-dok) sichtbar, das Hals

Fig. 40. Im Notlaken. Aufbruch zu einem Begräbnis.

und Brust bedeckt und das einförmige Schwarz des Tuchkleides grell unterbricht. Diese Frauen sind die nächsten Verwandten des Toten; hinter dem Sarge schreiten andere weiße Frauengestalten, die der weiteren Verwandtschaft und der Bekanntschaft. Zur Seite

---

[1]) Im Mnd. läßt sich nôt-wech vergleichen, d. h. der Weg, den man nur in Notfällen, besonders bei einem Begräbnis, benutzte, übrigens ein auch in der Lüneburger Heide stellenweise bis in die neuere Zeit geübter Brauch. — Das Liklaken und Notlaken begegnet ebenso wie im Nordwesten der Heide in der ostwärts nach der Elbe gelegenen Winsener Marsch, wie

und dahinter gehen, zum Gegengruß die hohen Filzhüte bedächtig
lüftend, die Männer. Jetzt ist das Dorf erreicht; das Geläute
beginnt; am Eingang des Kirchhofes setzen die Träger den Sarg
auf die Bahre (de Böhrn). Zur Gruft schreiten, dem weißbehängten Sarg voran, der Pastor und der Küster mit einer Anzahl
singender Schulkinder,[1] die Männer und die weißen Frauengestalten folgen. So sah vor etwa sechzig Jahren ein Begräbnis im
Nordwesten der Heide aus, so hat es dort Jakob Gensler gesehen
und 1839/40 in seinem „Kirchhof“ (jetzt in der Kunsthalle zu Hamburg) verewigt.

Nach der Bestattung wurde das Sarglaken von der Totenfrau zusammengenommen wieder auf den Wagen gelegt oder, bei
einer Beerdigung aus dem Kirchdorfe selbst, in das Trauerhaus
zurückgebracht. Bei einer öffentlichen Beerdigung schloß sich ein
Trauergottesdienst an, bei der die Frauen ebenfalls im Notlaken
erschienen; auch in der Heide herrschte der weithin in Deutschland
nachweisbare Brauch, daß bei diesem Anlaß die wichtigsten Daten
und Ereignisse aus dem Leben des oder der Begrabenen (ihre
„Personalien“) zur Verlesung gelangten.

Das Notlaken gehörte zur Aussteuer. Die Braut spann und
webte es eigenhändig aus dem besten Flachs, nähte es dann aus
zwei Bahnen (jede von etwa 1,80 Meter) zusammen und säumte
es oben schmal und unten breit. Das Laken wurde bei Beerdigungen so „um den Kopf gebunden“: Die Frau schlug die obere
Kante breit nach innen um und legte das Laken so über den Kopf,

---

mir Herr Müller-Brauel mitgeteilt hat. Dieselben Laken kannte man aber auch
in den westlichen und südlichen Gegenden der Heide, bei Soltau ebenso wie
bei Celle; für die Vogtei Wahrenholz (östlich von Celle) bezeugt sie ausdrücklich G. Wrede (Niederf. 10, 204) mit dem Zusatz, daß sie später durch
schwarze, vorn mit einem weißen Tuch überbundene Mützen ersetzt worden
seien. Solche aus feinem Stoff hergestellten weißen Tücher scheinen im Laufe
der Zeit in manchen Kirchspielen der Heide an die Stelle der Laken getreten
zu sein, z. B. (nach einer Mitteilung des Herrn Dehning-Celle) in Hermannsburg, Müden, Sülze, Bergen bei Celle, Wietzendorf, Munster bei Soltau.
Diese Tücher pflegten dann auch im ganzen Trauerjahre getragen zu werden;
je breiter der Saum, je tiefer die Trauer (brêt-sömte, small-sömte
Döker).
[1] Bei einer sogenannten stillen Beerdigung fiel das Singen fort.

daß es das Gesicht dicht umrahmte und die Stirn bedeckte. Beim
Zusammennehmen entstand an jeder Schläfe eine Falte; unter dem
Kinn wurde das Laken mit einer Nadel befestigt und vor der Brust
mit der Hand zusammengehalten. Nach dem Tode sollte der Leich-
nam der Besitzerin in das Laken eingenäht werden; auch für ihren
zukünftigen Mann fertigte die Braut ein Notlaken.

Dem Gebrauch des weißen Trauerlakens begegnen wir auch
bei den Slaven, der Spreewälderin sowohl wie der Bewohnerin
des hannoverschen Wendlandes, ja bis zu den Südslaven läßt sich
eine ähnliche Begräbnistracht verfolgen. So hören wir in einem
zwischen 1672 und 1710 niedergeschriebenen Bericht[1]) über ein
wendländisches Kirchspiel folgendes: „Im Kirchspiel Waltersdorf
(vielmehr Woltersdorf) wird der Tote auf einen Wagen gesetzt,
da dann einer eine Hand voll Stroh anzündet und den Pferden
vorwirft, worüber sie gehen müssen. Auch setzen sich zwei Weiber
auf den Wagen, an jedweder Seite des Sarcks eine, behangen sich
mit einem Laken, heulen und schreien gar jämmerlich auf wendisch."
Hier erscheint also die Sitte des Trauerlakens in Verbindung mit
wendischen Klageliedern und dem sicher auch uralten Brauch des
vorgeworfenen Strohfeuers. So ist ohne Zweifel auch das Notlaken der Heide auf einen rein volkstümlichen Ursprung zurückzu-
führen und reicht ebenfalls in sehr alte Zeit zurück. Und läßt sich
eine einfachere Trauertracht denken? Einen Wocken und eine
Spindel zum Spinnen, ein Webetau und die wärmenden Sonnen-
strahlen zum Bleichen — das alles hat das alte Niedersachsen
ebenso gehabt wie seine slavischen Nachbarn. So ist, während die
germanisch-slavische Brautkrone auf kirchliche Einflüsse zurückgeht
(S. 140), das lüneburgisch-slavische Trauerlaken volkstümlichen
Ursprunges, und die Kirche hat die volkstümliche Sitte hier gewähren lassen.

Nach Weinholds Ansicht ist die deutsche Trauerfarbe des
Mittelalters und bereits der vormittelalterlichen Zeit das Schwarz
gewesen. Hier taucht nun in einer rein germanischen Gegend das
Weiß als volkstümliche Trauerfarbe auf. Allerdings befinden wir
uns hier in einer Grenzgegend, in einem Gebiet, in dem seit uralter

---

[1]) Arch. f. slav. Ph. 22, 120.

Zeit die Germanen und ihre slavischen Vettern als Nachbarn gesessen haben, und so ist es sehr wohl möglich, daß die weißen Laken der Heide in sehr alter Zeit von den Slaven her übernommen worden sind. Um klar in der Sache zu sehen, müßte zunächst eine andere Frage sich beantworten lassen, ob die gleiche Volkssitte sich weiterhin über Deutschland erstreckt hat.[1]) Auf jeden Fall ist der bis in die Neuzeit so zäh festgehaltene Brauch in volkskundlicher Hinsicht höchst beachtenswert.

Das ebenfalls von der Braut eigenhändig hergestellte[2]) Sarglaken war breiter und länger; es hatte drei Bahnen und jede etwa 2,80 Meter Länge. Nur ärmere Familien besaßen kein Sarglaken und liehen sich eins bei einem Todesfalle.

In den beiden Totenhemden,[3]) die auch in der Brautzeit genäht wurden, durfte kein Name stehen; andernfalls würde der Name der Familie mit zu Grabe getragen worden sein. Noch heute löst man, wenn ein gewöhnliches Hemb als Totenhemb verwendet werden soll, den Namenszug heraus. Wenn der Mensch mit dem Tode ringt, erleichtert, wie in Moisburg geglaubt wird, das unter den Kopf gelegte Totenhemb ihm das Sterben; in das Totenhemb fallende Tränen nehmen dem Toten die Ruhe. Die beiden Totenhemden lagen, mit den Notlaken und dem Sarglaken zusammengebunden, im Koffer der Bäuerin.

Die Genossenschaften hatten stellenweise ein besonderes Bahr-

---

[1]) Von dem hier besprochenen Weiß ist durchaus dasjenige zu trennen, das in den neueren Volkstrachten erscheint und lediglich auf Modeströmungen zurückgeht. Ich beabsichtige, an einer anderen Stelle über Weiß als deutsche Trauerfarbe zu handeln; der von mir gesammelte Stoff ist zu umfangreich, als daß hier näher auf den Gegenstand eingegangen werden könnte. Ich habe hier nur beigebracht, was mir zur Würdigung des eigenartigen Brauches notwendig zu sein schien. Auch auf dem katholischen Nieder-Eichsfelde waren nach Schambach (Götting.-Grubenhagensches Idiot. unter Kerkenlaken) die leidtragenden Frauen bei Begräbnissen und beim Kirchenbesuch mit weißen leinenen Tüchern oder Betttüchern angetan; es würde von Wert sein, Näheres über diese jetzt wohl ausgestorbene Sitte des Eichsfeldes zu erfahren.

[2]) Vorausgesetzt natürlich, daß in ihrem zukünftigen Heim keins vorhanden oder ein neues erforderlich war.

[3]) Das Totenhemb entsprach in seiner Form einem gewöhnlichen Hembe, es war aber länger, stellenweise von doppelter Länge.

tuch. So benutzen bis heute diejenigen Familien der Dörfer Hollenstedt, Emmen und Wohlesbostel, die das Holz gemeinsam besitzen,
bei Begräbnissen ein schwarzes Tuchlaken neben dem weißen; ein
kleineres schwarzes Laken ist für Begräbnisse von Kindern bestimmt.

Mit der Zeit erfolgten bei der Bestattung verschiedene Änderungen. So drang unter der Herrschaft neuerer Mode allmählich
Schwarz als Trauerfarbe ein. Zunächst trat Schwarz als Halbtrauer
dem Weiß gegenüber: bei Beerdigungen z. B. trugen hinfort die
außerhalb der Verwandtschaft stehenden Frauen nicht mehr das
Notlaken, sondern ein schwarzes Kopftuch, während die Witwe und
die Verwandten sich noch des Notlakens bedienten und die Witwe
auch im Trauerjahre außer dem weißen Brusttuche ein weißes
Kopftuch zu tragen pflegte. Witt trurt deper as swatt, so
drückte man vor etwa vierzig Jahren diesen Gegensatz in der Heide
aus. Mit der Zeit wurde das Notlaken ganz verdrängt, und seit
langen Jahren folgen selbst die nächsten Verwandten nur im
schwarzen Kopftuch. Neben der Mode soll der Umstand, daß die
Pferde leicht vor den weißen Laken scheuten, zur Abschaffung dieser
beigetragen haben.

Eine andere Änderung bestand darin, daß seit den sechziger
Jahren das Sarglaken nicht mehr über den Sarg gehängt, sondern
beim Betreten des Kirchhofes über die Bahre[1]) gebreitet wurde.
Man begann nämlich, auf die bis dahin aus fünf breiten Brettern
und einem platten Deckel bestehenden, mit Kienruß gestrichenen
und höchstens mit Speckschwarten etwas blank gemachten Särge
größere Sorgfalt zu verwenden. Die Särge bestanden fortan aus
dem Unterkasten und einem hohen Deckel, sie wurden lackiert und
mit Metallschildern geschmückt. So ist der Grund der obigen
Änderung ersichtlich: der Sarg, der Lack und die schönen Schilder
sollten zur Geltung kommen.

Bemerkenswerter als die überall bekannten Vorzeichen eines
Todesfalles (der bohrende Holzwurm, das nächtliche Bellen des
Hundes und Schreien der Eule) sind die folgenden: Ein Maul-
wurf, der im Hause wühlt, deutet auf eine Leiche;[2]) ebenso ein im

---

[1]) So auch bei den Leichen des Kirchdorfes selbst, nur erfolgte bei diesen,
wie wir sehen werden, die Aufbahrung schon im Trauerhause.

[2]) Der Maulwurfshügel ist das Vorzeichen des Grabhügels.

Winter blühender Baum. Wenn frühmorgens einem ein Tropfen Blut aus der Nase fließt, so tritt demnächst ein Trauerfall in seinem Bekanntenkreise ein. Übertriebene Habsucht ist ein Vörlat baldigen Todes: he is so raffig, he mag ok wol bald nog (genug) kriegen. Ein dreimaliges Klopfen zeigt einem Kranken den nahe bevorstehenden Tod an; es ist die Vorbedeutung des Klopfens, durch das der Sargdeckel geschlossen wird (Moisburg).

Dem Toten wurden von den beiden Totenfrauen (Anklirsch, aus Ankledersch zusammengezogen = Ankleiderin) Gesicht, Hals und Hände gewaschen. Dann nähten sie ihn mit einem langen Faden in das bis unter die Arme reichende Notlaken; unter dem rechten Arm wurde angefangen und die Nadel unter dem rechten Fuß im Leinen befestigt. Über das Notlaken zogen sie das Totenhemb. Das Gesicht wurde mit einem in Branntwein getränkten Lappen (Brannwins-lappen) vor Verwesung geschützt, der Mund durch Bibel und Gesangbuch, die man unter das Kinn legte, geschlossen gehalten. Nachts wachten zwei Mädchen der Nachbarschaft und schützten die Leiche vor Ratten und Mäusen; ausgestreute Buchweizengrütze unterstützte sie hierbei. Über der Leiche hing, vermittelst einer auf zwei Stuhllehnen gelegten Stange, das Liklaken, um die Eintretenden vor einem plötzlichen Anblick und seinen Folgen zu schützen. Sargbretter, gewöhnlich eichene, hatte man oft schon zu Lebzeiten sägen lassen und als Not-hult[1]) zurückgelegt. Während der Tischler den Sarg und die Mützennäherin den Sterbekittel (Doden-kibbel) herstellten, besorgten die Totenfrauen die Einladungen: Peters Mudder lett grüßen, Ji müchen ehr doch de Ihr andon un Mandag Nambag Klock dre mit jüm ehren seligen Vader to Begraf (Begräbnis) gahn. Gleichzeitig wurden die in Aussicht genommenen Träger des Sarges besonders eingeladen, ebenso bei den nächsten Verwandten die Frauen (mit up den Dodenwagen to sitten). Der Sterbekittel bestand aus weißem Batist oder Shirting. Der Stoff hatte die Breite des Sarges; er wurde gefältelt und so über die Leiche gelegt und

---

1) Aus diesem wurde der Sarg in dem Trauerhause selbst hergestellt; der Tischler erhielt doppeltes Tagelohn. Wollte niemand „sich zum Sterben hergeben", so wurde das Notholz auch wohl gelegentlich einer Aussteuer zu Möbeln verarbeitet.

festgesteckt; der Ausschnitt am Halse und der Sargrand waren mit ausgezacktem Batist oder Shirting besteckt oder benäht. Bei Kindern und jungen Mädchen wurde der Sterbekittel mit künstlichen Blumen, bei den Kindern außerdem mit bunten (roten, blauen oder grünen) Schleifen versehen; auch erhielt das Kind eine der Blumen in die Hand. Bei Erwachsenen kamen Schleifen aus schmalem, schwarzem Atlasband an den Kittel. Als Kopfschmuck wurde den Frauen die Abendmahlshaube, den Männern eine weiße Zipfelmütze mitgegeben. Der Tischler half den Totenfrauen die Leiche in den Sarg legen. Von den zuletzt benutzten Gegenständen[1] wurde die neue Waschschale zertrümmert, das Branntweinsläppchen, der Kamm und der Schwamm kamen mit in den Sarg und fanden unten zwischen den Hobelspänen ihren Platz; ein anderer Teil der Hobelspäne war zum Stopfen des Kopfkissens verwendet worden. Ungeziefer, das sich etwa bei der Leiche fand, gab man in einer Federpose oder einem Glase mit; andernfalls wurde es im Hause unausrottbar.[2] Lag das Trauerhaus im Kirchdorfe, so wurde die Leiche auf der Diele aufgebahrt;[3] das Holen der Bahre fiel zwei Nachbarn zu. Das Liklaken blieb auch jetzt über der Leiche liegen; erst wenn die Freundschaft dem Toten die Hand zum Abschied geben wollte, wurde es fortgenommen. Bis dahin hatte der Deckel daneben gelegen und zwei Leuchter mit brennenden Lichtern getragen. Während der Tischler den Sarg schloß, wurden die Lichter von einer Totenfrau zurückgestellt, um auszubrennen. Vor der Beerdigung erfolgte eine einfache Bewirtung der Gäste, gewöhnlich der Freundschaft in der Nebenstube, der übrigen in der Wohnstube;[4] nach dem Begräbnis wurde das Trauerhaus nicht wieder aufgesucht. Nach der Leichenfeier, die

---

[1] Profane Wiederbenutzung hätte die Ruhe des Toten gestört, das war anscheinend der Grund des Zertrümmerns oder Mitgebens. Auch die Strohwiepen, auf denen der Sarg eines Außendörfers gestanden hatte, wurden auf der Heimfahrt weggeworfen oder verbrannt, und hierfür führt man noch heute als Grund an, daß andernfalls der Tote umgehen würde.

[2] In Moisburg herrscht ein ähnlicher Glaube: wer von einem Toten Ungeziefer bekommt, wird es erst dann wieder los, wenn er eine Laus (Erblaus, Arw-lus) einem andern Toten in einer Federpose mit ins Grab giebt.

[3] Die Leiche eines Außendörfers dagegen wurde, wie wir sahen, erst beim Betreten des Kirchhofes auf die Bahre gesetzt.

[4] Ebenso im Braunschweigischen, Andree S. 317.

bei offenem oder geschlossenem Sarge gehalten wurde, trug man den Sarg zur Großen Tür hinaus, derselben Tür, durch die der Tote einst bei der Hochzeit unter Musik seinen Einzug gehalten hatte. Hinter dem Sarge wurde aus einer Schale Wasser ausgegossen. In ganz alter Zeit durfte nach der Behauptung einiger ergrauter Einwohner die Leiche erst begraben werden, nachdem sie zuvor während eines Sonntagsgottesdienstes in der Kirche gestanden und „nochmals eine Predigt angehört" hatte.

Wenn die Leiche freundliche Züge gezeigt hatte, so war das ein Zeichen, daß sie bald ein Familienmitglied nachholen würde. Die Fenster des Zimmers, in dem der Tote zunächst gelegen hatte, durften nicht sofort geöffnet werden, sonst würde er zurückgekehrt sein.

Wie die Tracht der Begrabenden, ist auch die der Begrabenen von der Zeit nicht unberührt geblieben. Die Sitte des Einnähens und des Sterbekittels ist fast ausgestorben. Die Erwachsenen werden im schwarzen Anzuge begraben. Auch hier hat das Schwarz als modische Trauerfarbe um sich gegriffen.

Auf den schmucklosen Erdhügel kam ein niedriger, viereckiger Leichenpfahl (Pahl); jede Fläche war etwa 11—12 Centimeter breit, oben lief der Pfahl nach einer Hohlkehle in einen spitzen Kegel aus. In das Holz war eine kurze Inschrift in altertümlichen Buchstaben eingeschnitten. Allmählich setzte man die bekannten höheren und breiteren Pfähle mit geringerer Dicke und mit schwarzer Inschrift auf weißem Grunde. Auf der Vorderseite standen die Daten, auf der Rückseite gewöhnlich ein frommer Vers oder Spruch; bei Kindergräbern war über ihm gern eine rote Blume angebracht. Empfindungen persönlicher Art auf dem Leichenpfahl zu äußern, liebte der verschlossene Niedersachse nicht; auch die in Vers und Prosa sich oft aussprechende Hoffnung auf ein Wiedersehen zeigt kaum persönliche Färbung. So hat denn auch wohl nur selten oder nie ein Grabdenkmal von dem gesprochen, was den Hauptinhalt eines Bauernlebens zu bilden pflegte. Die Arbeit, die redlich sich mühende und es sich sauer werden lassende, sie war die Grundlage des Bauernlebens auch in den hier geschilderten Gegenden, und mehr noch als die im ganzen einheitliche Arbeit des Mannes die vielseitige, mit dem Leben des Hauses und des Volkes inniger verwachsene Arbeit der Frau. Daraus erklärt sich, daß unsere

Darstellung des Volkstums die Frau und ihr Wirken so besonders betonen mußte. So mag denn diese Darlegungen auch ein altes Lobeswort auf das Schaffen der Frau beschließen. „Und reget ohn' Ende die fleißigen Hände", sagt der Dichter von der deutschen Frau. In der Lüneburger Heide heißt es:

> Frogensarbeit is behenn' (handlich, klein),
> Awer dorüm (trotzdem) ahne Enn'.

Register.